全国工会干部教育培训系列丛书

中国工人运动简史培训教材

中华全国总工会
中国工运研究所　编著

中国工人出版社

图书在版编目（CIP）数据

中国工人运动简史培训教材 / 中华全国总工会著. —北京：中国工人出版社，2014.10

ISBN 978-7-5008-5941-3

Ⅰ. ①中… Ⅱ. ①中… Ⅲ. ①工人运动—历史—中国②工会运动史—中国 Ⅳ. ①K261.3

中国版本图书馆CIP数据核字（2014）第240692号

中国工人运动简史培训教材

出 版 人	李庆堂
责任编辑	杨 丽
责任校对	孙迺伟
责任印制	栾征宇
出版发行	中国工人出版社
地　　址	北京市东城区鼓楼外大街45号　邮编：100120
网　　址	http://www.wp-china.com
电　　话	（010）62350006（总编室）（010）62005039（营销出版部） （010）82075935（工会与劳动关系分社）
发行热线	（010）62004002　（010）82081553（传真）
经　　销	各地书店
印　　刷	三河市万龙印装有限公司
开　　本	710毫米×1000毫米　1/16
印　　张	16
字　　数	240千字
版　　次	2015年1月第1版　2015年1月第1次印刷
定　　价	38.00元

目录

上编　奠基与成长

新民主主义革命时期的工人运动

（1919—1949 年）

中编　转折与求索
社会主义革命与建设时期的工人运动
（1949—1978 年）

1919—1949 年

上　编

奠基与成长
新民主主义革命时期的工人运动

楔　子
中国早期工人运动的发轫及萌生

一、帝国主义入侵与中国半殖民地半封建社会的形成

中国是一个有着悠久文明史的东方古国，中华民族向以勤劳、智慧闻名于世，曾经创造了领先于世界的灿烂文化，对人类文明做出了重大贡献。自16世纪中叶明朝中后期起，至清朝康乾盛世的这个历史时期，中国封建社会的机体中开始孕育了资本主义萌芽。例如：在江南以苏州为中心的丝织、以景德镇为代表的制瓷以及其他地区的制铁等行业中，先后出现了东家行、西家行[①]与工匠会馆等原始的资本与雇工的劳动关系，不同程度地显示了资本主义生产的某些元素。然而，在一个封建历史极为悠远古老的国度中，新兴生产方式基因的萌生无疑是极其艰难与缓慢的。

在相同的历史时期，资本主义在欧美大陆得到了迅速发展，一些国家的资产阶级不仅取得而且巩固了政权。英国于19世纪中叶开始率先完成了工业革命，资本主义工业与经济获得突破性发展与飞跃。法、德、美、俄等国也跟随其后，于19世纪末前后完成了产业革命，世界形势从而发生了巨大深刻的变化。“资产阶级在它的不到一百年的阶级统治中所创造的生产力，比过去一切世代创造的全部生产力还要多，还要大。”[②] 为了获取更大的利益，资产阶级以血与火的方式进行原始积

---

① 东家行、西家行，旧时广东一带在商品经济初期出现的分别代表老板（东家）、雇工（西家）利益的行会组织。《三元里抗英斗争史料·三元里抗英情况调查记》：“丝织业有东家行和西家行的组织，东家行即老板，西家行即工人。”

② 马克思、恩格斯：《共产党宣言》，《马克思恩格斯文集》第2卷，人民出版社，2009年12月版，第36页。

累，在全球范围内大肆侵略扩张和殖民掠夺。面对欧美列强相继崛起和噬血成性，闭关锁国、外强中干和盲目自大的中国清王朝不思奋起，自然成为落后挨打的对象、群狼追杀围捕的猎物。

1840 年，英国向中国发动鸦片战争，清王朝战败后与英国签订了丧权辱国的不平等条约——《南京条约》，从而使中国开始堕入半殖民地半封建社会的深渊；紧接着，欧美列强和日本封建军国主义发动的第二次鸦片战争（1856 年）、中法战争（1883 年）、中日甲午战争（1894 年）和八国联军入侵（1900 年）等，使中国由一个完全独立、自主的封建国家，逐步沦落为一个半殖民地半封建的国家，堕入中华民族有史以来从未有过的畸形状态。这一畸形社会与国家的特点是：在政治上，国家被列强所操控，领土与主权完整遭到严重破坏，司法和行政的统一不复存在；在经济上，列强通过不平等条约，对中国的人力、物力和财力竭力榨取，虽然通过资本主义商品倾销，部分地瓦解了中国自给自足的自然经济，催生了近代由洋商、官办和民族资本先后形成的中国近代资本主义工业，但在外国资本和依附于它的官僚买办资本相互勾结与夹击下，民族资本工业发展颇为缓慢，举步维艰，处于依属地位；在思想文化上，半殖民地半封建的文化占据统治地位，欧美比较先进的科学、文化难以传播，而其殖民主义、帝国主义与种族主义偏见以及中国本土封建主义的糟粕却到处泛滥、毒害人民；在对外关系上，屡屡遭受外国侵略，与外国侵略者签订一系列不平等条约，虽保持独立国家的形式，但与资本主义国家在权利和地位上是根本不平等的，是屈辱服从的关系。

中国工人阶级就产生和形成于如此苦难深重的半殖民地半封建社会中。

二、中国近代工业与产业工人的诞生与发展

工人阶级是近代资本主义机器大工业的产物。中国近代工业与工人阶级的产生与形成，是在 1840 年鸦片战争之后，外国资本主义、帝国主义不断入侵中国，从而使中国由封建社会变为半殖民地半封建社会的过程中，随着 19 世纪 40 年代开始的外资企业，60 年代开始的清政府官

办企业和70年代开始的民办企业而产生、发展起来的。据统计，从1840年至1894年甲午战争爆发前，中国大约有产业工人10万人，到1913年第一次世界大战爆发前，产业工人已增加到约100万人。从1914年至1919年“五四”运动爆发前，由于欧洲列强大战正酣、无暇他顾，中国民族资本获得了一次难得、短暂的“黄金”发展期，产业工人队伍亦因此得以迅速壮大，据统计，至“五四”运动爆发前，全国产业工人约有260万人，再加上约1800万的手工业的工人、店员和城市苦力，中国已经形成一支具有特色的近代工人阶级队伍。这个新兴的阶级亦成为酝酿中国近代社会深刻嬗变的新生因素。正如毛泽东曾精辟揭示的：“帝国主义的侵略刺激了中国的社会经济，使它发生了变化，造成了帝国主义的对立物——造成了中国的民族工业，造成了中国的民族资产阶级，而特别是造成了在帝国主义直接经营的企业中、在官僚资本的企业中、在民族资产阶级的企业中做工的中国的无产阶级。”①

三、中国工人阶级形成后的状况、特点与早期组织

在半殖民地半封建社会中诞生的中国工人阶级，深受帝国主义、封建主义和资本主义三重压迫和剥削。当时工人阶级的政治地位、生存环境十分恶劣，无论是外国的企业还是中国本土的企业，都制定了名目繁多的规定来压迫和榨取工人。许多外国企业和中国官办厂矿，还派兵力驻守武装巡逻，有的还私设刑堂，对工人的任意打骂、惩罚，几乎成为家常便饭，更严重的则随意刑讯甚至杀害。工人在遭受残酷压迫的同时，经济上更受到惊人的榨取，其工时之长、劳动强度之大、工资待遇之低以及各种盘剥抢掠之苛，令人触目惊心，堪为世界所罕见。

在特殊的中国近代资本主义工业条件下形成的新兴工人阶级，具有世界各国工人阶级所共有的特点与优点。即：由于与最先进的经济形式相联系，代表着先进的生产力；在社会化大生产中从事劳动而没有任何私人占有的生产资料，是资本主义生产资料私有制下的雇佣劳动者，这

---

① 毛泽东：《丢掉幻想，准备斗争》，《毛泽东选集》第二版第4卷，人民出版社，1991年6月。

种经济地位与劳动方式，决定了他们的大公无私，最富有革命的彻底性和高度的组织纪律性，是最革命和最有前途的阶级。同时，由于中国工人阶级诞生并成长于半殖民地半封建社会，它还具有自己独有的特点与优点：其一，它早于中国民族资本工业产生，因而与资产阶级相比，资格更老；其二，由于中国工人阶级深受帝国主义、封建主义和资本主义三重压迫和剥削，而且中国没有产生工人贵族阶层的经济条件，因此，整个工人阶级队伍，除个别变质分子外，都是革命意志最坚决、最彻底，并特别能战斗的成员；其三，中国工人阶级与整体人口相比人数并不多，但他们多集中在大中城市与工业区，这种分布上的特别集中，占据着政治、经济与交通的战略中心和枢纽的条件，非常有利于工人阶级的团结和组织，非常有利于对工人阶级进行宣传和发动，容易发挥战斗的作用与威力；其四，中国工人阶级的成员绝大多数来自于农村，与农民有着天然的血肉联系，因此，当共产党领导革命后，工人与农民很容易结成坚强的联盟。由此可以领悟，中国工人阶级既具有世界工人阶级所共有的普遍阶级特点，又具有中国社会条件所决定的独有特点。

但是，中国近代工人阶级也有其不可避免的弱点，如人数较少，年龄较轻，文化水平较低，受传统观念、小生产意识影响较深等。

这些突出的优点和弱点，对于中国近代工人运动，甚至整个新民主主义革命，都产生了重大和深远的影响。中国近代工人阶级作为中国新的生产力的代表，与分散的农民阶级、软弱的资产阶级相比较，是近代中国社会最进步、革命性最坚决的阶级，必然成为中国革命的领导力量。

中国工人阶级从产生之日起，就与剥削、压迫、欺凌自己的统治势力开展了自发斗争，为改变自身处境进行了痛苦摸索。其开始能参加的组织，只有封建社会早就有的传统的行会、帮口和秘密结社组织，例如在广州的西家行，在上海的行业帮会，以及遍布交通要道与工业区的青红帮组织。随着欧美与后来苏俄工会思想的传播，资产阶级、无政府主义者及其政党开始在工人群众组织中创建工会或工人团体；与此同时，在工潮不断高涨中，也开始出现工人自发组织的工会。如辛亥革命前后，孙中山为动员和组织工人进行革命活动，曾派人在香港、广州等地，先后组建机器工人参加的“中国研机书塾”“广州机器研究总会”和主要吸收海员参加的“联义社”等。此外，1911 年由江亢虎组建的中国社会党；1912 年信奉三民主义的徐企文创建的中华民国工党；1913 年中国无政府组织开始在广州、上海等地活动，并创建了一些无政府党人的工人团体或组织。这期间，能够显示工人阶级早期斗争中在新觉醒组织方面有明显进步的，应首推辛亥革命前后上海江南制造局工人创立的“制造工人同盟会”与商务印书馆职工组建的“集成同志社”等。在东北中东铁路，在俄国社会民主党与后来布尔什维克的号召、宣传与组织下，中俄工人先后在中国的土地上创建了“哈尔滨工人团”“哈尔滨工人委员会”和完全由中国工人组成的“工业维持会”等。总之，随着中国近代工业的出现、发展和壮大，中国的工人阶级也从原始、分散和自发的斗争中不断积累经验，同时，受国内外新的工运思潮的影响，中国工人阶级不断觉醒，产生了对真正工人团体即工会组织的呼唤与渴求。正如列宁指出的：工会是工人由散漫无力走向阶级联合的开端和过渡，“工会不仅在历史上是必要的，而且在历史上是必然存在的工业无产阶级组织”[①]。中国近代工业的产生与发展，工运斗争的实际需要和工人阶级的不断觉悟，为中国工会思想的发端提供了客观基础、实际动力和内在需求。这一切，促进和推动了中国工人从散漫无力走向初步的联合。

四、中国工人阶级以独立的姿态登上政治舞台

到 1919 年“五四”运动之前，由于民族危机继续加深和阶级矛盾日益激化，并由于当时近代工业短期的勃兴，中国工人阶级队伍也迅速壮大。

武昌起义之后，辛亥革命的胜利给中国的资产阶级和小资产阶级带来了成功的喜悦，他们开始兴办实业。南京临时政府不失时机地颁布了许多有利于振兴实业的政策法令，在一定程度上消除了清政府时期束缚

① 列宁：《论工会、目前局势及托洛茨基同志的错误》，《列宁选集》第 4 卷，人民出版社，1995 年 6 月版，第 368 页。

民族资本发展的障碍。与此同时，在革命势力比较活跃的上海、湖北、福建、广东、浙江等地，地方政府也制定了一些保护民族工商业发展的政策，为民族资本的发展营造了有利的氛围。一时间，在中华大地上掀起了前所未有的“实业热”。实业热潮势所必然地带来了工人阶级队伍的进一步壮大，引起中国社会阶级关系的新变动，同时也极大地推动了工人运动的发展。一些知识界人士受到欧美各国政治和工运思潮的影响及启发，也掀起了组建与工人有关的政党和工会热潮。这一时期，在资产阶级、小资产阶级组织和领导创建工会和团体的同时，工人自发组织的一批近代工会也开始崭露头角。

1917 年俄国爆发了十月革命，并成功建立了世界上第一个无产阶级专政的国家，取得了社会主义革命的伟大胜利。俄国的十月革命不仅震撼了世界，对中国革命更产生了巨大而深远的影响。毛泽东用一句简略的话概括了这种影响：“十月革命一声炮响，给我们送来了马克思列宁主义。”自此之后，中国工人运动逐步接受新思想的指导，从而开始了它的历史性转折。由于十月革命发生在国情和发展状况与中国有一定相似的北方邻国，因而对中国人民产生了特殊的启迪、示范和激励。一个工人、农民当家做主的政权的诞生，使正处于苦闷和黑暗中的中国人民看到了新的出路和前景，给中国先进分子正在苦苦求索着的种种问题提供了豁然开朗的答案。十月革命后，李大钊等革命先驱即发表一系列论文，开始提出知识分子与劳动群众相结合，宣传和组织劳动群众的思想，旗帜鲜明地标举“劳工神圣”的口号和理念。各种宣传、歌颂劳动者的报刊出版物也相继出现。1918 年 3 月，《劳动》杂志创刊；1919 年 5 月 1 日，《晨报》副刊出版了“劳动纪念专号”。李大钊、陈独秀、邓中夏、毛泽东等共产主义知识分子，都以极大的热情投身教育和动员工人的活动，纷纷以“平民教育讲演团”和开办工人夜校等形式，开始了知识分子与劳工群众相结合的尝试。这种尝试一方面促进了马克思主义的传播，同时更影响和鼓舞着工人阶级，促进了他们的觉醒，激发了他们改变自身命运的勇气和坚强意志。这个觉醒的群体一旦积蓄起力量，经随后爆发的“五四”运动这一导火索引燃，即势不可当。

“五四”运动源于巴黎和会上中国的外交失败。1919 年上半年，第一次世界大战中取胜的协约国一方在巴黎举行会议，中国属于战胜国一方，但是会议在西方列强的操纵下，竟卑鄙地规定将战败的德国在中国山东的一切特权转交给日本。这一耻辱的消息传到中国，引爆了中国人民压抑已久的愤怒。5月4日，北京各高校3000多学生，在天安门前集会，提出了“外争国权，内惩国贼”的斗争口号。会后学生举行了示威游行，痛打了驻日公使章宗祥，火烧了签订“二十一条”时的外交次长曹汝霖的住宅。反动的北洋军阀政府出动警力镇压学生的游行示威，大肆逮捕爱国学生，这更加激发了北京学生及全国各界的愤怒，在中国现代史上具有标志性、进步性的“五四”运动就此爆发了。这场反帝爱国运动很快发展成为以青年学生为先锋，以工人阶级为主力军，包括城市小资产阶级和民族资产阶级参加的席卷全国的反帝爱国革命运动。

早在学生举行游行示威时，许多工人就自发地加入了学生的反帝爱国行列之中。长辛店铁路工人在“五四”运动初期就参加了由学生发起组织的“救国十人团”，他们同学生一道，到车间、车站、农村进行反帝救国宣传，同时，又积极参与了社会上的查抄日货、抵制日货活动。当运动发展到1919年6月上旬，为了抗议反动政府对学生残酷镇压和无情逮捕的恶行，全国各地社会团体和产业工人以实际行动声援学生。6月5日起，上海工人举行大规模罢工，上海日商的内外棉第三、第四、第五纱厂，日华纱厂、上海纱厂和商务印书馆工人全体罢工，参加罢工的工人有两万人以上。6日、7日、9日，上海的电车工人、船坞工人、清洁工人、轮船水手，也相继罢工，总数前后约有十万人。上海工人的奋起斗争迅速波及各地，京汉铁路长辛店工人、京奉铁路工人及九江工人都举行罢工和示威游行。此外，济南、南京、长沙、杭州、无锡等地工人及其他一些城市的工人，都举行了示威游行。一时间，一场范围宏大的反帝爱国怒潮在全国各地掀起。正是由于全国各地民众群情激愤，给帝国主义和反动军阀政府带来了前所未有的沉重压力，北洋政府被迫于6月10日宣布罢免曹汝霖、章宗祥、陆宗舆职务，中国代表拒绝在巴黎和约上签字，“五四”运动取得了历史性胜利。

“五四”运动中，中国工人阶级第一次展现自己的力量，以巨大的声势参加了反帝爱国斗争，对于运动的演变和最终结果起到了极其重要的作用。虽然工人的罢工是自发的，但工人阶级以自己特有的组织性和斗争的坚定性，在运动中发挥了主力军的作用，开始作为一支独立的政治力量登上历史舞台。工人运动本身也逐步由经济斗争上升为政治斗争。青年学生和革命知识分子也由此看到了工人阶级的巨大潜力，促使和加快他们与工人相结合的步伐，并把中国革命的希望寄予中国工人阶级的身上。

伟大的“五四”运动作为中国现代史的开端，不仅标志着中华民族的新觉醒，为中国共产党的创建提供了可靠的思想基础，准备了重要条件，而且还成为中国工人运动开始由自发向自觉转变的全新起点。

第一章　中共创立与工人运动的兴起（1921—1927 年）

一、中国共产党的创立与中国现代工人运动的开端

（一）中国共产党的诞生与工运方针的初步确立

1921 年 7 月 23 日，中国共产党第一次全国代表大会在上海召开。中共一大宣告了中国共产党的成立。一大制定了《中国共产党第一个纲领》，并通过了《关于当前实际工作的决议》（亦称《中国共产党第一个决议》）。这两个文件为中国工人阶级的革命斗争制定了政治纲领与工作方针，也为中国工人运动的发展和革命工会的创建提供了思想指导。

中共一大通过的《关于当前实际工作的决议》中，明确规定中国共产党成立后的中心工作是领导、组织和推进工人运动，基本任务是"成立产业工会"，强调"党在工会中要灌输阶级斗争的精神"。（参见【阅读与链接】）这一决议的制定和贯彻，使中国工人、工人运动有了根本的指导方针。在思想上，接受科学的马克思主义的教育和指导，使工人阶级、工会干部的政治觉悟、理论水平和工作能力不断提高。在组织上，针对行帮会党普遍存在的事实，明确提出组建各种产业工人工会，强调党对工会的领导和独立进取的政策，以避免工会所发动的政治斗争与党的纲领不相符合。在策略和行动上，中国共产党运用马克思主义观察和分析当时中国社会的性质，民族、阶级的矛盾特点和革命发展的趋势，并从中制定与完善工运方针、任务和策略，使工人阶级在与国内外敌人斗争中目标明确、进退有据，保证行动上的一致。不过，此时的中国共产党刚刚诞生，还没有深刻地认识到中国国情和中国革命的特

殊性，只是从十月革命胜利后的世界总体形势出发，得出中国革命必然是以无产阶级为主体的社会主义革命的结论。对在中国这种带有很大特殊性的社会条件下，是否能够立即实行社会主义革命，要经过什么步骤才能最后实现社会主义、共产主义等重大问题，还不可能认识清楚，需要在马克思列宁主义基本原理与中国革命实际相结合的过程中，继续探索来解决。

中国共产党的诞生使中国工人阶级有了自己的先锋队和战斗指挥部，有了可以团结和领导全体工人阶级的核心，这为全国工人阶级与工会组织的真正大联合提供了重要的前提与保证。它的诞生也标志着中国工人阶级由“自在阶级”开始向“自为阶级”发生根本性嬗变，标志着中国革命、工人运动走向正确的道路，不仅使中国革命的面貌一新，也使中国工人运动站在了新的起跑线上。

阅读与链接

关于当前实际工作的决议

（中国共产党的第一个决议）

一、工人组织

本党的基本任务是成立产业工会。凡有一个以上产业部门的地方，均应组织工会；在没有大工业而只有一两个工厂的地方，可成立比较适于当地条件的工厂工会。

党应在工会里灌输阶级斗争的精神。党应警惕，使工会避免成为其他党派之傀儡。为此，党应特别机警地注意，勿使工会执行其他的政治路线。对于手工业工会，应迅速派出党员，尽快进行改组工作。

拥有会员二百人以上方能成立工会，而且至少要派我党党员二人到该工会去工作。

二、宣传

一切书籍、日报、标语和传单的出版工作，均应受中央执行委员会或临时中央执行委员会的监督。

每个地方组织均有权出版地方通报、日报、周刊、传单和通告。不论中央或地方出版的一切出版物，其出版工作均应受党员的领导。

任何出版物，无论是中央的或地方的，均不得刊登违背党的原则、政策和决议的文章。

三、工人学校

因工人学校是组织产业工会过程中的一个阶段，所以在一切产业部门均应成立这种学校，例如，应成立“运输工人预备学校”和“纺织工人预备学校”等等。在这种学校里，除非常必要的情况外，不应教若干门不同的课程。

学校管理处和校务委员会应完全由工人组成。党聘请的教员可以出席校务委员会的会议。

工人学校应逐渐变成工人政党的中心机构，否则，这种学校就无需存在，可予以解散或改组。

学校的基本方针是提高工人的觉悟，使他们认识到成立工会的必要。

四、工会组织的研究机构

这种机构应由各个产业部门的领导人、有觉悟的工人和党员组成，应研究产业工会组织的工作方法等问题。

成立这种机构的主要目的应为教育工人使其在实践中能够实现共产党的思想。应特别注意组织工人工会，援助其他部门的工人运动，研究工人工会以及其他无产阶级组织的情况。

为了更适当地进行工作，这种机构的研究工作应分为以下几类：工人运动史，组织工厂工人的方法，卡尔·马克思的经济学说，各国工人运动的现状。研究的成果应定期发表。应特别注意中国工人运动问题。

五、对现有政党的态度

对现有其他政党，应采取独立的进取的政策。在政治斗争中，在反对军阀主义和官僚制度的斗争中，在争取言论、出版、集会自由的斗争中，我们应始终站在完全独立的立场上，只维护无产阶级的利益，不同其他党派建立任何关系。

六、党与第三国际的联系

党中央委员会应每月向第三国际报告工作。

在必要时，应派一特命全权代表前往设在伊尔库茨克的第三国际远东书记处。此外，并应派代表赴远东各国，以便商讨发展和配合今后阶级斗争的进程。

（二）中国劳动组合书记部成立与第一次劳动大会的召开

中国共产党成立之后，由于当时的政治环境，党的活动是比较秘密的。在共产国际驻中国代表马林的提议下，决定成立一个公开的指导全国工人运动的工作机构，后将这个组织定名为“中国劳动组合书记部”（系由日语借用引入，“劳动组合”即工会，“书记部”即秘书处）。1921年8月11日，即在中国共产党成立还不到一个月之时，中国劳动组合书记部在上海正式挂牌办公，主任先后由张特立（张国焘）与邓中夏担任，秘书李启汉，先后参加过书记部工作的成员有李震瀛、包惠僧、董锄平、许白昊等。8月16日，张国焘等26人发表《中国劳动组合书记部宣言》，《宣言》分析了中国工人的悲惨境况，强调工人阶级联合起来的重要性。劳动组合书记部建立之后，编辑出版了机关刊物《劳动周刊》，由李启汉、李震瀛负责编辑。在“发刊词”中明确表示，要“专门本着中国劳动组合书记部的宗旨为劳动者说话，并鼓吹劳动组合主义”，并号召“希望中国的工人们都拿材料来供给这个惟一的言论机关，都来维护这个惟一的言论机关，扩大解放全人类的声浪，促进解放全人类的事业实现”[①]。中国劳动组合书记部成立后，逐渐成为全国工人运动的总机关和领导者，并相继在北京、长沙、汉口、广州、济南设立了分部。在1925年中华全国总工会成立之前，由中国劳动组合书记部组织和领导的工人斗争在中国工人运动中具有重要地位，写下了很多光辉的篇章。（参见【阅读与链接】）

1922年5月1日至6日，由中国劳动组合书记部发起，邀请全国各

---

① 《中国劳动组合书记部旧址资料汇编》，中国劳动组合书记部旧址陈列馆编印，1999年9月。

地各党派工会团体，在广州召开了中国工人阶级第一次全国性大会——第一次全国劳动大会。大会在广东机器工会（广州河南机器维持会）所在地召开。参加大会的代表共 162 人，代表 12 个城市、100 多个工会组织、27 万多名会员[①]。代表中有共产党员、国民党员、无政府主义者等。第一次劳动大会通过了十个决议案，其中，《八小时工作制案》、《罢工援助案》和《全国总工会组织原则案》都是劳动组合书记部的代表提出来的。会议做出了在全国总工会未成立之前，各地工会以中国劳动组合书记部为全国总通讯机关的决定。这在事实上公认了中国劳动组合书记部作为全国工会组织的临时领导机关。

第一次全国劳动大会的胜利召开是中国工人运动史和中国工会史上的重大事件，它大大提高了中国共产党与中国劳动组合书记部的威望。大会所通过的全国组建工会以产业为主的原则，各工会组织相互支持以及下一次劳动大会要创建全国性总工会的决议等，对起步时期中国工会组织的健康发展，具有相当现实的指导意义。这次大会盛况空前，为全国工人运动和工会组织逐步走上团结统一创造了条件。

阅读与链接

中国劳动组合书记部宣言

资本主义在中国各大商埠发展的状态，和在世界上任何地方发展的状态是没有分别的，新式的生产制度一天一天的把旧的生产方法毁灭，一天一天的把劳动者集中到工厂里去，叫他们做机器的附属物。一班男女劳工在这种新式的生产制度下面的工作情况，简直是和牛马一样。

他们把劳动力卖给资本剥夺者，换到极少的工钱。他们血汗换来的工钱，多半不能维持自己生活，受饥受冻的劳工，随处都可以发现。还有千万的小孩子们，不分日

① 邓中夏：《中国职工运动简史》，人民出版社，1953 年版，第 78 页。

夜，到纺织等工厂里去作工，工作时间多半是每天十二个钟头起码。他们的康健是牺牲在这剥夺制度之下，他们定不能得受教育的机会。他们从极年幼的时候，就变成了本国或外国资本家的富源开发者，并变成了资本家的新式奴隶。这种痛苦的工作状况，加在这班男女工人和童工的身上，一定会迫着他们自己团结起来，向着他们的东家——剥夺者——为有力的奋斗，这是我们敢断言的。

但是劳动者没有组织，或是只有公所和无意义的工会组织，自然这种团结是不能够自卫，也自然是无反抗的能力。而且劳动者把他们自己分成什么宁波帮，广东帮，江北帮等等是不行的。这是把自己分裂的办法，怎样能拿着这种团体来和资本家奋斗呢？我们只有把一个产业底下的劳动者，不分地域，不分男女老少，都组织起来，做成一个产业组合。因为这样一个团体才能算是一个有力的团体，要这样的组织法，劳动者才能用他们的组织力，做奋斗事业，谋改良他们的地位呢。

中国劳动组合书记部是由上海——中国产业的中心——的一些劳动团体所发起的，是一个要把各个劳动组合都联合起来的总机关。他的事业是要发达劳动组合，向劳动者宣传组合之必要，要联合或改组已成的劳动团体，使劳动者有阶级的自觉，并要建立中国工人们与外国工人们的密切关系。但是这些事业是必要大家都来做的，所以我们请求那些已成立的团体加入这个书记部与我们共同进行。

劳动界的伙伴们呀！我们拿外国经历过的事实做比例，知道我们的事业在起手的时候，一定要遇着非常之多的困难。特别是我们这个阶级的知识缺乏，是最大的困难。但是资本制度在中国日见发达，我们极相信劳动者的团体也会日见发达，日见有力；并且我们相信将来的世界一定是工人们的世界。中国的工人们呀！我们赶紧联合成劳动组合呀！

（三）第一次工运高潮兴起与斗争受挫

中国劳动组合书记部成立以后，在中国共产党领导下，各地工人组建工会、发动斗争的活动呈热火朝天局面。从 1922 年 1 月到 1923 年 2 月，掀起了中国近现代历史上的第一次全国性罢工高潮。这次全国性罢工高潮的起点是 1922 年 1 月爆发的香港海员大罢工，罢工坚持了 56

天，最终取得了增加工资、承认工会的胜利。香港海员大罢工的胜利极大地推动了全国工人运动的发展，此后，全国各地罢工浪潮波澜壮阔、此起彼伏，到1923年2月京汉铁路工人大罢工失败而落潮。在短短的13个月中，全国共发生大小罢工100多次，参加罢工的工人人数达30万以上。

1. 香港海员大罢工的发动、胜利与意义

第一次工运高潮缘起于香港海员大罢工。长期以来，香港中国海员遭受英帝国主义的殖民统治和资本家、包工头的残酷剥削及种族歧视，工作时间长，劳动强度大，工资微薄，与白人海员同工不同酬，工资待遇不及白人海员的五分之一，还常遭受凌辱、打骂及克扣工资，并随时受到无故开除的威胁。1922年1月12日，在三次向资方提出增加工资要求被无理拒绝后，中国海员忍无可忍，在香港中华海员工业联合总会林伟民、苏兆征等人的组织领导下，举行大罢工。所有从香港开往广州、江门、澳门、梧州等地的内河轮船，以及从英、荷、法、日、美各国开到香港的远洋轮船上的中国海员，都相继罢工，人数多达3万余人。同时，海员工会领导罢工工人封锁香港，断绝粮食及日用品供应，动员10万工人离港回到广州，使123艘轮船被迫停驶，市内交通中断，生产停顿，商店关门，香港完全陷入瘫痪状态，变成了一个“死港”。2月1日，香港政府出动军警，封闭海员工会，逮捕罢工领导人，并将火炮对准海员工会，抢走海员工会的匾牌。3月4日，几千名罢工工人成群结队，携家带小，离开香港步行回广州，当行进到九龙沙田时，遭到英国军警的射击，打死6人，打伤几百人，造成了举国震惊的“沙田惨案”。这一残暴野蛮行径激起了工人们更猛烈的怒火，罢工势头更加强大，中共南方党组织与中国劳动组合书记部坚决支持和声援香港海员罢工斗争，并动员全国人民纷纷向香港海员伸出援助之手。

工人们团结一致毫不妥协的态度显现了巨大的力量，束手无策的香港当局不得不向工人让步，3月8日，香港当局取消了封闭海员工会的命令，送回工会匾牌，释放了被捕工人，同意增加海员工资一成半至三成，抚恤沙田死难者的家属1000元。至此，历时56天的香港海员大罢工取得了胜利。

香港海员大罢工的胜利具有以下意义：它是中国共产党诞生不久领导的第一次全国工运高潮的起点。这次罢工虽不是中国共产党所直接发动，但它的爆发是在十月革命的影响及英国工运高潮的鼓舞下发生的，爆发后又受到中国劳动组合书记部、中共南方党组织、孙中山为领袖的国民党人以及广大内地工人群众的大力支持；这次斗争沉重地打击了英帝国主义与港英当局的反动气焰，胜利的影响震动华南，也激励和鼓舞了中国内地工人反对帝国主义与封建军阀的战斗意志，促进了内地工运高潮的爆发与到来。

2. 内地工人斗争风起云涌

湖南和湖北是第一次工运高潮的又一个中心地区。1922 年 6 月，武汉汉阳铁厂工人举行了罢工，并取得了胜利。在华中地区声势和影响更大的是安源路矿工人大罢工。1922 年 5 月 1 日，在时任中共湘区委员会书记和中国劳动组合书记部湖南分部主任毛泽东的领导下，安源路矿工人成立了工人俱乐部，选举李立三为工人俱乐部主任，朱少连为副主任，蒋先云为秘书。俱乐部初建时有会员三百人，后发展到七百多人，1922 年 9 月 11 日，毛泽东、李立三、刘少奇领导工人俱乐部向路矿当局提出：保护俱乐部、发清积欠工人工资等三项条件。路矿当局不予答复，9 月 14 日工人俱乐部组织安源路矿 1.7 万名工人举行了大罢工，提出了增加工资、废除把头制、承认工会有代表工人的权利，以及改善工人生活待遇等 17 条要求。为了扼杀罢工运动，路矿当局采取了先是拉拢、后又企图暗杀罢工总指挥李立三等各种手段，同时出动军警包围工人俱乐部并与工人发生激烈冲突。最后，通过工人全权代表刘少奇、蒋先云等到戒严司令部谈判，路矿当局被迫答应罢工宣言中提出的承认工会有代表工人的权利、增加工资等 13 项条件，罢工取得了完全的胜利。罢工胜利后，安源路矿工人俱乐部的会员发展到 1.3 万人，组织也进一步走向正规和严密，工人夜校等也有了很大发展。由于方针策略得当，组织严密，万众一心，安源路矿工人罢工斗争取得了“未伤一人，未败一事”的圆满胜利，成为当时罢工斗争中的典范与红旗。

在全国各地，声势浩大的罢工潮也渐次兴起，其中以北京铁路工人和开滦煤矿工人的罢工斗争最为激烈和著名。1922 年 6 月间，位于北京的长辛店工人俱乐部向路局提出开除总管、工头，承认俱乐部有人事推荐权和增加工资等要求，但迟迟得不到答复。8 月 23 日，中国劳动组合书记部书记邓中夏来到长辛店，召集工人代表开会，决定罢工。24 日罢工开始，3000 多工人手持写着“不得食不如死”“打破资本专制”等口号的白旗，在娘娘宫举行誓师大会。北洋直系军阀曹锟派兵镇压，强迫工人复工。工人不肯退让。郑州铁路工人此时发动声援罢工，使京汉铁路南北交通完全中断。京绥、京奉、正太等线铁路工人也纷纷声援长辛店铁路工人的罢工，并表示如 3 日内不答应罢工工人的要求，各路即开始总罢工。罢工坚持 2 天后，路局被迫与工人代表谈判，答应了除工人参与路局人事权以外的全部条件。26 日，工人正式复工。

同年 10 月，开滦煤矿工人发动了有五万多人参加的五矿同盟大罢工，更是表现了工人阶级的团结奋斗和勇于向前的革命精神。开滦煤矿公司是由唐山、赵各庄、林西、马家沟、唐家庄五矿组合而成，原为官僚资本所创办，后被英帝国主义者侵吞。矿工们饱受残酷的压迫和剥削，过着异常艰苦的生活。在中国劳动组合书记部北方分部的领导下，1922 年 9 月下旬，开滦五矿工人联合会成立。10 月 16 日，工人代表向矿局提出增加工资、改善待遇等要求，遭到矿局拒绝并扣压了工人代表。在劳动组合书记部的领导下，1922 年 10 月 23 日，唐山五矿工人宣布总同盟罢工，并提出加薪等要求，引起了中外反动派的恐慌。开滦资本家勾结军阀政府调集武装力量，对罢工实行武力镇压。10 月 25 日，林西、赵各庄矿工纠察队以集体卧轨的壮烈行动抵抗英兵来矿。10 月 26 日，各矿工人继续集会，并到街头进行演讲。反动军警无理逮捕纠察队员 7 名，以武力进行镇压，造成死伤 60 余人的惨案。血腥屠杀没有吓倒英勇的开滦工人，他们决心把罢工斗争进行到底。在全国各地工人兄弟广泛的同情与支持下，五矿工人继续坚持斗争达 25 天之久。最后迫使开滦矿务局和直隶全省警务处不得不张贴布告，应允给百元工资以下的工人增资 10%，工人罢工期间发给 7 天的工资，并由矿局担负医药费。至此，开滦五矿同盟大罢工结束。整个罢工斗争是在中共北京区委、中国劳动组合书记部北方分部和中共唐山地委领导下有计划地进行的，因其运动声势最浩大、斗争性最强，被邓中夏评价为中国第一次工运高潮的“最高峰”。

南方与北方接连爆发、此起彼伏、波涛汹涌的工人斗争浪潮，极大地鼓舞和推动了全国工人运动的继续发展和高涨，充分显示了中国工人阶级“特别能战斗”（毛泽东语）的英雄品格。

3. 气壮山河的“二七”斗争及其意义

京汉铁路大罢工是第一次全国工运高潮的顶点，也是第一次工运高潮的暂时谢幕。在中国共产党的领导下，京汉铁路工人在中国劳动组合书记部的具体指导下，先后建立了全路沿线长辛店、郑州、江岸等16个工会组织。为了更好地团结起来进行斗争，1922年4月至1923年1月，各工会组织商议决定成立京汉铁路总工会，1923年2月1日，京汉铁路工人在郑州举行京汉铁路总工会成立大会，但是遭到直系军阀吴佩孚的武力干涉，引发了京汉铁路工人大罢工。1923年2月4日中午12时，全路2万多工人举行同盟大罢工，全路所有客车、货车、军车一律停驶，1200多公里的京汉铁路交通线陷入瘫痪状态。

1923年2月7日，在京汉铁路大罢工如火如荼之际，吴佩孚在帝国主义势力支持下，调动两万多军警，在长辛店、汉口、江岸和郑州等地，对罢工进行了残酷镇压，制造中国工人运动史上悲壮的“二七”惨案。在这次罢工斗争中，壮烈牺牲的烈士共有52人，受伤者300多人，被捕者60人，还有千余人被迫流亡。其中京汉铁路总工会江岸分会委员长林祥谦，著名劳工律师、京汉铁路总工会法律顾问施洋等，都先后壮烈牺牲，为工运事业献出了自己的生命。

“二七”惨案的发生，标志着中国共产党领导的第一次席卷全国的工运高潮的失败与工人运动的严重受挫。但是这次运动的伟大意义是不可低估的，它是继“五四”运动之后，中国工人阶级再一次登上政治舞台并作为历史主角展示作为，表明了中国工人阶级、工人领袖威武不屈、昂扬奋进和不怕流血牺牲的奋斗精神。中国共产党领导工人阶级在第一次工运高潮尤其是在“二七”斗争中的卓越表现与强大威力，不仅使中国社会各阶级与政治团体刮目相看，而且，通过“二七”斗争中国工人阶级的英勇事迹也传播到世界，从而提高了中国共产党的声望与知名度。第一次工运高潮与“二七”斗争的最终受挫，深刻、生动地教育了年轻的中国共产党与工人阶级，在帝国主义与封建军阀的严酷统治下，单凭工人阶级单枪匹马或赤手空拳打天下，是不会成功的，因此，工人运动要蓬勃发展和取得胜利，必须寻找同盟军，必须有强大的革命军队与政权保护，否则就必然失败。“二七”斗争虽然受挫，但是它促进了国共第一次合作，开启了革命新局。

阅读与链接

第一次全国劳动大会宣言（节选）

全国男女工人们——弟兄们，姊妹们！

资本主义没有不是靠着剥夺工人们的血汗做养料的，他发展的过程，便是工人们受痛苦的过程。所以资本主义在中国发展的结果，使百余万的男女工人们集中在用机器的工厂里或各种企业里，变成一无所有的机器附属物。一班男女劳工在这种新式生产制度下面的工作状况，简直和牛马奴隶一样。所赚的工资，多半不能维持自己的生活；受饥受冻的劳工，随处都可以发现。还有数十万的小孩子们，在这种制度下面，牺牲他们的康健。他们永不能得到受教育的机会。他们从极年幼的时候起，就变成资本家的新式奴隶。这些都是我们工人身受的痛苦。我们受了这些痛苦的经验，实在不得不使我们团结起来，共同向着东家奋斗；而且我们从此觉悟，这是救济我们的惟一道路。

因为工人们渐渐明白组织的重要，所以在中国各大商埠已是组织了一些工会，也有了一些为增加工资和改良待遇的罢工运动。虽然这些工会的组织和罢工运动，还只是一个工厂，一条铁路或是一个地方的举动，但是已能证明给我们知道，凡是组织或运动的范围较大的，一定得到胜利。尤其能够证明给我们知道的，就是香港海员的罢工，这次罢工使我们知道工人们的确具有伟大的能力和工人们是必要有组织，而且使我们知道全国工人们非一致行动不可。从此我们也渐渐明白要是工人们只有公所和无意义的工会组织，是断断不行的，因为这种组织是不能够自卫，更没有反抗的能力。我们也渐渐明白工人们是不可容那些东家或东家的走狗加入工会里去，因为那些敌人们是会破坏我们这个阶级的团体。我们也渐渐明白工人们不可把我们自己分成什么广东帮，宁波帮，江北帮，天津帮等，因为这是使自己这个阶级互相分裂，断不能用这种“帮”的团体和资本家奋斗。

全国劳动大会慎重宣告全国男女工人们说：我们工人们决不要分地域，决不要分党派，决不要分男女老少，只要是赚工钱的工人们，都应该按照产业的分类法，组织在各种工会里；而且要把各地工人们按照产业组织的工会，联络起来，组织各种全国的产业总工会。即使一时不能组织成产业组合的工人们，也应该把他们的工会组织成一个纯粹工人阶级的团体，而且要弄成组织的范围较大和更有统系的团体。

全国劳动大会告诉我们说：我们组织工会并不是无意义的，也不仅仅是娱乐、教育或抚恤的机关，我们组织工会的目的，是要用我们这个阶级的组织力，做奋斗的工作，谋达到改良我们的状况。这次大会又告诉我们说：无论哪种或哪个地方的工人们对资本家的奋斗，都是我们这个阶级对资产阶级的奋斗；我们必定要互相援助，才能得到胜利。

全国劳动大会还告诉我们说：我们前面的敌人是很多的，国际帝国主义和本国军阀也是我们的敌人。他们时常压迫我们，杀戮我们的领袖，枪击我们罢工的弟兄，禁止我们的罢工，剥夺我们集会结社言论的自由。我们认定这些敌人一日不除掉，我们一日不能得到些微的自由。我们现在是须要这种自由的，而且我们不能忍受那种压迫和杀戮，所以我们要结合全国的农人，至〔并〕与小资产阶级暂时联络，共同向着那些敌人奋斗，争得我们的自由。

……

全国男女工人们！全国劳动大会第一次会议，是由各省各商埠各种工人团体代表共一百七十三人组织而成的，所代表的人数共三十四万余人。这个大会所说出来的话，都是个个工人所要说的话，这次大会所讨论的事件，都是全国工人们的切身问题。而且这次大会是在中国劳动运动史上第一次的会议，这是我们工人们组织力扩大的证明。我们相信以后我们的奋斗工作较前更易成功，因为这次大会已开了全国工人们联合起来的新纪元。

……

全国男女工人们！全世界的工人们和被压迫阶级是人类中间的最大多数，我们凭借的就是人多势大，人多势大的团体便是使我们成功的要素。所以我们极相信我们这个阶级是会得到最后的胜利的，将来的世界定必是无产阶级和被压迫阶级的世界。全国男女工人们！我们手携着手大踏步向前进罢！并且在我们前进的行列中，要高呼全国工人们联合起来！

全世界劳动者和被压迫人民联合起来，共同向着资产阶级和压迫阶级前进呀！

二、中华全国总工会的成立与工人运动的高涨

（一）革命统一战线建立，工人运动的恢复与发展

国共双方共同的革命需求促使它们走上了联合斗争的道路。1923年6月，中共三大决定共产党员和社会主义青年团员以个人名义加入孙中山领导的国民党。在共产国际与苏俄政府帮助下，1924年1月，国民党第一次全国代表大会在广州召开。这次大会标志着革命统一战线的正式建立，实现了第一次国共合作。

在国民党一次全国代表大会上，孙中山顶住党内右派的反对压力，宣布了联俄、联共、扶助农工的三大政策，从而把旧三民主义发展为新三民主义。国民党在这次大会上发表《中国国民党第一次全国代表大会宣言》，制定了新的、进步的劳工政策："制定劳工法，改良劳动者之生活状况，保障劳工团体，并扶助其发展。"国民党从中央到地方，设立了工人部，作为指导工运的领导机构。国民党中央工人部首任部长为国民党左派领袖廖仲恺，其秘书冯菊坡是共产党员，工人部的实际工作基本上由冯菊坡主持。在国民党一大选举出的中央执行委员会中，共产党员李大钊、谭平山、毛泽东、林祖涵、瞿秋白等10人当选为国民

党中央执行委员或候补执行委员，约占委员总数的1/4。在国民党中央党部担任重要职务的共产党员有：组织部长谭平山，农民部长林祖涵，宣传部代理部长毛泽东等。同年11月，中国历史上第一个以政府名义颁布的工会法规——《工会条例》由孙中山亲自颁布。《工会条例》明确承认，工人有组织工会的权利。工会在其范围以内，有言论、出版及办理教育事业等自由。这为工人运动的恢复和发展创造了有利条件。（参见【阅读与链接】）

第一次国共合作的实现，革命统一战线的建立，为中国共产党领导工人运动，打破“二七”惨案以来工人运动的沉闷局面创造了条件。共产党人利用在国民党中央和地方工农部担任领导职务的合法、半合法身份，积极恢复和发展工人运动。中国工人运动出现了转机，并很快走出低潮，呈复兴之势。国共合作之后，国民政府管辖的广东地区工人运动迅即得到有声有色的开展，如组织整理了原先派系分歧很大的工会，先后成立了广州工会联合会、中共广东区委工人运动委员会等组织来联合产业工会共同斗争。在以李大钊为首的中共北方区委领导下，被封闭的铁路工会很快得到不同程度的恢复和发展，京汉路、京奉路、京绥路等工会组织相继恢复，1924年2月7日，在“二七”惨案一周年纪念日，全国铁路工人代表大会在北京秘密召开，宣告中华全国铁路总工会成立。全国其他地区各行各业的工人运动也陆续开始复苏，并彼此呼应，呈现出欣欣向荣的势头。

阅读与链接

工会条例

（民国十三年十一月孙中山大元帅令）

第一条 凡年龄在十六岁以上，同一职业或产业之脑力或体力之男女劳动者，家庭及公共机关之雇佣，学校教师职员，政府机关事务员，集合同一业务之人数在五十人以上者，得适用本法，组织工会。

第二条　工会为法人。工会会员私人之对外行为工会不负连带之责任。

第三条　工会与雇主团体立于对等的地位，于必要时，得开联席会议，计划增进工人之地位及改良工作状况，讨论及解决双方之纠纷或冲突事件。

第四条　工会在其范围以内，有言论、出版及办理教育事业之自由。

第五条　工会组织之区域范围，如有超过现行之行政区域者，项呈请高级行政官厅指定管辖机关。

第六条　工会以产业组织为主，但因特殊之情形、经多数会员之同意、亦得设职业组织。已设立之同一性质之工会，有两个或两个以上者，应组织工会联合会，以谋联合或改组。工会或工会联合会，得与别省或外国同性质之团体联合或结合。

第七条　发起组织工会者，须由从事于同一之业务者五十人以上之连署。提出注册请求书，并附具章程及职员履历各二份于地方官厅请求注册。

注册之管辖为县公署或市政厅。

未经呈请注册之工人团体，不得享有本条例所规定之权利及保障。

第八条　工会之章程内，须载明下列各条款：

一、名称及业务之性质。

二、目的及职务。

三、区域及所在地。

四、职员之名称、职权，及选任、解任之规定。

五、会议组织及投票之方法。

六、经费征收额及征收之方法。

七、会员之资格限制及其权利义务。

第九条　工会每六个月，应将下列各项，造具统计表册，报告于主管之地方官厅：

一、职员之姓名及履历。

二、会员之姓名，人数，加入年月，就业处所及其就业、失业、变更职务、移动、死亡、伤害之状况。

三、财产状况。

四、事业经营成绩。

五、有无罢工或别种事件，及其事实之经过或结果。

第十条 工会之职务如下：

一、主张并拥护会员间之利益。

二、会员之职业介绍。

三、与雇主缔结团体契约。

四、为会员之便利或利益而组织之合作银行、储蓄机关及劳动保险。

五、为会员之娱乐而组织之各项娱乐事务、会员恳谈会及俱乐部。

六、为会员之便利或利益而组织之生产、消费、购买、住宅等各种合作社。

七、为增进会员之知识技能而组织之职业教育、通俗教育、劳工教育、讲演班、研究所、图书馆，及其他定期不定期之出版物。

八、为救济会员而组织之医院或诊治所。

九、调解会员间之纷争。

十、关于工会或工会会员对雇主之争执及冲突事件，得对于当事者发表并征集意见；或联合会员作一致之行动；或与雇主之代表开联席会议；执行仲裁；或请求雇主方面共推第三者参加主持仲裁；请求主管行政官厅派员调查及仲裁。

十一、对于有关工业或劳工法制之规定、修改、废止等事项，得陈述其意见于行政官厅、法院及议会，并答复行政官厅、法院及议会之咨询。

十二、调查并编制一切工农劳工经济状况，及同业间之就业、失业，及一般生计状况之统计及报告。

十三、其他种种之有关于增进会员之利益，改良工作状况，增进会员生活及智识之事业。

第十一条 工会职员，由工会会员按照本工会选举法选出之职员充任之，对外代表本会，对会员负其责任。

第十二条　工会会员无等级之差别，但对于会费之收入，得按照会员之收入额而定征收之标准。

会员对工会负担之经常费，其领不得超过该会员收入百分之五，但特别基金及为会员利益之临时募集金或股份不在此限。

第十三条　工会会员于必要时得选派代表审核工会簿记，并调查财政状况。

第十四条　工会在必要时，得根据会员之多数决议，宣告罢工，但不得妨害公共秩序之安宁，或有危害于他人之生命财产。

第十五条　工会对于会员工作时间之规定、工作状况及工场卫生事务之增进及改良。得对雇主陈述意见，或选出代表与雇主方面之代表，组织联席会议，讨论及解决之。

第十六条　行政官厅对于管辖区域内之工会对雇主间发生争执或冲突时，得调查其冲突之原因，并执行仲裁，但不为强制执行。

关于公用事业之工人团体与雇主冲突状况扩大或延长时，行政官厅经过公平审慎之调查及仲裁手续以后，如双方仍相持不下者，得执行强制裁决。

第十七条　工会中关于拥护会员利益之基金、劳动保险金、会员储金等之存储于银行者，该行破产时，此类存款，得有要求优先赔偿之权利。

第十八条　工会及工会所管理之列各项财产。不得没收：

一、会所、学校、图书馆、俱乐部、医院、诊治所以及关于生产、消费、住宅、购买等之各项合作事业之动产及不动产。

二、关于拥护会员利益之基金、劳动保险金、会员储金等。

第十九条　关于本条例第八条、第九条之事项，工会发起人及职员之呈报不实、不尽或不呈报者，该主管之行政官厅得命令据实呈报或补报在未据实呈报或补报以前，该工会之行动，不受本条例之保障。

第二十条　凡刑律、违警律中所限制之聚众集合等条文，不适用本条例。

第二十一条　本法自公布日施行。

（二）第二次全国劳动大会召开与中华全国总工会的成立

1925 年 1 月，中国共产党召开了第四次全国代表大会。这次大会明确提出了无产阶级在民主革命中的领导权和工农联盟问题，强调在逐渐高涨起来的民族革命中，工人要有独立的阶级组织，即成立工会以赞助国民革命运动。同时还对职工运动的策略、组织及加强党的领导等作了明确谋划。中共四大的决议推动了全国工人运动的继续发展。

1925 年 5 月 1 日，在中国共产党领导下，由中华全国铁路总工会、汉冶萍总工会、中华海员工业联合总会和广州工人代表会这四个当时国内最大的产业和地方工会联合发起，第二次全国劳动大会在广州召开。出席大会的代表 281 人，代表全国 166 个工会组织、54 万余名有组织的工会会员。大会宣告成立中华全国总工会，并通过了三十多个决议案，其中主要有《工人阶级与政治斗争决议案》《经济斗争决议案》《组织问题决议案》《工农联合决议案》《铲除工贼决议案》《中华全国总工会总章》《加入赤色职工国际决议案》等。

第二次劳动大会的最重大成果，就是中华全国总工会的成立，这是中国工人运动史和工会运动史上的一个大事件。大会通过了《中华全国总工会总章》，《总章》中总纲规定：本会以团结全国工人，图谋工人福利为宗旨。大会决定中华全国总工会总会机关设在广州，并选举了中华全国总工会第一届执行委员会，选举林伟民等 25 人为执行委员会委员，执行委员会推举林伟民为委员长，刘少奇、刘文松、邓培为副委员长①，邓中夏为秘书长兼宣传部长，李森为组织部长，孙云鹏为经济部长。大会还决定中华全国总工会加入赤色职工国际。

中华全国总工会的成立，是中国工人阶级在中国共产党领导下经过艰苦卓绝的斗争取得的重大成果，标志着全国工会组织在新的基础上实现了团结和统一，标志着中国共产党对工人运动的领导进一步加强。第

---

① 关于中华全国总工会第一届执行委员会副委员长，由于年代久远资料阙失，目前存不同说法。据邓中夏 1926 年所著《中国职工运动简史》记述，“大会以后，执行委员会开会，推举林伟民为正委员长，刘少奇、刘文松为副委员长”，但多年来党史及工运史学界亦有刘少奇、邓培、郑绎民（一说郑绎生）为副委员长之说。本书经反复研酌，暂采刘少奇、刘文松、邓培为副委员长，俟将来有确凿史料证据后再作定论。

二次全国劳动大会的召开和中华全国总工会的成立，对于即将到来的规模更加空前的工运高潮起到了积极的推动作用，成为团结全国职工与工会组织的一面旗帜。

（三）五卅运动与省港大罢工迎来工人运动高涨

五卅运动爆发的导火索，是 1925 年 5 月 15 日日本资本家枪杀上海内外棉七厂工人、共产党员顾正红的血案。日本资本家开枪杀害领导工人反对关厂斗争的顾正红，打伤工人十多人，激起了工人的强烈愤怒。5 月 30 日，群众在上海租界举行反对帝国主义的游行示威，英帝国主义者指挥巡捕开排枪射杀聚集在老闸捕房门前示威的工人、学生和市民，当场打死 13 人，重伤数十人，轻伤无数。南京路上血色弥漫，这就是英帝国主义者制造的震惊中外的“五卅惨案”。

顾正红血案发生后，党迅即领导上海工人成立了上海总工会筹备会，以便组织工人群众与敌斗争。5 月 31 日晚，根据斗争形势的新变化，上海总工会筹备会在李立三主持下召开联席会议，决定正式成立上海总工会。上海总工会宣告成立后，立即发表了《告全体工友书》，宣布从 6 月 1 日起举行全市总罢工。为加强对各阶层人民斗争的统一领导，6 月 1 日晚，中共中央决定，由上海总工会联合全国学生联合会、各马路商界总联合会等，组成联合战线性质的上海工商学联合委员会，作为运动的公开指挥机关，推动了各行各业的组织和联合斗争，并决定把斗争向全国扩展。五卅运动的狂飙迅速席卷全国，全国各地约有 1700 万人直接参加运动。中国人民的反帝斗争得到了国际革命组织、海外华侨和各国人民的广泛同情和支持。

罢工期间，上海各厂工会的组织进入一个蓬勃发展时期，每天都有新的工会宣告成立。到 6 月 7 日，上海总工会所属基层工会已由五卅前的 20 个增加到 44 个，6 月 10 日，增加到 67 个，到 7 月 28 日，猛增到 117 个，会员人数达 22 万人。同时，全国工会组织也在五卅反帝爱国运动的高潮中，出现蓬勃发展的局面。全国总工会领导下的各地区总工会和全国性产业工会纷纷建立：1925 年 8 月 4 日，天津总工会宣告成立；1925 年 9 月 18 日，河南全省总工会在郑州成立；1925 年 7 月 6 日，由青岛港政局、水道局等单位工会和胶济路总工会联合成立青岛工界联合会；7月，济南工人总工会也秘密成立。

省港大罢工是广州和香港工人为声援上海五卅运动而举行的。共产党人邓中夏（中华全国总工会总书记）及苏兆征（香港海员工会）等人以全国总工会名义，到香港组织罢工。在中共广东区委的领导和全国总工会的公开指挥下，成立全港工团联合会，于6月19日罢工。6月23日，沙基惨案[①]激起全国人民的强烈义愤，到6月底，罢工人数达25万。为了有效领导罢工，成立了罢工工人代表大会，作为罢工的最高议事机关，以商讨罢工的相关事宜。工人代表大会选举苏兆征等人组成罢工委员会，作为最高执行机关，下设财政、纠察、法制、审计等部门主持罢工，成立两千多人的工人武装纠察队封锁香港，禁止粮食输出香港及经香港之货物入口。罢工委员会还决定援助香港工人回广州生活，有十三四万人离港，前往广州、佛山等地。1926年10月，罢工委员会根据形势变化，接受共产国际的建议，宣布结束罢工，并取消对香港的封锁。省港大罢工从1925年6月开始，到1926年10月以胜利结束，坚持了16个月之久，是中国和世界罢工史上坚持时间最长的罢工。在经济上、政治上给英帝国主义以沉重打击，也给了广东革命政权以有力的支持，为随后的北伐战争准备了舆论声势，并在中国工人运动史上留下了扬眉吐气的豪迈记录。

中国共产党领导的五卅运动，是中华民族直接反抗帝国主义的伟大运动。它冲破了长期笼罩全国的沉闷的政治空气，大大促进了工农群众的觉醒，显示了各革命阶级、各阶层民众在无产阶级领导下联合斗争的巨大威力，给了帝国主义和军阀势力一次前所未有的打击。五卅运动使中国共产党初步积累了领导反帝斗争的经验，这就是：无产阶级是反帝斗争的中坚。为了反对共同的敌人，无产阶级与资产阶级、小资产阶级建立统一战线是必要的，但一定要认识到中国资产阶级具有两重性，“当他们要争政权而反对压迫他们的国内外势力的时期，他们固然要和

---

① 1925年6月23日，回到广州的罢工工人偕同广州工人、农民、学生和革命士兵共10万余人举行示威游行。当游行队伍经过沙基街时，驻在沙面的英、法等帝国主义士兵突然向游行群众开枪射击，停泊在沙面附近的帝国主义军舰也炮轰游行群众，当场打死52人，重伤170余人，轻伤者不计其数，这就是震惊中外的“沙基惨案”。

工人阶级携手”；当他们的利益受到损失时，“立刻就开始压迫工人，宁可抛弃民族利益而与敌人妥协”。①

三、北伐战争中工人运动的迅猛发展

（一）第三次全国劳动大会的召开及其通过的重要决议

1926年5月1日，中华全国总工会在广州召开第三次全国劳动大会，出席大会的代表502人，代表全国699个工会组织、124万会员。英、俄、法、德、美、日等国的工会代表也出席了大会。大会通过了《中国职工运动总策略决议案》等12个报告和决议案，选举了以苏兆征为委员长、项英为副委员长、刘少奇为秘书长的全总新一届执行委员会。这次大会根据当时的革命形势，强调中国工人阶级是国民革命的领导阶级，提出了工人阶级当时的中心任务是：巩固和扩大自己的组织，切实联合农民、小商人、学生及社会上一切国民民众，督促和援助广东国民政府北伐，消灭封建军阀，以期早日完成国民革命，统一中国。大会发表了《为促进北伐向国民政府请愿书》，要求国民政府出师北伐。

1925年6月5日，广东国民政府决定出师北伐之后，中华全国总工会发表了《对国民政府出师北伐宣言》，号召工人参加和支援北伐战争，《宣言》对工人运动提出了明确的要求：在国民革命军胜利的地方，要求启封被反赤军封闭的工会，释放被捕工人领袖，恢复被通缉和失业工友的工作，使以前罢工胜利的条件得以履行，被惨杀死伤的工友得到抚恤和救济。在政治上，要求颁布保护劳工的劳动法，发展工人运动的工会条例，要求工人有集会、结社、言论、出版、罢工的自由。《对国民政府出师北伐宣言》为工人运动在北伐战争中的蓬勃发展提出了方针、策略，同时也为各地革命工会充分利用北伐战争的历史机遇来发展工人运动，提供了及时的理论指导。

（二）敦促支援北伐战争，工人运动空前高涨

在中华全国总工会的指导下，随着北伐军的北上步伐，中国工人运

① 《中国现时的政局与共产党的职任议决案》（1925年10月），中央档案馆编：《中共中央文件选集》第1册，中共中央党校出版社，1989年版，第461页。

动也一路凯歌猛进。在两湖地区，北伐军进入湖南后，拥有十多万会员的湖南全省工团联合会发动全省工人，为北伐军带路、送信、收集情报、运输等。在醴陵、长沙、平江、岳阳等战役中，工农群众则直接参加了战斗。在湖北，当北伐军攻打武汉时，工人在内部予以配合，汉阳兵工厂工人举行罢工，铁路工人组织破坏队，牵制军阀的行动。在工农群众的大力支持与配合下，北伐军所向披靡，在不到半年时间里，打败了吴佩孚，赶走了孙传芳，占领了半个中国。

随着北伐战争的一路北上，革命中心也随之北移，1927 年 1 月 1 日，国民政府从广东迁到武汉。1 月 18 日，中华全国总工会发表告全国各工会书，宣布北迁武汉，在广州设办事处。全国总工会于 2 月初迁到汉口，2 月 20 日到 26 日，全国总工会在汉口召开执委扩大会议，通过了《全国工人阶级目前行动总纲》等决议案。因全国总工会委员长苏兆征出任武汉国民政府劳工部长，会议选举李立三为全国总工会代理委员长。随着国民政府和全国总工会由广州迁往武汉，武汉成为革命的红都，并成为全国革命运动的中心。武汉工人阶级全力支援北伐战争，北伐军进占武汉后，武汉民众的政治觉悟迅速提高，工人阶级更是一马当先，站在反帝反封建斗争的前列，极大地推动了武汉工人运动浪潮的掀起。

在北伐战争中，中国工人阶级还创造了一个伟大壮举，即开展了收回汉口、九江英租界的斗争，并取得了胜利。这是鸦片战争以来中国人民反帝外交斗争史上的一次重大胜利，也是大革命浪潮中的一个高潮。另外，在北伐期间，从 1926 年 10 月到 1927 年 3 月，上海工人在中共上海区委和上海总工会的领导下，为响应北伐军先后进行了三次武装起义。上海工人第三次武装起义的胜利，经过 30 小时激战，起义工人打败了军阀部队，占领了上海，成立了上海特别市临时委员会，把大革命高潮中的工人运动推向了高潮的巅峰。

四、大革命悲壮失败，工人运动再遭挫折

（一）蒋介石发动“四一二”反革命政变及对工人运动的血腥镇压

北伐战争的胜利进军和工农运动的高涨，未能遏制革命阵营内部的

危机。当时，蒋介石的实力迅速膨胀，帝国主义列强认定蒋介石所代表的势力同样是反共的力量，开始对他们进行拉拢。不少原来属于北洋军阀或地方军阀的军队纷纷接受蒋介石的改编，一批批政客、官僚也投靠到蒋介石身边。

随着自己的羽翼渐丰，蒋介石的反共面目也逐渐暴露出来。1926 年 11 月，国民革命军攻克江西后，蒋介石的国民军总司令部进驻南昌。此后，蒋介石控制下的反动力量不时捣毁南昌、九江、安庆、南京等地的革命工会，并杀害共产党人。1927 年 4 月 12 日，蒋介石突然在上海向革命群众举起屠刀，发动反革命政变，对上海工人进行血腥屠杀。4 月 11 日夜，与蒋介石勾结的黄金荣、杜月笙以邀请赴宴为名，骗杀了上海总工会委员长汪寿华。12 日凌晨，在根据蒋介石密令部署的军队支持下，中华共进会流氓数百人，袭击了工人纠察队驻地，占领了上海总工会会所，打死工人 60 余人，打伤 220 余人，短短几天，上海工人被捕者 500 余人，逃亡失踪者 5000 余人。继上海之后，江苏、浙江、福建、安徽、江西、广东、广西等省的许多县市，也都陆续发生了同样的反革命政变。由于革命工会多是由共产党领导，是革命的主要阵地，因此也是反革命政变中被打击的重点。大革命高潮中发展起来的轰轰烈烈的工人运动遭到残酷镇压。在 4 月 15 日广州反革命政变中，省港罢工委员会的武装被解除，全总广州办事处、省港罢工委员会、广州工人代表大会及其所属工会、中华海员工业联合总会、全国铁路总工会广州办事处、香港总工会等全部被查封，2100 余名共产党员和工人积极分子被逮捕，100 余人被秘密杀害，2000 多名铁路工人被驱逐，著名工人领袖邓培、刘尔崧、李森、李亦愚、何耀全等均被杀害。黑云压城的反革命逆流弥漫全国，中国共产党领导的工人运动损失惨重。

（二）第四次全国劳动大会的召开及其挽救革命与工运努力的失败

“四一二”反革命政变发生后，国内政局迅速逆转。除以张作霖为首的北京政府外，蒋介石于 4 月 18 日在南京另行成立“国民政府”，以与武汉的国民政府相对立。当时，在全国形成了北京、南京和武汉三个政权相对峙的局面。

“四一二”反革命政变后，武汉政府处在新旧军阀四面包围之中，已经出现了岌岌可危的局面。在武汉政府辖区内，国民党右派接二连三发动军事叛变。在这种严峻局势下，1927年6月19日至28日，第四次全国劳动大会在汉口召开，到会代表402人，代表了全国280万会员。四次劳大在共产党的领导下，分析了革命的危急形势，声讨了蒋介石等国民党右派背叛革命、屠杀工农的罪行，宣布了中国工人阶级在反对帝国主义、蒋介石等反革命联盟的斗争中，无论付出多大的牺牲，都要坚持到底的决心和革命方针。

这次劳动大会的中心议题是如何挽救中国革命。大会通过的决议案和宣言着重强调了三个问题：第一，蒋介石叛变革命以后，工人运动的主要任务是“联合农民、小资产阶级和一切革命人士，向反革命的中心英勇进攻”。第二，在各种反革命势力联合进攻工人阶级的情况下，必须巩固和发展工人组织，加紧组织工人武装纠察队和秘密工人武装。第三，农民是工人阶级最可靠的同盟军，工人阶级必须“援助农民实现土地革命，打倒土豪劣绅建立农村的民主政权，以扩大革命的基础”。大会选举了全总新一届执行委员会，苏兆征、向忠发、李立三、王荷波、邓中夏、林育南等为执委会常务委员，苏兆征再次当选中华全国总工会委员长，李立三为秘书长。但是，由于党的五大没有彻底纠正陈独秀右倾错误路线，四次劳大提出的挽救革命的正确思想和主张，也因受到压制而未能实现。

（三）汪精卫发动“七一五”反革命政变及其对工人运动的再次摧残

年轻的中国共产党人没有清醒地认识到反动派的真实面目，1927年4月5日，当蒋介石在上海紧锣密鼓地进行反革命政变准备之际，党的领导人陈独秀还与汪精卫联合签署了《国共两党领袖联合宣言》，称“国民党领袖将驱逐共产党，将压迫工会与工人纠察队”是“谣言”，要求工人“不听信任何谣言”，还要求革命工人与蒋介石“开诚合作”。汪陈宣言的发表，使得一部分共产党人和革命的工人对随后突然而来的反革命政变放松了警惕，完全没有思想准备，也没有任何应变手段，在汪精卫随后发动的“七一五”反革命政变中，工人运动再次遭到摧残。

早在 1927 年 6 月 28 日四次劳大闭幕当天，训练有素并拥有 5000 人的武汉工人纠察队就被陈独秀强行解散。在汪精卫授意驻武汉国民军 35 军军长何健向全国发出《讨共宣言》，解散武汉总工会的情况下，陈独秀领导的中共中央常委扩大会议竟然通过了《国共合作十一条决议》。这个决议承认国民党依然处于国民革命领导地位，工农等民众团体，均应受国民党党部之领导与监督，工农武装均应服从政府的管理与训练。中共中央在关键时刻的软弱让步，使大革命的失败终至不可避免。1927 年 7 月 15 日，汪精卫召开国民党中央常务委员会扩大会议，正式同共产党决裂。汪精卫公开叛变革命后，大肆摧残革命工会，强令省内一切团体停止活动，听候改组，并派军队占领中华全国总工会等工会会所。在“宁可枉杀一千，不可使一人漏网”的血腥口号下，大规模屠杀共产党人和工农群众。从蒋介石发动“四一二”反革命政变到 1928 年上半年，全国被杀害的革命者达 33.7 万人，大革命时期建立起来的工会，全部被摧垮，或被封闭解散，或被迫转入地下。第一次国共合作终于全面破裂，持续三年多的轰轰烈烈的大革命最终失败。中国工人运动由此转入低潮，进入空前艰难的时期。

（四）大革命期间工人运动失败带来的启示

从“四一二”到“七一五”，遍及东南的大屠杀严重地摧残了共产党领导的革命力量。中国工人运动在遭受了血腥的镇压之下损失巨大，不得不转入地下。同时，这一次大革命高潮的悲壮落幕，继“二七”惨案后，再一次以其惨痛教训深刻地教育了中国工人阶级：没有革命政权与革命军队的坚决支持与保护，没有农民这一坚强的联盟，一切群众运动当遭到反动武装镇压时，都只会无奈地走向失败。

在大革命的初期和中期，党领导的工人运动获得了很大的胜利。但是，这时的中国共产党毕竟还处于幼年时期，在统一战线、武装斗争和党的建设方面都缺乏经验。党的中央领导机关在一些重大问题上动摇不定，在大革命后期，受反革命势力的欺骗，执行了右倾错误路线，没有能够领导全党采取果断有力的措施。而工人运动中存在着的“左”倾倾向，也对工人运动造成严重损害。这些因素聚合在一起，工人运动遭到失败就难以避免了。

工人运动的失败源于大革命的失败。而这次大革命失败的原因是多方面的，既有客观原因，也有主观原因。客观上说，一是帝国主义和封建势力的联合力量比革命阵营的力量要强大得多，并且有更多的政治经验；二是国民党背信弃义地对共产党及其领导的工人群众发动了突然袭击。同时，中国共产党作为共产国际的一个支部，直接受共产国际的指导。共产国际及其代表虽然对大革命起了积极的作用，但是由于他们并不真正了解中国的情况，做出了许多错误的指示和决定，对酿成陈独秀右倾机会主义错误有着直接影响。

轰轰烈烈、声势浩大的大革命悲壮地失败了，工人运动曾经在其中恢复、发展并不断崛起、高涨。这其中最成功的经验，首先就是共产党必须对工人运动实行正确领导，为其制定与时俱进的大政方针、政策和策略，例如："二七"斗争受挫后，指导工人运动与国民党合作；五卅运动时，指导上海市工会孤立英帝国主义，团结民族资产阶级等；省港大罢工与英帝国主义斗争时，力争广东革命政府支持并团结农民。与之相反，大革命后期工人运动连遭镇压与受挫，恰恰是因为中共中央不能摆脱共产国际错误指挥与陈独秀开始执行右倾错误路线，面对工人运动的"左"倾错误也不能有力地制止，造成工会组织在社会上的孤立，并为右派提供镇压的借口。其次，工会组织必须坚定地维护职工利益，并应从经济斗争入手，逐渐引入政治斗争，只有如此，才能把广大职工群众吸引到工会之中，并得到他们衷心拥护和坚决支持。例如：安源矿工之所以组织坚强、万众一心和令行禁止、纪律严明，就是因为安源的工会开拓者以及继任者都是首先关心工人生活，把他们从"牛马"变成人。最后，大革命时期工运之所以能星火燎原、高潮迭起，还与当时每逢开展斗争都高举反帝爱国的旗帜，在工会组建时，实行产业组合为主但并不排斥职业与行业组建的组织原则，更为重要的是当时在共产党领导和教育下，工运领袖与职工群众能够信仰坚定、团结奋斗，具有勇于进取和勇敢献身的精神品质等，这一切，都是这个时期工人运动蓬勃发展和取得光辉成绩的根本所在。

思考题：

1. 中国第一次工运高潮兴起与挫折的启示是什么？
2. 中华全国总工会成立在中国工运史上的重大意义是什么？
3. 大革命时期工人运动的经验和教训是什么？

第二章　工人运动在浴血求索中挺进（1927—1937年）

一、大革命失败后工人运动的严峻形势与浴血抗争

（一）大革命失败后的工运方针

1927年，经过“四一二”“七一五”两次反革命政变，革命形势急转直下，波澜壮阔的大革命被扼杀，大批共产党员和革命群众惨遭逮捕、监禁与杀害，刹那间，神州大地笼罩在一片白色恐怖之中。以蒋介石为代表的反动军事独裁集团，一方面举起屠刀，疯狂镇压革命的工人运动；一方面接过工会的大旗，组织御用工会；同时运用多种政治手段，颁布种种法令法规控制工人运动，严禁工人罢工、怠工、集会、游行。所有这些手段的运用，其目的就是要彻底剥夺工人阶级在革命高潮时期争得的一切政治权利。在这种形势下，资本家也纷纷反攻倒算，不仅撕毁了所有对工人有利的劳资协议，而且还大批开除参加过斗争的工人。一时间，真可谓黑云压城、满天阴霾。

为挽救处于危难中的革命力量，中共中央于1927年7月12日进行了紧急改组，停止了陈独秀右倾机会主义的领导，并决定于1927年7月下旬集合自己掌握和影响的部分国民革命军，并联合以张发奎为总指挥的第二方面军南下广东，会合当地革命力量，实行土地革命，恢复革命根据地，举行新的北伐。8月1日，在周恩来、贺龙、叶挺、朱德等指挥下，发动了著名的“南昌起义”，打响了武装反抗国民党新军阀的第一枪，并因此成为中国人民解放军的建军纪念日。

面对大革命失败后极端严酷的形势，中国共产党于1927年8月7日召开了中央紧急会议，即“八七”会议。会议确定以土地革命和以

武装反抗国民党反动派的屠杀政策为党在这一时期的总方针，并把发动农民举行秋收起义作为党在当时的最主要任务。“八七”会议给正处在思想混乱和组织涣散中的中国共产党指明了新的出路，为挽救党和革命发挥了巨大作用。它也是由大革命失败到土地革命战争兴起的重要历史转折点。

但是，“八七”会议在反对右倾错误的时候，没有注意防止“左”的倾向。被敌人杀戮的同伴和战友的淋漓鲜血，催生了年轻的共产党人对敌人的刻骨仇恨，凭着血气方刚的激愤，在“八七”会议上通过了《最近工人运动决议案》。1927年8月，中华全国总工会也发表了《反抗压迫工人工会的宣言》。这两份文件对大革命失败后的形势都没能做出正确客观的判断，不承认革命的失败，看不到在中心城市敌人统治势力的强大，以及他们对工人运动镇压的残酷，还一如既往地号召工人像革命高潮时期那样“勇往直前的奋斗”，时刻准备领导并参加武装暴动，推翻反革命政权。

共产党人和工会工作者不懂得复杂的斗争情势需要运用灵活多样的斗争策略，更不善于利用国民党的御用工会以及公开合法的条件和敌人内部的分歧进行合法的斗争，而是对合法存在的工会一律斥之为“黄色工会”，认为“职工运动目前的重要点，就是真工会与假工会之战”，全国总工会立场坚定、毫不含糊，“秘密地组织起来，仍照从前一样指导全国工人的斗争”，要求“工人阶级只能承认我们工人选举的真正工会领袖，反对新军阀无耻官僚的御用工贼霸占与改组的假工会”。年轻的中国工人阶级，就这样掩埋好同伴的尸体，擦干了身上的血迹，昂首阔步，勇往直前，用自己的血肉之躯、以自己的微薄之力，义无反顾地一次次与强敌血战。这些浴血反抗无论从政治上还是从经济上，都的确给了反动统治集团沉重的打击，然而，力量悬殊的对比势必使工人运动受到更大损失。潜滋暗长的“左”倾思潮也必然会严重影响领导者的判断力，使革命的征程更加曲折坎坷。

（二）中共三次“左”倾错误对工人运动的影响

大革命失败后，以瞿秋白为代表的“左”倾盲动错误、以李立三为代表的“左”倾冒险错误和以王明为代表的“左”倾教条主义，都没能顺应中国革命的中心向农村转移的形势，对白区工人运动的方针、政策采取相应的改变，反而坚持城市中心论，看不清大革命失败后革命力量尤其是工会组织与工运领袖惨遭镇压、工运力量严重受挫、革命处于敌强我弱的低潮期的情势，不承认城市中敌强我弱的事实，更看不到中国深厚的农耕文化、封建文化的特点，看不到中国产业工人队伍弱小的真实现状，还在幻想着如同十月革命一样的一呼百应，一举推翻反革命政权。因而不断要求工会工作以夺取政权为目标，不断策划暴动。他们要求工人暴动、暴动、再暴动，结果使得大革命失败后幸存下来的已经极其微小的有组织的工人的有生力量，遭到了几乎倾覆性的打击。中共六大统计数据表明，是时，全国工会由 734 个锐减到 81 个，工会会员人数很少，而且不能公开活动。

然而，暴动带来的惨痛教训，还是逼迫那些热血领导者冷静下来思考对策。于是，1928 年 6 月，党的六大开始部分地纠正了党内的“左”倾错误，也使得白区工人运动有了一定程度的恢复。

随着革命形势的稍稍好转，在党内有基础的“左”倾思想又重新抬头。1929 年 11 月 7 日至 11 日，在上海秘密召开了第五次全国劳动大会，出席会议的 29 位代表，代表着十多个地区的三万九千多名赤色工会会员。会议选举了由项英、邓中夏、罗登贤、林育南、史文彬等 27 名执行委员和 18 名候补委员组成的中华全国总工会执行委员会，选举项英为中华全国总工会委员长，林育南为秘书长。五次劳大做出了《中华全国工人斗争纲领》等 12 个决议案，总的指导思想是“革命高潮就要到来”，工人运动的方针“已不是发动日常斗争”，而是组织政治罢工“实现武装暴动，夺取政权”。党中央政治局次年 6 月还通过了李立三起草的《新的革命高潮与一省数省的首先胜利》的决议，制订了一个全国中心城市武装起义和集中全国红军攻打大城市的计划，并雷厉风行地把中央和地方各级党、团、工会的领导机关合并成了各级行动委员会，为起义做准备。这个计划落实的结果是工人革命力量的严重损失，赤色工会组织被破坏，工会干部被捕被杀。赤色工会会员从计划制订时的 2012 人，短短半年时间，只剩下了 700 人。据 1930 年 10 月统计，在中国工人最集中的上海，赤色工会的会员已不到 300 人，赤色工会会员甚至比党员还少。

1931年1月王明上台，清算了李立三的工运政策。然而，他们比李立三走得更远，他们甚至认为李立三太右倾，于是，全国总工会在“斗争高于一切，一切为了斗争”的口号下，经常无条件地号召和组织政治罢工、游行示威以及武装暴动等冒险行动，几乎把纪念节变成了冒险主义“教徒”的“礼拜日”，使党和赤色工会几乎损失殆尽。到1932年底，中共中央和全国总工会领导机关在白区已无法立足。

1932年底，全国总工会领导机关被迫迁往苏区。而白区工会工作则由1933年建立的全总华北办事处和全总上海执行局承担，这两个机关也先后于1935年和1936年6月结束了活动。在全国总工会1932年底到苏区后，组建了全总苏区中央执行局，而白区工会工作则基本陷入停顿。

二、苏区工会的创建与发展

（一）苏区工会的创建与特色

武装夺取中心城市的“左”倾方针不断受挫，中共“八七”会议后，确立了土地革命和武装斗争的总方针。中国革命的中心不得不从城市向农村转移。毛泽东在井冈山点燃的“工农武装割据”的星星之火渐成燎原之势，给处于艰难的中国革命探求到了一条生路，很快，在闽、浙、湘、豫、皖、鄂交界处建立了大小十几块农村革命根据地，建立了革命政权。由于这些政权都采用苏联的工农兵代表会议（即苏维埃）的形式，故也称为苏维埃政权（或政府），其辖区称“苏维埃区域”，简称“苏区”。1931年11月7日，中华苏维埃第一次全国代表大会在瑞金召开，宣布成立中华苏维埃共和国临时中央政府，通过了《中华苏维埃共和国宪法大纲》，确定新型国家是“工人和农民的民主专政的国家”，同时还通过了《劳动法》等法令。

随着党的斗争策略的调整，党所领导的工人运动也顺应形势进行了调整，苏区工会于是随着苏维埃政权的建立应运而生，并在苏区得到了发展壮大。苏维埃政权是人民的政权，苏区工会是建立在工人阶级领导的工农民主政权之下的工会，因此，苏区工会从一开始就得到了工农民主政权的法律保障，工会在苏区建立和开展工作，与在白区有着截然不同的特点和根本的变化。1929 年 12 月，全总关于苏区工会的第一个文件《苏维埃区域工会工作大纲》指出：“苏区工会工作的根本路线是‘要发挥无产阶级在农民斗争中的领导作用’。”强调“苏维埃区域的工人运动是目前我们在苏维埃区域中最重要的工作”，必须“动员这些区域的城市工人（虽然数量很少）和乡村的广大雇工群众加入工会”。1930 年 10 月，全总召开了常委扩大会议，对苏区工会问题做出了相应的决定，次年 3 月，在赣西南的吉安富田村建立了中华全国总工会苏区执行局，1932 年 5 月，创办了全总苏区执行局机关报《苏区工人》，苏区的工会工作有了组织保障。

1933 年 2 月，全国总工会从上海迁到瑞金后，将原全总苏区执行局改组为中华全国总工会苏区中央执行局，同时保留全国总工会名义，以指导全国工人运动。刘少奇任委员长，陈云任副委员长兼党团书记，梁广为组织部长。1933 年 4 月到 7 月，全总苏区中央执行局先后在瑞金建立了 4 个全苏区性质的工会：中国农业工人工会、中国苦力运输工人工会、中国店员和手艺工人工会、中国纸业工人工会，使工会组织也得到了发展。

（二）苏区工会的功绩与局限

苏区工会的建立和开展工作，给当时还落后的中国农村革命根据地注入了先进生产力的新生命力，使共产党领导的农村武装革命有了与旧式农民起义完全不同的性质。所以，毛泽东曾在第二次苏维埃代表大会上对苏区工会给予了高度评价，他指出：苏区工会是组织坚强的阶级工会，是苏维埃政权的柱石，是保护工人利益的堡垒，是广大工人群众学习共产主义的学校。

由于特殊的国情和形势，中国工人运动在不同地域和时期呈现着完全不同的面貌，苏区工会就宛如一个结合点和集大成者，给中国工人运动积累了诸多有益的经验。在苏区工会的努力下，根据地工人积极参加苏区的经济建设，参加苏维埃政权的建设，参加土改和查田运动，甚至直接参军参战，还组建了以梁广为师长的赫赫有名的红军工人师，工会工作搞得有声有色。

苏区工会工作的开展本应根据中国革命的实际情况来进行，然而一些工会的领导人却认识不到这一点，没能真正把握苏区工会和白区工会的不同，出现了一些政策上的“左”倾表现，因而也给苏区工会工作造成了一些负面影响。这些表现或者是在制定和执行《劳动法》中有不切实际的表现，或者是沿用罢工、示威等斗争方式以致影响到整个大局。这些“左”倾做法在实践中不断受到批评和抵制，不断地碰壁，直到刘少奇同志和陈云同志到了苏区，才对这些“左”倾错误进行了纠正。

苏区建立在经济落后的中国乡村，苏区工会的构成并不那么纯粹，数量极少的产业工人是随着根据地军需工业的发展而产生的，根本就没有大工业的工人，所以，苏区工人阶级的构成除极少数从大城市与工业区撤退转移的产业工人外，其余的绝大多数是手工业工人、店员、运输工人，还有一部分雇工。然而，尽管存在着一些局限，但苏区工会的创建和开展工作，仍然使得工人阶级成为了革命武装力量中的领导力量。

从大城市到乡村，从上海到瑞金，从白区到苏区，从轰轰烈烈到血雨腥风，直到走上漫漫长征路，历尽千山万水，备尝山重水复，中国工会在特殊的历史背景下艰难地求索。

三、遵义会议后工人运动的转变

（一）抗日民族统一战线策略方针的制定及其对工会的指导意义

以刘少奇为代表的工会工作者，在工运方针与策略上提出了一系列正确的指导思想和策略主张，并运用到实践中取得很大成功，然而他们的理论和实践不仅得不到重视反而受到不当批判。但他们仍然不屈不挠地摸索着正确的道路。正因为有了这些既能高瞻远瞩又能埋头苦干的工运先驱不畏惧、不放弃、不泥古的斗争精神，工人运动才有了正确的方向。

从大革命失败到 1935 年年底，在长达 8 年多的时间里，在三次“左”倾错误领导下，白区工人运动的策略和方针基本上是错误的。而在苏区，工人运动也受到“左”倾错误的影响。1935 年长征途中的遵义会议，结束了王明“左”倾冒险主义的统治，确立了毛泽东的领导地位，认识到“对白区群众斗争的领导方式，必须有彻底的转变”，同年12月的瓦窑堡会议，确立了建立抗日民族统一战线的总策略，实现了党的政治路线的重大转变，也清算了工人运动中的“左”倾错误，实现了白区工运方向的根本转变，使白区工会工作有了正确的方向。从1935年至1937年抗战爆发前，随着民族矛盾的上升，在中国共产党领导下，工运方针、任务与策略逐渐发生了转变，这些转变主要有：工运不再是暴动，而以防御为主，积蓄力量以待机会；讲究斗争策略，利用一切合法、非法、公开、秘密的方式争取政治的、经济的、日常的、具体的胜利；取消秘密的赤色工会，采用灵活多样的组织形式，广泛联系和组织广大工人群众。中国工运方向发生了根本的转变，纳入了党的抗日民族统一战线的总策略总方针之中。

（二）上海青岛日本纱厂工人罢工的胜利与启示

1935年华北事变后，中日民族矛盾上升为民族利益的主要矛盾，国内的阶级矛盾降为次要矛盾。全国人民的抗日情绪日渐高涨，各地纷纷成立各种抗日救亡团体。1936年5月31日，全国各界救国联合会成立。在救国会中，工人阶级是主要力量。而在日本加紧对华军事侵略的同时，日本资本家也利用其在中国的政治势力和经济实力，拼命排挤中国民族工商业，更加残酷剥削中国劳工，于是，各地工人频繁反抗，火山终于在沉默中爆发。1936年11月，在中共领导的工会组织的主导下，上海全市30家日本纱厂4万余工人举行罢工，经过近20天的抗争、相持，迫使日本资本家部分地接受了罢工条件。几乎与此同时，青岛9家日本纱厂2.4万余工人在工会领导下举行反日大罢工，并取得了胜利。

上海、青岛日本纱厂两次罢工的胜利，是在中共抗日民族统一战线方针指引下取得的，也是运用新的工人运动方针策略的胜利。这个胜利的重大意义在于，它是白区工人经济斗争与抗日救亡运动相结合的胜利，因之成为了抗日战争准备阶段的重大事件之一，被毛泽东称为中国革命新时期的第一阶段的标志。

思考题：

1. 大革命失败后工人运动中有哪些挫折和教训？
2. 苏区工会工作的成功经验与教训有哪些？

第三章　工人运动在艰困中走向成熟（1937—1945年）

一、抗战爆发，工人运动面临的形势与任务

1937年7月7日，驻华日军在北京宛平卢沟桥附近演习时，借口一名士兵“失踪”，要求进入宛平县城搜查。其无理要求遭到中国守军严正拒绝，日军竟悍然向中国守军开枪射击，炮轰宛平城，制造了震惊中外的“七七事变”，又称“卢沟桥事变”。这是日本帝国主义蓄谋已久的侵略战争。中国军民奋起反抗，全国性的抗日战争正式爆发。日本帝国主义的侵略促成了国共两党的第二次合作，中国工人运动也有了明确的方向。

卢沟桥事变第二天，中共中央就顺应全国人民的强烈抗日要求，发出通电，号召“全民族实行抗战”。在中国共产党和全国人民的推动下，9月22日，国民党中央通讯社发表了《中国共产党为公布国共合作宣言》，次日，蒋介石发表谈话，在事实上承认了中共的合法地位，从此，以两党合作为基础的抗日民族统一战线开始形成。中国共产党主张实行全面抗战，提出了一条广泛发动群众、武装群众、依靠群众对日作战，实行人民战争的全面抗战路线。在这条路线的指导下，中国共产党制定出了工人运动、工人斗争的方针、策略。由此，中国工人运动因抗日救亡从大革命失败后的步履蹒跚中迎来了新的转机。

二、国共再度合作，中国工人全力抗日救亡

“七七”事变一发生，长辛店工人立即组成了战地服务团，奔赴前线，帮助部队修工事、修枪炮，慰问将士、救护伤员，工人战地服务团

还直接派员参与战斗，破坏桥梁和路轨，阻止日军增援。

华北地区的工人群众很快建立起了山西工人自卫旅、山东枣庄铁道游击队、淄博矿工武装队、河北磁县工人自卫队、唐山工人特务大队等工人抗日武装。抗战时期，仅华北各地就有200~1000人的工人游击队26支，200人以下的有两百余支。他们在广大人民群众的支持下，活跃在敌占区，用游击战的方式，抵抗着日寇在占领区的统治，打击了日军的进攻，给正面战场以切实有效的支援。在党的领导下，在正确的工运方针指导下，抗战时期的工人运动从一开始就与中国共产党开展敌后游击战争、建立敌后抗日根据地的战斗任务紧密结合起来，以最高的斗争形式——武装斗争来直接参加到民族解放战争的行列中。

在上海、武汉、青岛、香港等中心城市，那些原在日本工厂、日本轮船上工作的几十万中国工人则纷纷举行反日大罢工，与敌人进行斗争。为了支持抗战，防止东部地区的工矿落入日本侵略者之手，国民政府组织了沿江沿海国营和部分民营企业迁往我国西南等地。当日军的铁蹄快要蹂躏到那些沿江沿海的工业城市时，无私无畏的工人群众冒着敌机的狂轰滥炸，跋涉千山万水，历尽千辛万苦，帮助国民政府和民族资本家把几百家工厂、几十万吨机器设备搬运到了数千里外的内地，为建立大后方战时经济做出了巨大的贡献。广大工人群众长期生活在贫困线下，为了民族存亡，仍勒紧自己的裤腰带，积极募捐、献金，集腋成裘，聚沙成塔，以微薄之力给全民抗战奉献资金、物质上的支持。在全民抗战的共同命运中，中国工人不再是受苦受难的劳工形象了，他们虽然脸上菜色依旧，身上仍然鹑衣百结，却是一支勇猛的力量，是一支顽强的力量，是抗日救亡怒潮的中流砥柱，他们高唱着战歌，冒着敌人的炮火，奋勇投入抗日救亡的战斗中。

三、中国共产党领导下工人运动方针的转变与实践

1938年10月，武汉和广州相继失守，抗日战争进入了艰苦的相持阶段。此时，国内的形势变得更加复杂。

国民党统治集团妥协动摇、消极抗日、积极反共反人民的态度始终未有真正的转变，以汪精卫为首的汉奸集团向日寇投怀送抱、公然投

敌，成立伪中央政府，日军停止了对国民党正面战场的战略进攻，对其采用政治诱降为主、军事打击为辅的方针，转而将主要军事力量用来对付坚决抗战的共产党领导的八路军、新四军和抗日军民。

在日军发起强大军事进攻的同时，蒋介石政权却制定了“溶共”“防共”“限共”的方针，不断制造反共摩擦事件，捕杀共产党和抗日人士，加强了对国统区工人运动的高压政策，把不受它直接管辖的工人组织一律取消。许多工运骨干和抗日积极分子被捕被杀。即便如此，为了抗日的大方向和大目标，中国共产党对国民党反动派的挑衅和倒行逆施仍保持了极其克制容忍的态度，采取了有理、有利、有节的方针进行斗争。

中国的抗日军民极其艰难，面临着存与亡的严峻考验。面对着复杂的局面，中国共产党为工人运动制定了一系列生存和发展的方针、政策和策略。党对三种不同地区的党的工作包括工人运动都做出了明确指示。1938 年 2 月，刘少奇发表了《工会工作大纲》，这篇文章是中国工会走出迷茫走向成熟的一个标志。（参见【阅读与链接】）文章根据中共中央全面抗战的指导路线，阐述了工人阶级在抗战中的地位和作用，全面论述了在国统区、抗日根据地和沦陷区这三种不同地区发展工会组织的形式和工作任务等问题。

在国统区，抗战相持阶段是国统区工人阶级开展斗争最艰难的阶段。中共制定了国统区工运工作方针，即在有理、有利、有节的原则下，利用国民党一切可以利用的法律、命令和社会习惯所许可的范围，稳扎稳打地进行斗争和积蓄力量。工人运动的组织形式和工作方式，也尽可能地分散隐蔽，利用合法名义建立经济性、娱乐性团体，工运工作者利用合法身份深入基层，以各种职业为掩护，保存和积蓄力量，把工人群众团结和组织起来。在中共的正确方针指导下，国统区工人运动转向深入，在极其不利的环境下，仍然得到了发展。

在沦陷区，抗日战争进入相持阶段。我华北、华东、华南沿海沿江和沿铁路线的大中城市和工业集中的地区几乎都落入了敌寇之手，全国 70% 的近代工业，近 200 万产业工人都成为敌人掌中之物。日军由于财力、物力、兵力的补给困难，对中国的掠夺由战争初期明火执仗的抢劫掠夺，转为以利用所占产业榨取资源为主，即所谓“以战养战”的新阶段。日本侵略军残酷奴役掠夺中国工人，每一个敌占工厂矿区都如同人间地狱。日军还强征数百万中国劳工为他们修筑工事、碉堡，有的被送到日本本土进行奴役劳动，为日本军队开采矿藏、生产物品。在敌占区开展工人运动，对坚持抗战具有重要的战略意义。中共中央发出了《对“五一”工作的指示》：“应利用一切可能动员党的力量去加强敌我后方中心城市职工运动，把教育和组织大城市中的工人看成中心工作。”由于日本法西斯的凶悍残暴，中共中央对沦陷区工人运动明确地提出了“十六字方针”，即：“隐蔽精干，长期埋伏，积蓄力量，以待时机。”对沦陷区工运方针、策略和斗争方式作了正确的规定。1941 年 4 月，中共中央城市工作委员会《关于敌后大城市的群众工作指示》，对“十六字方针”做出重要说明：“实行党的隐蔽政策时，敌后城市中的党不是脱离群众使党孤立起来，而是以适当的方法建立广泛的社会统一战线，适当地进行群众工作密切党与群众的联系，使党能得到社会掩护真正地埋藏于广大群众中。”日军及伪政权制定了许多统治劳工的法规，还用武力成立伪工会，使其成为控制工人群众为其侵略服务的爪牙。在沦陷区党和工会不是合法的，不能公开活动，在党的指示下，沦陷区的工人运动，及时从抗战初期轰轰烈烈的工作方式，转变为隐蔽深入和埋头苦干的方式，有效地保存了工人阶级的力量。

在根据地，工人运动进入良性发展阶段。抗战爆发、国共合作，八路军、新四军挺进敌后，一面配合正面战场，一面独立自主地开展敌后抗日游击战，并逐渐建立了晋察冀、晋西北、晋冀豫、晋西南、山东、苏南、苏中、淮皖中、鄂豫皖等抗日根据地，陕北根据地也发展成了陕甘宁边区。1937 年 4 月，陕甘宁边区总工会成立，此后，边区总工会积极开展组织建设工作，建立、整理和巩固各级工会组织，到 1939 年 3 月，边区共建立起 20 个县工会、120 个区工会、648 个乡工会和 11 个工厂工会。1938 年 3 月，晋察冀边区总工会成立[①]。党

① 王永玺主编：《中国工会史》，中共党史出版社，1992 年 8 月版，第 269 页。

中央对根据地工人运动非常重视，为了加强对各根据地和全国工人运动的领导，1939 年 4 月，在延安成立了“中共中央职工运动委员会”（简称中职委），1940 年 2 月 7 日，中职委创办了《中国工人》月刊，毛泽东亲自为月刊撰写了《发刊词》。党中央对工会建设和工作发出了一系列指示，规定了根据地工会工作的方向和任务：动员工人参战，争取抗战胜利；积极参加根据地一切建设，使工人成为统一战线的模范，成为团结根据地人民的中心；组织城市及乡村工人到工会来，使工会成为有广大工人群众基础和有广泛民主的团体；以马列主义教育工人。

从对三种不同地区工人运动的指导方针可以看到，经过长期革命斗争，中国共产党已经日渐成熟，在日本帝国主义的侵略面前，抓住了历史的机遇，运用正确的方针政策和策略，使革命队伍发展壮大起来。在党的正确指导下，中国工人运动也走向成熟。

阅读与链接

工会工作大纲（节选）

（一九三八年二月十八日）

一、中国工人是中国人民中抗日最坚决最彻底的一部分

中国现在正处在残酷的民族自卫战争中。要战胜强大的凶恶的敌人——日本帝国主义，必须要有全民族的团结与长期艰苦的奋斗。中国工人阶级是中国人民中间反对日本帝国主义最坚决最彻底的一部分，因为：

第一，中国工人是中国人民中最受帝国主义（尤其是日本帝国主义）压迫的一部分；

第二，中国工人的彻底解放，只有在彻底肃清帝国主义在中国的势力以后才有可能；

第三，中国的产业工人在生产过程中受过严格的组织和锻炼；

第四，中国的工人有过长期的反帝革命斗争的历史与经验。

所以中国的工人阶级，应该是中华民族解放战争中最英勇最先进的战士。在抗日战争中要动员、组织与武装全体人民来参战，尤其要动员、组织与武装中国的工人来参战。在长期的艰苦战争中需要发动工人最高的积极性与牺牲奋斗的精神，来提高一切有决定意义的生产与运输能力，来参加一切抗日的武装部队，来组织农民与小资产阶级群众，并成为组织纪律和艰苦奋斗的模范。

……

三、中国工人在民族解放斗争中的作用

中国的机器工业发展得很迟很慢，因为帝国主义、封建势力的阻碍使得中国的民族工业很难发展，中国的民族资产阶级很软弱。因此，就使得中国的民族资产阶级在民族解放战争中虽然是参加的，但是不够顽强与彻底，常常幻想妥协与苟安。然而中国的工人阶级就不同，中国的工人阶级不论在力量上与政治上都比中国的民族资产阶级要强大得多，因为外国资本在中国开设的企业很多，但它不属中国民族资产阶级的权力范围，在这些企业中的工人，则是中国无产阶级中重要的部分，中国工人阶级在反对帝国主义的革命斗争中，有丰富的经验。所以中国工人在今后反日战争中，同样要显示他们在各方面的伟大的作用。

中国产业工人约有四百万人，连同工人的家属约占中国人口的二千万；中国的手工业工人及农村工人、雇农，将近二千万，连同他们的家属，约有六七千万人。那么中国的工人约占中国人口的五分之一强，这当然是中国社会中的一个大的力量。

中国工人很早就参加革命斗争，反对帝国主义及国内的压迫者。中国的政治舞台上很早就出现了中国工人阶级的角色。例如一九二二年香港海员反对帝国主义的大罢工，一九二三年“二七”铁路工人反对北洋军阀的罢工，一九二五年“五卅”上海及香港工人反对帝国主义的罢工，一九二六年上海工人反对孙传芳的武装暴动以及一九二七年武汉、长沙、九江工人的工人运动，收回租界并在工会中组织过广大的工人，接受过国际工人运动的经验。中国工人已有很光荣的反对帝国主义及其走狗的传统。在今天中国民族正处在生死存亡的关头，中国工人应该继续过去光荣的传统，在神圣的抗日战争中站到最前线去，成为中国长期抗战的民族英雄！

……

四、中国工人阶级现在的弱点及产生这些弱点的原因

今天，中国工人中还存在着许多弱点。存在这些弱点的原因，虽然主要不是由于中国工人阶级自身所产生出来的，然而这些弱点的存在，确是动员广大工人群众参加抗战的一些困难和阻碍。这些弱点是：

（一）中国工人的最大多数还没有组织；

（二）全国还没有一个动员工人参战的机关，甚至还没有一个象样的由工人组织起来的在工人中有比较广大影响的报纸；

（三）中国工人的生活过于困苦，工资太少，工时太长，待遇太坏，许多工人处在饥饿、失业、疲劳和半死不活的状态中。

上述这些弱点的存在，自然就阻碍着动员广大的工人参战，甚至使得许多人想参战，想提高生产、肃清汉奸和武装自己与进行游击、破坏敌人交通等而不可能。这些现象，应该立即消灭，立即设法克服。

……

五、日本帝国主义是中国工人目前最大的敌人

中国工人阶级的生活是很苦的，厂主及包工头是无限制的剥削工人，工人的工钱极少，工作时间很长，待遇条件极坏，工人没有任何的法律保障。虽然国民政府在七八年前就颁布了工厂法，但许多厂主无视政府的法令，不在工厂中实行。而且这个法律是只限于雇请三十个工人以上的工厂才有效，因此小工厂的工人，就连任何法律条文的保障都没有，任凭厂主与包工头剥削。工人很少的工资还常常受到克扣与拖欠，高利贷者与商人又从中剥削，而有些包工头同时就是高利贷者、商人及毒品贩卖者和赌头。企业中的黑幕常是很多的。

失业工人当然是更加痛苦，他们简直没有任何的救济。最近因为战争的破坏，使得许多工厂不能开工，工人又大批的失业了。他们流散在各处，没有人来管他们。

政府在过去既没有法律与一定的机关去保护工人，而工人又没有工会的保护，极少极少的工人虽然有工会，这些工会中有一些虽然也多少防卫了一些资本的进攻，但是这些工会常常不能很好的保护工人的利益。

中国工人的生活处在如此困苦和不能忍受的情形之下，自然就障碍着工人参战热潮的发展。工人为资本及厂主耗费了他们全部的精力，自然就难有更多的精力来贡献给国家民族了。

为了动员广大的工人来参战，适当的改良工人生活是十分必要的。但是在国难期间，还有些不顾大局的资本家竟藉着国难的日子来加紧对于工人的剥削和压迫。他们说：在国难期间，工人要替资本家更多做一些工，更少要一些工钱，更不要去参加什么组织、会议和运动。只有资本家更多赚一些钱，才是爱国，如果工人爱国而使资本家有任何一点牺牲，都是要不得的。资本家就趁着这样国难的机会来发财，来反对工人参加抗战。这是在抗战期间必须纠正的“理论”。

然而中国的工人不论他们的生活是如何的困苦，在目前竭尽他们一切的精力，来参加抗日战争的各方面的工作，仍然是必要的。中国的资本家、厂主、管理人，不论这些人是如何的剥削、轻视与压制工人，但中国工人今天最大的敌人是日本帝国主义，如果不幸中国的土地和工厂被日军占领，中国的工人被逼不能不以亡国奴的资格在日本帝国主义管理之下工作的时候，那中国工人所受的剥削、压迫、屠杀和限制将要更甚于今日。所以中国的工人：

第一，必须竭尽一切方法来参加目前的抗日战争，不能因为生活的痛苦就放弃工人在民族解放战争中所应该担负的责任，更不能等待工人生活改善了之后再来参加抗战；

第二，必须把日本帝国主义当作中国工人今天的主要敌人，不能把中国的资本家、厂主、管理人当作主要的敌人；

第三，在积极参加抗战的一切工作中，要设尽一切方法在可能范围内对工人的生活、工资、工作时间以及对于工人的待遇与管理，有合理的改善，也只有当工人的生活、待遇与管理已经有了改善的时候，才能把工人参加民族解放战争的积极性、热忱与对于民族国家的忠诚提到最高限度。

六、怎样来组织中国工人？

工会是工人阶级的群众组织。在平时，工会的基本任务是团结与教育工人阶级拥护工人的切身利益，并争取工人阶级的解放。但是在目前中国民族解放战争的时期，工会除开忠于这样的基本任务以外，还必须以动员广大群众来参加抗战，参加民族解放战争中各方面的工作与建设，为自己的最高任务。因此，在目前以工人救国会或工人抗敌会的名称去组织工人，代行工会的任务也是可以的。

为了经常的系统的广大的动员工人群众来参加战争，组织工人，建立工会（或工人救国会），是迫切的必要，但是怎样去组织工人呢？这是一个非常复杂的问题，需要根据各个地方各种不同的环境与条件来决定。我们大概可以分为以下几类情况：（一）在大产业及大城市的工人中；（二）在乡村及小城市的手工业工人与雇农中；（三）在已有工会组织的地方及产业中；（四）在没有工会组织的地方及产业中；（五）在战区及敌人后方的游击区域中；（六）在敌人统治的城市或乡村及产业中。

在上述各种不同的情况中去组织工人与动员工人参战，都要有各种不同的方式与方法，但是一般的原则，除开在敌人统治的区域以外，是要组织公开合法的工会，组织统一的工会。如果在已有工会组织的地方及产业中，就应在原有工会的基础上来组织包括大多数工人的统一的工会。一方面，吸收没有加入工会的工人加入工会；另一方面，使各种分裂的不统一的工人团体合并与统一起来。要做到在产业工人中以产业为界限来组织工会（如海员工会、铁路工会、矿工工会、纺织工会、五金工会、印刷工会等），在手工业工人及店员中以职业为界限来组织工会（如裁缝工会、木匠工会、店员工会及雇农工会等）。

现在我们不来研究全国各地的工会工作怎样做，仅根据华北目前的情形来讨论一下华北目前的工会工作应该怎样做？

……

八、华北工会的组织系统

在华北应该怎样组织工会呢？

在华北应该主要的按照地域的区分来组织工会，在各个地域中的工会的组织大约可以区分为下列四种；

（一）比较大的产业工人的工会（如同蒲铁路工会及比较大的工

厂、矿山的工会）；

（二）某些手工业工人工会（如某些挑夫、船夫、纸工、席工等特别多的区域，即组织该项工人的工会）；

（三）小的城市工人工会（如各个县城及大市镇中的手工业工人与店员等）；

（四）农村工人工会（即乡村的雇农、手艺工人的工会）。

除开上述四种以外，还有各地的中心学校的教职员联合会，以及机关公务员的团体，也应该属于工会范围之内。至于在敌人统治区域的又当别论。

在华北每一个中心区域（这种区域是按照敌情及行政与军事来区分的），应该成立一个总工会。在这个总工会之下，直属各县的县工会，及某些大的产业工人工会与大的手工业工人工会。在每一个县成立一个县工会，在县工会之下直属各区、村的工会及城市工人工会与某些比较小的产业工人工会（如二三百人以下的矿山工会等）。在每一个村成立一个工会支部（小村可联合数村成立一个支部），在支部下可分为雇农组、裁缝组、木匠组。在支部之上则成立区工会，直属于县工会。

在城市工会下，则按职业的界限来组织工会支部（如店员支部、理发支部、裁缝支部等）。

在各个区域的总工会之上，还应该成立全华北的工会联合总会，来统一领导全华北的工会，正如全华北的政治军事也应该成立总的统一领导机关一样，而华北的工会联合总会则应加入全国总工会。

九、工会的各级组织

工会的基本组织，是各工厂、矿山、企业、机关的工会支部与各个乡村的工会支部，每个工会支部由全体会员大会选举一个支部委员会，人数由三人至六七人。并在支部委员会中互推主任、劳动保护及宣传（或称文化教育）、组织、武装动员等委员若干人。在支部之下为了工作与开会及征收会费的便利，可分成若干小组，每组人数不定（由五、六、七至二三十人均可），设组长一人，工会有事时可召集组长联席会议。

在工会支部之上组织区工会委员会，县工会，中心区总工会委员会，或组织某一产业的及某一职业的工会委员会，均由代表大会选出，委员会人数依其会员之多少来决定。

工会的各级委员会应分成下列各部来办事；

（一）组织部。管理发展、登记会员，分配训练干部，建立与指挥工会组织等事；

（二）宣传部（或称文化教育部）。管理对外宣传、对内教育、工人学校以及各种文化娱乐体育等事；

（三）秘书处。管理文书、会计、会费征收以及会内各种事务等事；

（四）劳动保护部（或称生活改进部）。管理工人生活与劳动条件之改善及订立劳资合同与创立工人合作社等；

（五）战争动员部（或称工人武装部）。管理工人自卫队及动员工人参加各种战时服务等事。

在青工、女工多的工会，可加设青工部、女工部，管理青年工人及女工的一切事务。各部设部长一人或二人，事务多时可设干事若干人。

工会各级代表会应经常召集。区工会每三个月，县工会、中心区总工会每半年或一年须召集代表会一次。代表以会员人数比例选出。

工会的组织原则，应该是民主集中制，下级服从上级，少数服从多数，一切主要问题要经过会议决定，一切问题在没有经过多数人决定以前，均可自由提出意见和讨论，但一经多数决定以后，必须全体一律执行。

十、工会的会员

工会的会员应该是一切工钱劳动者，只要他承认工会的会章，不做汉奸，缴纳会费，不分年龄、性别、籍贯和信仰，均可加入工会为会员。工厂、机关、矿山、学校中没有取消工人权限的职员及教员，不剥削工人的工头，均可加入工会为会员。

农村中的雇农及手艺工人加入工会的资格，应该是凡以出卖自己的劳动力为生活资料的全部来源或主要来源的雇农和手工艺工人均可加入工会。但是那些只以出卖劳动力为附带收入的贫农及小商人等，则不应该加入工会作为会员。

在华北，有许多这样的“佃农”，即由地主供给佃农种子、肥料、牲畜、耕具等，佃农全家只有劳动力，在地主的土地上劳动，收成的时候由地主分一部分收成（约百分之二三十），给佃农作为劳动力的报酬。这种佃农实际是雇农，只是以一部分收成的形式代替工资罢了。因此这种佃农是可以加入工会的。

在乡村中，工人、雇农所得工资的形式常常不是货币，而是物品或其他的形式，不管工资的形式如何，只要是靠出卖劳动力而生活的人，即可加入工会。

在乡村中的手艺工人与运输工人（铁匠、搬夫、船夫、车夫等），常是有自己的工具或运输器具（如船、车、牲口等），然而他们的生活是靠出卖劳动力来维持的，他们可以加入工会。

乡村与城市中有自做自卖的手工业者，因为他们不是出卖劳动力而是出卖自己的生产品，他们对于工资、工作时间、劳动条件等的改善并无兴趣。他们不是工钱劳动者，不能加入工会，但工会帮助他们组织合作社联合会等是可以的。

在农村中依靠宣传宗教迷信而生活的人（如和尚、道士、看相、阴阳师等人），因为他们不参加社会的生产，不从事有益社会的劳动，他们不能加入工会。但是被雇在宗教机关中劳动的人，可以加入工会。

在城市以及大产业中工作的工人，因为日军的进攻而逃到乡村去的失业工人，即使他们暂时从事其他的事业以谋生（如做小生意等），他们还应该被吸收来加入工会。

原则是工会应该吸收所有工钱劳动者来加入，但是不应该使工会变成农民及小资产阶级的组织，而应该保持工会是工人阶级的组织。

在农村中的工人、雇农，一切工会的会员，应该加入农会或农民救国会，但是仍应保持工会的独立组织。在农会中有工人、雇农的特别小组，即工会的支部。

十一、工会的经费

工会的经费是一个很重要的问题，一方面工会要有充分的经费才能主办对工人有益的许多事情，同时经费的收集、集中和开销，又必须有慎重的适当的方法。

一般会员的入会金可以不收，但在入会时应该缴纳工会一次的经常费。每个会员应向工会缴纳经常费，数目大约相等于工资的百分之一二。工厂、矿山的会员可以月缴一次，农村雇农、手工业工人可以每年缴纳二次至四次。会费的缴纳在农村中不一定要货币，物品也可以代替。失业工人的会费可以经支部通过之后，减收或免收。

工会的经费主要应靠会费来维持，政府的津贴及会外的捐助是可以接收的，但是不要因此而失去与妨害工会的独立性。

工会的经费应以集中分配为原则，即下级工会收入的会费应交给上级工会或向上级工会报告预算与账目，上级工会应该批准、审查与补助（在下级工会经费不足时）下级工会的经费。

对工会的办事人员应该规定一种最低的生活或津贴，一切开支应该节省。应该建立工会的会计制度，养成廉洁与节省的作风。

工会的账目应经常公布，应经常由工人组织经费审查委员会来审查，对于贪污的办事人员应该给以严格的处罚。

……

十三、工会的文化教育工作

为了要动员广大的工人群众来积极参加战争中各方面的工作，在政治上教育工人，提高工人的文化政治水平是非常必要的。教育工人群众，是工会的主要任务之一。

工会应该以三民主义的革命精神来教育工人，将目前中国的危机、民族的出路、抗战的形势等向工人解释，并与工人痛苦的根源、工人的出路以及各地工人运动的情况联系起来，尤其要以工人运动中的实际事实作为材料来教育工人。

为了培养大批工会自己的工作干部，工会开办各种训练班是必要的，工会应选择最好的工人去参加各种军政学校训练班。

工会要在工人多的地方及城市中创办工人学校、补习班、夜校、俱乐部及体育会等，在农村中成立工人、雇农的识字组、训练班，或附属在民众学校中，一般的提高工人的文化水平及开展娱乐活动。

应该出版工人的报纸、书籍、小册子和印传单等来教育工人，鼓励工人。

工人子弟学校在工人多的地方是应该创办的。

这一切宣传教育工作的目的，在于提高工人参战的积极性，以及使工人了解自己的地位、责任与出路。

十四、工会要改善工人的生活

为了要动员广大的工人群众积极参加抗战，减少工人的痛苦，改善工人的生活与待遇，是十分必要的。

工人的工资过少，应当有适当的增加，应当按期发给工人工资，不应当拖欠，应当铲除克扣及处罚工人工资与工头从中剥削工人工资等一切积弊。

工人的工作时间过长，应当适当地减少，使工人有必要的休假以及受教育与从事社会活动的必要时间，如星期日、重要纪念日休息，工资照给，以及每年的例假等。

对于工人的待遇与劳动条件，应该有适当的改善，如工人疾病、死亡的抚恤，伙食、住宿的改良，管理方面的改善，取消打骂与开除工人等。

对于学徒及童工、女工，应有适当的保护，按照他们的工作成绩，付给他们的工资，实行同工同酬，不使他们做危险、有害卫生及过度的工作，增加对于他们的教育，以及保护母亲等。

对于工人的人格，工人集会、结社、言论的自由，工人社会政治地位的提高，都应有合法的保障。要使工会享有代表所有工人签订团体合同及参加一切社会政治活动的权力。

对于失业工人应该设法救济，为他们找工作及谋生的办法，帮他们组织合作社等，并动员他们加入军队及自卫军等。

工会应该经常不断地不怕麻烦地来改善工人的生活，以及解决每一个工人及其家属所提出的问题，只有这样才能建立工会在工人中的信仰，才能发动工人群众更高的积极性来参战，为民族、国家牺牲他们的一切。

改善工人的生活，应当向资本家、雇主提出要求，并与资本家、雇主订立合同。但是还有许多事情是要向政府要求的，如要求政府主办各项工程，帮助工人组织合作社等。

在乡村中要求雇农生活的改善，除开工资外，要特别注意改善雇农的伙食、住室及衣服等；对于手艺工人、店员、学徒的生活要特别给以注意，对打骂、虐待与无限制地驱使学徒劳动及从事杂务等，必须予以制止，但同时必须鼓励学徒努力学习，尊重师傅。

在动员工人参战与改善工人生活上，工会对于没有加入工会的非会员工人，应该和会员平等看待，工会不应该拒绝保护非会员工人的利益。

当着工人向雇主提出要求时，必须同时是动员工人来参战，在动员工人参加抗战的大前提下，来提出工人合理的要求。过高的要求以及当时不能实现的要求，工会不应该提出来，就是工人提出时，也应向工人解释。应该纠正工人中行会的倾向，如只兢兢于工人自己目前一时的经济要求，而不顾工人长远的利益，不顾国家、民族的危亡等。

为了达到工人的要求，工会应该尽可能地采取与雇主协商的方式，避免罢工、怠工等方式。如协商还不能达到工人合理的要求时，就应该设法请人调解、请政府仲裁等来解决之。在敌人的后方，在游击战争中，要避免一些工人与资本家之间的激烈斗争，以免被日寇利用，虽然这种斗争是不能完全消灭与避免的，工人与资本家的利益是不能调和的。

如果资本家勾结日寇来压迫工人并破坏抗日战争时，那当然应经过政府以处罚汉奸的法律来处理，但只要资本家不做汉奸，工会不要故意的去加紧反对资本家，甚至随便用汉奸的帽子戴在资本家的头上，不要逼使资本家往汉奸路上走。

对于顽固的不顾国家民族利益的资本家、地主，工会是不能不反对的，但是工会一般的要求号召大家（一切中国人）联合起来去反对共同的民族死敌 —— 日本帝国主义。应该不拒绝与愿意抗日的资本家、地主联合去共同抗敌。

动员工人群众参战，教育工人，在工人中进行文化娱乐工作，改善工人的生活，是工会的经常工作，应该使这些工作在实际上联系起来，并与工会的组织工作联系起来，使工会真正成为广大工人群众的工会，抗战的工会，拥护工人利益的工会和工人群众的学校。

十五、工会与其他救国团体及政府的关系

工会只是救国的主要群众团体之一，因此工会与其他一切救国团体在共同的救国目标与共同纲领之下联合起来，动员一切群众来参战。

这种联合的组织，应该是群众的抗日统一战线组织，应该是广泛的群众组织，应该包括一切愿意抗日的团体，最主要的应该是农会、工会、青年救国团体及妇女、商人的救国团体。这种联合的组织，在全国有抗敌后援总会，在山西有牺牲救国同盟会，所以工会应该加入抗援会与牺盟会。不过工会还应该保持他自己组织上的独立。

不论是省的、县的、区的、乡村的工会，都应该参加当地的统一的救亡团体，与农民、学生、妇女及其他一切抗日人民建立抗日的统一战线，并且支持统一战线，服从统一战线。

在同一地域工人群众中，如有两个以上同性质的工会出现时，应该在抗日与保护工人利益的目标下联合与合并，建立统一的工会。

工会对于政府与军队，应该站在群众团体的地位，积极动员群众帮助政府与军队抗战，参加政府所提出的一切战时工作，在可能时参加政府所组织的动员机关。工会还应该选择自己最好的干部给政府与军队分配到各个战线上去，工会应该成为抗日政府最重要的群众柱石之一。

但是工会不应该代替政府职权，不应该随便的逮捕人及向人民强派勤务等。

政府公有的企业特别是国防工业中的工会，除开保护工人的切身利益外，应该为巩固与发展国防工业而努力，提高国防工业的生产，提高劳动纪律与热忱，肃清破坏分子，纠正管理机关的官僚主义与积弊，为了这些，工人在原则上是可以派代表参加国家企业的管理的，但在私人企业中的工会，监督生产或参加企业管理都是不对的。

十六、在接近敌人地区的工会工作

上述各种工会工作方式，在华北目前情况下，在我军的后方及游击根据地中是能够如此做的，也应该如此做，以便迅速地动员、组织与武装广大的工人群众来坚持华北的抗战。但是如果情况变动，如果某地政府及当局不能允许工会公开存在与工作时，那就要采用在当时最适当的方式来动员与组织工人，采用当时能够公开进行组织工人的方式，去达到动员工人来积极参战与改善本身生活的目的。

在一些接近敌人的地区，因为那里经常有受敌人破坏的可能，因此在那些地方要尽可能地采取不公开的方式去组织工会，以及建立各种群众的救亡组织，要准备在敌人侵入时，工会还能秘密的保存自己的组织与进行工作。

当着敌人侵入时，公开的工会机关与负责人是不能存在的，一部分的工人，也是不能继续工作而需要逃避的，这时工会机关应该迁移，一切不能在敌人统治下存在的工作人员应该离开，并要负责地为避难工人解决各种困难，但是工会还必须设法准备各种秘密的组织及交通侦探等，在敌人统治下活动，同时动员工人武装起来，参加游击队与抗日军队。

十七、在敌人统治的城市中与地区中的工会工作

在我军后方的工会，要克服一切困难去帮助在敌人统治下的大城市和工业中心区域的工人，设法与他们发生联系，在政治上、物质上和组织上去帮肋他们，建立他们的组织，帮助他们训练干部，并派干部到这些地方去工作。

在敌人统治下建立公开的工会当然是不可能的，因此要利用完全灰色的组织（如在理会、佛教会、同乡会等）去团结工人，为保护工人的切身利益并帮助抗日军队与游击队而斗争，动员工人去加入游击队、侦察队，去侦察敌人的消息，报告给游击队，并破坏敌人后方的交通、军事设施及军需粮秣等。同时还要使敌人不能好好利用工厂、铁路和矿山去进攻中国人民，设法在工人中组织怠工或必要的破坏等。

在敌人统治下的中国工厂中的资本家和管理人，如果他们不是完全的勾结日寇来压迫工人并将工厂奉送给日寇，那么工人应与资本家及管理人联合起来去反对日寇所加于工厂的压迫，反对没收及改组工厂，并须设法使资本家与管理人不反对工人进行反日工作及建立反日组织。

日寇、汉奸所组织的群众团体与武装部队，工人中的抗日积极分子应当加入进去，在里面团结一切有民族意识的分子，进行反对日本帝国主义及汉奸的斗争。

十八、结论

在华北各地，应该紧急的将广大的工人组织起来。他们有爱国的热情，有牺牲奋斗的精神，有专门的技术，有纪律，有革命斗争的经验。一切救亡运动的领导者，不应该忽视工人或对工人在民族解放战争中的重大作用估计不足，应该迅速组织工人，动员他们到民族解放革命的战场上去。

目前应该立即在各县、各城市、各重要企业中，在各中心区域，成立工会筹备会，正式发起工会的组织，筹备经费，训练工会工作的干部，起草工会章程，召集工人的会议，来成立各个地方的、城市与乡村的工会组织，特别那些已经组织起来的工会，应该积极的工作起来，发展起来。

在组织工会的过程中，同时要动员工人起来参战，并且向政府、工厂解释工人组织工会的动机，以免引起不必要的误会。

要使华北各个游击中心区域的工人的最大多数，组织到工会中来，并发动这些工人来积极帮助政府和军队坚持华北抗战到最后，使工会成为华北最重要的抗日团体之一，成为政府与军队抗战中最重要的群众支柱之一。到那时候，我们可以看到抗日政府与军队到处得到工人与工会在各方面自愿的积极的帮助。抗日战争在华北的胜利，要解放华北的人民，因此也要解放华北的工人。

四、中国工人运动在抗战中艰苦奋斗走向成熟

无论是国统区、沦陷区还是抗日革命根据地，中国工人运动和工会运动都在抗日战争时期找到了正确的方向，有了长足的进步。抗日战争进入最困难的相持阶段，也是工会工作开展得有声有色的阶段，在不同的地区运用不同的方式方法和策略，也取得了不同的效果，可谓百花齐放，五彩斑斓。

在国统区。1938 年，国民党副总裁汪精卫公开投敌，国统区各大城市的工人群众立即掀起大规模集会示威，声讨汉奸和亲日分子。香港汪派三家报馆的印刷厂工人罢工抗议，中职委和陕甘宁边区总工会随即发动群众声援、募捐，有力地支援了香港工人的爱国行动。进入抗日战争相持阶段，蒋介石政权消极抗战积极反共反人民，工人群众根本没有

自由民主权利，生活也苦不堪言。工人群众开展了争取生存权、要求增加工资改善生活待遇的斗争。然而，因为正处于抗日相持阶段的特殊困难时期，工人群众都只采用交涉、谈判等温和方式，不到迫不得已不罢工、不怠工。在工人群众为战时工业的发展付出艰辛劳动、作出重大贡献、给予前线有力支援的同时，他们还忍受着巨大的经济和生活的痛苦，表现出了令人感佩的崇高民族大义。

在沦陷区。日寇铁蹄下的沦陷区，侵略者实行所谓的“治安强化”和进行经济掠夺，企图实现“以华制华”“以战养战”，最后灭亡中国的侵略目的。他们扶持傀儡政权，建立和发展汉奸组织，对广大民众实行空前野蛮残酷的法西斯统治和压榨、掠夺，沦陷区工人的生存和斗争都遭到了极大困难。共产党和工会虽然不可能合法存在，也不能公开开展工作，但沦陷区的工人运动仍然正确贯彻执行了党的工运方针，采取了更加灵活的斗争方式。比如，对形形色色的汉奸工会，就根据不同情况采取不同对策，有的直接抵制，有的劝谕工人加入以便加以利用，有的则由地下党员设法取得领导权，使其为抗日服务。在各行各业，则充分利用各种合法名义和手段，在职工中建立许多经济性、娱乐性和联络乡情、友谊的组织，通过各种方式和渠道把广大职工群众团结和组织起来，为保护民族利益和工人的切身利益，开展抗日活动和经济斗争。虽然极其艰难，但是沦陷区工人运动仍然开展得机动灵活、卓有成效，从经济上和政治上都给了敌人沉重的打击，牵制了敌人的力量，有效地支援了与日寇浴血奋战的八路军和新四军。

在根据地。抗日根据地的工人运动开展得如火如荼。根据地的工会组织是随着根据地的建立而建立、发展而发展的，在党的领导下工作，得到政府的大力支持。各根据地都建立了完善的工会组织机构，到 1945 年年初，全国根据地工会会员已发展到了 92 万人之众。抗战爆发后，根据地的工人运动在党中央和中职委领导下，工人群众不仅踊跃参加八路军，参加反扫荡战斗，还普遍组织民兵、工人自卫军和工人游击队。工人们一手拿枪一手拿锤，边生产边战斗，成为一支有生力量。根据地工会发动和组织工人创建和发展战时工业，广大职工自力更生、艰苦奋斗，在缺乏资金、设备和技术资料的情况下，因陋就简，因地制宜，“自己动手，丰衣足食”，在根据地建立起了近代工业，生产民用工业品和军工产品。各级工会发动工人群众投入大生产运动，如为了提高边区工人的劳动积极性，开展了“赵占魁运动”①，边区工人积极投入热火朝天的劳动竞赛。轰轰烈烈的大生产运动不仅生产出了民生产品，还供应了前方的八路军和新四军打击日本侵略者。

根据地工业的兴旺，打破了敌人的经济封锁，保证了根据地的生存和发展，支援了抗战，还锻炼和培养了大批工业管理人才和优秀工人。工会在根据地不仅整顿发展工会组织，组织工人发展生产，还在提高工人政治待遇、改善工人生活方面做了大量工作。在根据地，结合减租减息、合理负担和民主建政的群众活动，工会普遍发动工人群众开展削弱封建势力，减轻雇主对工人的剥削压迫，提高工人政治地位和改善工人生活的斗争。比如选举工人参议员，参加抗日民主政权，执行根据地的劳动政策，适当提高工人工资，组织失业工人兴办手工业生产合作社，

---

① 赵占魁（1896—1973），男，原陕甘宁边区农具厂化铁工人，1938 年到延安参加抗日并加入中国共产党。在边区公营工厂高达二千摄氏度的高热熔炉面前，他兢兢业业，认真工作，毫不懈怠，始终“冲锋在前，退却在后”，体现了一种新的劳动态度，那就是能够认识自己的主人翁的地位，把自己锻炼成为一个劳动英雄、技术能手、节约模范，锻炼成为一个团结和学习的标兵。1942 年 5 月，中共中央职工运动委员会和陕甘宁边区总工会派人到边区农具厂检查工作，发现了赵占魁这个先进人物，决定予以嘉奖。消息一发表，毛泽东主席立即给中央职委书记邓发打电话说：“奖励赵占魁这件事做得很好，这不是奖励一个人的问题，你们把他的优点总结出来，树立标兵，推广到各工厂，各生产单位去。”朱德称赞他是用革命者态度对待工作的“新式劳动者”。同年 9 月 11 日，《解放日报》发表《向模范工人赵占魁学习》的社论，10 月 12 日，边区总工会发出《关于开展赵占魁运动的通知》。在中共中央的倡导下，边区广泛开展了建立新的劳动态度、提高生产率为内容的“赵占魁运动”，运动普及到各私营炭窑、木工作坊和各敌后抗日根据地，使边区职工劳动态度显著改变，主人翁责任感大大增强。因此，赵占魁成为我党在大生产运动中选树的“以主人翁责任感对待工作的劳动英雄”。1943 年 5 月，中共中央作出《关于目前各抗日根据地职工运动的决定》，把普遍开展赵占魁运动列为根据地职工运动的十项基本任务之一，以赵占魁为旗帜的新劳动者运动在敌后各抗日根据地普遍展开。

赵占魁 1939 年被边区政府评为模范工人；1941 年，被选为边区参议会候补议员；1943 年，被评为边区特等劳动英雄；1950 年 9 月，赵占魁被授予全国劳动模范称号。陕甘宁根据地时期所开展的“赵占魁运动”，某种意义上堪称为新中国成立后开展劳动竞赛和建立劳动模范制度的先声。

组织工人学文化、学政治，开展娱乐活动。这些实实在在的工作使根据地的工人群众感受到了一种新气息，体验了一种新生活，有了奋起向上的积极性，有了抗战必胜的信心。

抗战后期，抗日军民与日本侵略者的力量此长彼消，对比十分鲜明，抗战进入了赶走和消灭侵略者的最后胜利阶段。在世界反法西斯战争节节胜利之时，中国共产党领导的抗日力量已经壮大到能够对日、伪军展开局部的反攻了，形势一片大好。为了促进和迎接抗战的最后胜利，更为了抗战胜利后把中国引向光明的前途，中国共产党于 1945 年 4 月 23 日至 6 月 11 日在延安召开了第七次全国代表大会。出席大会的正式代表 547 人，候补代表 208 人，代表全国 121 万名党员。毛泽东主持了大会，致开幕词，并作了《论联合政府》的政治报告；朱德作了《论解放区战场》的军事报告；刘少奇作了《关于修改党章的报告》。在大会讨论过程中，周恩来作了《论统一战线》的重要发言；华北、华中、西北等几个有代表性地区的代表作了工作报告。大会完成了三个历史性的任务：决定了党的路线，通过了新的党章，选举了新的中央委员会和中央领导机构。中共七大是一次具有重大历史意义的大会，毛泽东在报告中提出了党的政治路线，即："放手发动群众，壮大人民力量，在我党的领导下，打败日本侵略者，解放全国人民，建立一个新民主主义的中国"。报告还提出"废止国民党一党专政，建立民主的联合政府"。大会通过了刘少奇修改党章的报告及新党章。新党章明确规定：中国共产党，以马克思列宁主义的理论与中国革命实践之统一的思想——毛泽东思想，作为自己一切工作的指针，反对任何教条主义或经验主义的偏向。七大确立毛泽东思想为党的指导思想，从而使全党有了在思想上工作上取得一致的牢固的理论基础。大会选举出以毛泽东为首的第七届中央委员会，其中，中央委员会委员 44 人，中央候补委员 33 人。6 月 19 日七届一中全会选举出 13 名中央政治局委员，选举了毛泽东、朱德、刘少奇、周恩来、任弼时为中央书记处书记，毛泽东为中央委员会主席、中央政治局主席。

中共七大还指出，在最后打败日本侵略者的斗争中，特别是在收复大城市和交通要道的斗争中，中国工人阶级将起重大作用。并根据不同地区的特点，规定了中国工人运动的具体策略和任务。在党的领导下，在抗日战争的最后阶段，中国工人阶级抖擞起了全部精神，准备迎接一个新世界！

在国统区，工人运动的主要任务是结合维护工人切身利益的斗争，动员和组织工人群众更加积极地投入到扩大和维护广泛的抗日民族统一战线。抗战后期，国民党统治日益腐败，工人和广大民众的政治权利被剥夺，人身安全毫无保障，蒋、宋、孔、陈四大家族大肆搜刮民脂民膏，聚敛财富。经济出现严重危机，物价飞涨，工人大批失业。广大工人要求保障工作、维持最低生活和反对特务迫害的斗争日益发展。在中共南方局主要负责人周恩来、王若飞的领导下，在陪都重庆持续十余日，累计有二十余万工人和各界群众参加的反对特务迫害、争取人民民主的胡世合运动就是影响最大的一次。（参见【阅读与链接】）

在沦陷区，工人阶级积极把自己的力量组织在各种团体中，准备武装起义，一俟时机成熟，就与外部进攻的军队里应外合，消灭日本侵略者；执行最广泛的抗日民族统一战线政策，团结一切反对日本侵略者及其忠实走狗的人，为打倒共同敌人而斗争；在工人中训练和培养大批积极分子，参加当地工作，准备收复失地。在地下党的领导下，普遍开展了张贴标语、散发传单、侦察敌情、瓦解敌伪军警、保护工厂等迎接解放的斗争。

在解放区，工会积极行动起来，动员组织工人群众，为夺取抗战最后胜利贡献力量。他们发展边区工业，争取两年做到自给，开展改进质量、提高产量为中心的生产运动，开展评、树、奖励劳动积极分子活动，踊跃参军参战，以实际行动支援抗日的最后一战。工会组织也不断扩大、健全，1945 年 2 月 1 日，中共中央发出《关于成立中国解放区职工联合会的指示》，1945 年 4 月 22 日，中国解放区职工联合会筹备会正式成立，并决定于同年 11 月在延安召开解放区职工代表大会，正式成立解放区职工联合会。孰料抗战胜利来得极为迅速，政治、军事形势急剧变化，以至这个大会尚来不及召开，日本侵略者就投降了！直到解放战争全面胜利前夕，这个计划中的大会最终才得以第六次全国劳动大会的名义召开。

从抗日战争的烽火硝烟中工会工作在不同地区、不同阶段的表现，可以清楚地看出，有了中国共产党的正确领导，工人运动已然摆脱了大革命失败后长期的曲折求索、幼稚迷茫，而开始变得成熟健康，并以明确的目标、坚定的步伐步入了新的发展阶段。

阅读与链接

胡世合运动

胡世合运动，亦称胡世合事件。1945 年 2 月 20 日，重庆电力公司因中韩文化协会饮食部违章用电，派胡世合等工人前去处理，遭重庆警察局侦缉队员、特务田凯阻挠，并开枪致胡世合身亡，制造了震惊全国的“胡世合事件”。

事件发生当天，电力公司 300 多工人自发前往事发地，强烈要求当局严惩凶手，一时群情激奋，声援者多达数万。电力公司地下党员周力行立即向中共党组织汇报情况，正要离渝返延安的周恩来得知后，指示王若飞具体领导这场斗争。在王若飞主持下，南方局迅速确定了因势利导，开展一场“反独裁、争民主、争生存”的群众运动，以推动国统区民主运动进一步发展的斗争策略。南方局青年组刘光、朱语今、张佛翔积极行动，经济组和妇女组密切配合，通过电力公司地下党员和进步工人迅速组织了“胡世合事件伸冤后援会”。《新华日报》遵照南方局指示，一面联络《国民公报》《商务日报》《新民报》《大公报》等新闻媒体，公开报道事件真相，反映工人要求；一面巧妙地以社论或评论，宣传党的指示，指导运动的健康发展。此外，南方局和川东党组织，还通过各自联系的“据点”，将惨案真相和斗争策略迅速地传播到全市工厂、机关和学校，发动各界民众支援电力工人斗争；同时，积极开展对民主党派和上层人士的统战工作，争取他们以公开发表谈话、参加吊唁活动等方式，反对特务暴行，支持民主运动。经过党组织的秘密发动和《新华日报》的公开宣传，几天之内，胡世合惨案的真相便大白于天下，特务暴行激起全市工人和民众一致愤慨；受害者家属的血泪控诉，赢得了广泛同情和有力声援。广大民众纷纷要求当局严惩凶手，保障人权，一场声势浩大的群众性反特抗暴斗争迅速席卷整个重庆。经过全市工人的坚决斗争和各界民众的大力声援，国民党当局面对着势不可当的抗议怒潮和社会舆论形成的强大压力，不得不于2月26日在工人代表的监督下枪毙了特务田凯。随后，为了进一步唤起民众，推动民主运动发展，中共中央南方局又领导群众掀起了以“公祭”和“出丧”为中心的新的斗争浪潮。参加“公祭”“出丧”的各界群众分别达到8万多人和6万多人，灵堂上的1000余副挽联，无一不体现出对受害者的深切哀悼和对国民党特务统治的强烈憎恨。以致重庆市市长贺耀组被迫亲临“主祭”，并向受害家属发放10万元抚恤金。

胡世合事件虽仅持续了10余天，但却产生了深远的影响。它沉重打击了国民党的特务统治，鼓舞了民众的必胜信心，培养和锻炼了党的干部和工人骨干，使他们在斗争中增长了才干。这次运动也是中共中央南方局贯彻党中央“隐蔽精干”方针以来直接领导的第一次大规模的群众运动，是对国统区人民革命力量的一次大检阅。不仅显示了经过长期积蓄力量后，党组织待机而动的巨大行动能力，也展现了大后方工人阶级和广大民众的高度觉悟。以此为标志，国统区的民主运动进入一个新的阶段。

思考题：

1. 抗日战争中工人运动有哪些特点和经验?
2. 抗日根据地工会工作取得了哪些成功经验?

第四章　工人运动在解放战争中凯歌前进（1945—1949 年）

一、抗战胜利后工人运动的形势与方针政策

1945 年 8 月 15 日，日本宣布无条件投降，中国人民八年艰苦卓绝的抗日战争宣告胜利。

随着日本侵略者的投降，国内政治形势发生了急剧变化。以蒋介石为首的国民党反动集团，同以中国共产党为代表的广大人民的矛盾，迅速上升为主要矛盾，中国革命进入了一个新的历史时期。新时期的斗争集中表现在要把中国建设成为一个什么样的国家的问题上。蒋介石集团在美国的支持下，要把中国建设成一个大地主、大资产阶级专政的半殖民地半封建的国家，中国共产党则主张把中国建设成一个无产阶级领导的人民大众的新民主主义国家。这是一场关系到中国前途和人民命运的严重斗争，中国面临着两个前途、两种命运的决战。

按照蒋介石的既定方针，是要用战争手段消灭中国共产党领导的人民革命力量。但是，日本投降后立即发动全面内战还有许多困难：国际上，美、英、苏三国从各自的利益和战略目标出发，都不赞成中国发生内战。在国内，浴血八年，赶走了日本侵略者，人心思定，全国人民都反对独裁、要求民主，反对内战、要求和平，渴望休养生息，恢复和发展社会经济，国民党内一部分人也反对打内战。国内外压力使蒋介石不得不考虑发动内战可能造成的严重后果。同时，日本宣布投降时，蒋介石全面内战的准备也还没有完成。上述种种情况，迫使蒋介石不得不以国民政府主席的名义，于 1945 年 8 月 14 日、20 日、23 日三次电邀中共中央主席毛泽东到重庆举行和平谈判，企图用“和平”手段，即以

共产党人到国民党政府中去“做官”为交换条件，让中国共产党交出军队和解放区的政权，达到消弭革命力量的目的。同时，蒋介石仍然积极进行全面内战的准备。

美国政府为控制中国，变中国为它的附庸，一方面，支持蒋介石的“和平”谈判，并派遣驻华大使赫尔利到延安迎接毛泽东去重庆，期望通过谈判实现有利于国民党所希望得到的那种“在军令政令统一原则下”的“和平”；另一方面，又竭力从各方面援助蒋介石的内战准备：提供大批飞机、军舰运送国民党军到内战前线；派出9万人的海军陆战队进占上海、青岛、天津、北平、秦皇岛等城市，帮助国民党控制这些战略要地。担任远东盟军统帅的美国将军麦克阿瑟，还严令侵华日军只能向国民党军投降。

中国共产党清醒地认识到了国民党假借和平谈判以赢得时间进行内战准备的阴谋，要领导人民争取民主、保卫胜利果实，于是准备用自卫战争粉碎国民党的进攻，争取战后形势朝着有利于人民的方向发展。遵循中国共产党关于抗战后的总方针，1945年，中国解放区职工联合会筹备会在《中国解放区职工联合会纲领（草案)》中，规定解放区工人斗争和工会工作的具体方针和任务是：扩大与巩固解放区工会组织，动员解放区职工参加恢复发展工业建设，正确贯彻公私兼顾、劳资兼顾、调节劳资关系的政策；开展职工政治、技术、文化教育，保护职工的利益；同时，援助各地工人斗争，促进全国工人运动的团结与统一，争取国内和平民主，积极动员和组织工人群众保卫和建设解放区，增强自卫战争的力量。

（一）国统区工人力争生存、和平、民主

国民党为了巩固自己的统治，加紧准备内战，在其统治区域，政治上不断强化对工会的控制，由党政机关会同有关军警机关在各地设立所谓工运指导机构，摧残破坏工人运动的进步力量，打击、解散或改组、控制中共领导下的工会。派出大批官员和特务进入职工团体，篡夺领导权，致使很多基层工会的领导权都操纵在国民党党棍、特务、封建把头的手中。经济上则不断地搜刮人民，致使苛捐杂税泛滥、通货膨胀、物价飞涨，工人大批失业，怨声载道，民不聊生。

中国共产党在国统区加强对工人运动的领导，明确工人运动的基本方针是：充分利用公开合法条件，采取灵活多样的斗争形式，发展工会进步力量，团结工人群众，广泛开展争取生存权利、改善生活待遇的经济斗争和争取和平民主、反对国民党卖国、内战、独裁的政治斗争。在中共党组织和工会的领导下，工人的斗争不仅在私营工商业中普遍进行，而且发展到许多国民党军警特务严密控制的官办企业，甚至发展到国民党的某些政权机关。这些形式多样的斗争，争取了国统区的人心，对于瓦解国民党的反动统治起到了重要作用。

（二）解放区工人开展反奸清算斗争，提高政治水平

抗日战争胜利后，解放区迅速扩大，职工队伍也相应扩大。据 1946 年 6 月中共中央职工运动委员会的不完全统计，仅山东、晋绥、华北三个解放区就有职工 189 万人，其中还包括了一大批过去革命根据地很少有的近代产业工人。

对新老解放区，工人运动有不同的任务和方向。老解放区工会的主要工作是调整、加强和提高，组织工人努力完成新形势下的各项任务。而在新解放区，迅速开展工会工作则是整个解放区工会工作的重点。对此，毛泽东也特别作了指示：“群众工作的内容，是发动人民进行清算汉奸的斗争，是减租和增加工资运动，是生产运动。应当在这些斗争中，组织各种群众团体，建立党的核心，建立群众的武装和人民的政权，把群众斗争从经济斗争迅速提高到政治斗争，参加根据地的建设。”

新解放区是从日寇手中解放出来的，在日伪统治期间，汉奸特务作威作福，残害百姓，干了许多伤天害理的事情，如不清算他们就会人心不平、人心不稳。为巩固胜利成果，保卫新生的革命政权，发展大好形势，工会带领工人群众，开展反奸清算斗争，通过控诉、讲理及法办制裁，清算了一批罪大恶极的汉奸、特务、封建把头、日本监工、日本警官等坏人，有力地打击了日本残余势力。清算斗争使工人群众挺直了腰杆，从此把党和工会当作靠山，纷纷要求加入工会，参加革命工作。

在新解放区，提高工人政治水平、建设民主政权更是大事，各级工会在工人积极分子中办学习班、培训班，宣传党的方针政策，启发他们

的政治觉悟，培养骨干力量，吸收工人骨干加入共产党和担任领导职务。工会工作把支持和参加政权建设作为重要任务，成为政权建设的支柱和坚强后盾。

二、战略决战前后工人运动风雨兼程

从抗战胜利到1946年6月国民党军向解放区大举进攻发动全面内战的近一年间，国民党表面上搞和平谈判，实则在紧锣密鼓地备战，企图一举将共产党及解放区军民扼杀。诸多事实表明，蒋介石政权的和平“诚意”十分可疑，解放区军民也绝不敢掉以轻心，必须准备自卫战争，以捍卫来之不易的胜利果实。

蒋介石政权风雨飘摇，国统区不断发生当局对民众的镇压，惨案血案不断爆发，国统区民众的反抗也日益高涨。

1945年12月1日，昆明发生镇压学生反对内战、要求和平民主运动的“一二一”惨案；

1946年2月10日，重庆各界在较场口举行庆祝政协会议成功的群众大会。国民党特务公然破坏会场，殴打与会民主人士，引发较场口血案；

1946年6月23日，国民党发动内战前夜，上海一百多个工会的会员、一百三十多所学校和其他各界人士共10万人，在上海北站举行声势浩大的群众集会和示威游行，反对内战，要求和平，欢送请愿团赴南京向当局呼吁和平。请愿团成员马叙伦等在南京下关站却遭到国民党暴徒围攻毒打。

在所有这些事件中，中共领导下的革命工会都积极引导、组织、支援革命群众，并且教育人民认识到，用请愿方式向国民党政府请求和平根本就是与虎谋皮，只有在中国共产党领导下，从根本上推翻国民党反动统治，才能消除战争祸根，实现人民向往的真正的民主与和平。

在此期间，经过中国共产党、解放区工会的积极努力和中国劳动协会理事长朱学范的支持与合作，国民党当局被迫同意邓发代表解放区工会加入中国劳动协会代表团，与朱学范等一同出席世界工会代表大会。（参见【阅读与链接】）中国革命工会第一次走出了国门，走向了世界的舞台，第一次展现中国工会的形象，发出中国工人阶级的声音，获得了各国工人代表团的热烈赞扬和支持。在大会成立世界工联时，朱学范当选为世界工联副主席，邓发当选为世界工联执行委员会候补执行委员、理事会理事。中国革命工会代表在世界性工会组织中获得了富有意义的一席。解放区工人通过参加世界工会代表大会，提高了自己在国际职工运动中的声望和地位，奠定了中国工人运动团结、统一的基础。

1946年6月，在完成战争准备之后，国民党政权在美国的支持下，终于撕毁了停战协议和政协协议，对共产党领导的解放区实行包围进攻和全面内战。生死攸关在此一搏，解放区军民被迫奋起自卫。

全面内战爆发，解放战争的大幕也就此拉开。中国广大职工与革命工会组织在这暴风骤雨来临时刻风雨兼程，活跃于神州大地，并开始登上世界工人运动的舞台，出演着它永将被铭刻于史册的角色。

（一）国统区工人积极投入“第二条战线”以配合解放城市的斗争

正当解放区军民在自卫战争中取得重大胜利的时候，国民党统治区却后院起火。多行不义必自毙，人民成了覆舟之水。以抗议美军暴行和反饥饿、反内战、反迫害为主要内容的人民革命运动空前高涨。

如果说，军事战场是第一条战线，在国统区与反动政府斗争则是不折不扣的第二条战线。这条战线没有炮火轰鸣，却从不乏流血牺牲。对这条战线，国民党加强了镇压，颁布了《维持社会秩序临时办法》《戡乱总动员令》《戡乱时期危害国家紧急治罪条例》《后方共产党处理办法》《特种刑事法庭组织条例》《戒严法》等一系列加强镇压的反动法令。

针对国民党政府的疯狂镇压，中国共产党加强了领导。1947年2月和5月，中共中央先后发出由周恩来起草的关于在蒋管区的工作方针和斗争策略的指示：针对蒋介石集团的镇压政策，要扩大宣传，避免硬碰，争取中间分子，利用合法形式，力求在为生存而斗争的基础上，建立反卖国、反内战、反独裁与反特务恐怖的广大阵线。要求在策略上，要领导群众变换方式，绕过暗礁，将直接与迂回、集中与分散、公开与秘密、合法与非法等手段结合起来，在向国民党政权要饭吃、要和平、要自由的斗争中，把为争取生存权利的斗争，逐步提高到推翻国民党反动政权的革命运动的水平。遵照这些指示，中共地下党领导工会采取公开工作与秘密工作相结合的原则，尽量利用合法的形式，组织工人群众开展了许多经济斗争和政治斗争。

国民党为获得美国支持打内战，大肆出卖中国的利益，与美国政府签订了一系列公开的或秘密的丧权辱国的条约协定，美国垄断资本利用这些条约协定中的种种特权，攫取最大利润。大量美资流入中国，对本已处于危机境地的中国民族资本主义经济造成毁灭性的打击，给工人群众带来经济上的巨大损害。工会领导着工人群众配合战场上的自卫反击战，在第二条战线搞得风起云涌、风生水起，使国民党政府在汹涌翻卷的人民战争的汪洋大海上等待着丧钟敲响的时刻。

（二）解放区工人参军参战增产立功

国民党挑起全面内战，中国工人紧急行动起来，“积极生产，武装自卫，巩固后方，支援前线”“一手拿枪，一手拿锤”，边战斗边生产。他们成立工人纠察队，保卫工厂，维持治安，除奸防特，捐钱捐物，支援前线。胡宗南部队进攻延安时，中共中央机关决定暂时撤出，工人群众迅速坚壁清野，将全部机器设备产品物资转移掩蔽起来，给敌人留下一座空城。军需厂的工人转移后马上恢复生产，给前线送去枪支弹药。各地工会动员工人参军，建立工人武装，配合正规部队作战。据统计，仅东北各地建立的工人武装队伍就有两万多人，他们在保卫东北根据地和最后解放全东北中做出了巨大贡献。

解放区军民团结一致，在经过了 8 个月的作战后，大量歼灭了国民党军队的有生力量，挫败了国民党的全面进攻，国统区人民运动日益高涨。国民党政府前方受挫后院起火，面临着军事、政治的全面危机，一场全国范围的反帝反封建斗争即将发展到新的人民大革命的阶段，预示着中国革命的新高潮即将到来。

为配合这个伟大斗争，1947 年 2 月 7 日，《解放日报》发表题为《中国工人阶级今天的任务》的社论，号召解放区工人开展“新英雄主义的竞赛”，加紧生产，“为保证人民解放军的足食足衣，加强解放区各方面的力量而立功”。从 1947 年 2 月起，工会先后动员和组织广大工人群众，开展了增产立功运动，支援解放战争。各工厂和工人都订立了计划、措施及立功条件。在生产中，工人们积极开展竞赛，忘我劳动，互帮互学，改进技术，不断创造新纪录，努力增加产品数量，提高产品质量。增产立功运动充分调动了广大工人群众的劳动积极性，激发了他们的政治热情。工人群众的力量调动起来具有改天换地的能量，为解放区由战略防御到战略进攻做好了物质准备，同时也为工会组织领导工人群众开展生产运动，积累了丰富的经验。

阅读与链接

中国劳动协会

1935 年 2 月，由于国民党政府的《工会法》不允许成立全国性的工会组织，由上海国民党主要工会负责人联合发起，以“研究劳动问题，积极唤起劳动界本身觉悟，促进全国民众服务精神”为由，经国民党中央党部批准，以研究劳动运动的文化团体、学术团体的名义申请成立了“中国劳动协会”，隶属于国民党中央社会部（1940 年移交国民政府，为国民政府社会部）。先由陶百川（国民党市党部委员，淞沪警备司令部军法处长）为理事长，1939 年 12 月起由朱学范担任理事长。

1939 年 7 月，经国民党中央批准，中国劳动协会以中国工会全国总组织的名义，加入国际工会联合会，在相当长时期里，中国劳协事实上充当了中国在国际劳工事务中的代表。但是，国民党成立中国劳协的目的是“在国内方面，企图用劳协来阻止全国工人的组织全国性工会的要求；在国外方面，企图用劳协来作为它的民主的装饰品。”（朱学范语）因此，一直到 1943 年 4 月，中国劳动协会第四届年会上，国民政府社会部部长谷正纲以“主管”身份发表“训词”时仍宣布：劳协“不是依《工会法》而组织的工人团体”。

自1936年起，朱学范以中国劳动协会主要负责人身份作为中国劳工代表参加了第20届—第27届国际劳工大会，并在第26届国际劳工大会上当选为国际劳工组织理事会正式理事。1945年9月至10月，在巴黎召开的世界工会代表大会上，朱学范当选为世界工联副主席、执行委员。中国劳协坚持与陕甘宁边区总工会合作，为争取国际工人援华抗战和参加国际工人反法西斯统一战线，进行了大量工作。在抗战胜利后国共两党争取中国两种前途、两种命运的斗争中，由于朱学范对中国共产党的路线和主张持同情和支持态度，在一些重大问题上站在中国共产党的立场一边，中国劳动协会遭到国民党的排斥和痛恨，并遭受了无情打压。

1948年8月1日，第六次全国劳动大会在哈尔滨召开，恢复中华全国总工会，中国劳动协会宣布作为团体会员加入中华全国总工会，朱学范当选为中华全国总工会副主席，劳协干部顾锡章、张光岱当选为全总执委。此后，即由中华全国总工会代表中国工会参加国际工运活动。1949年11月，中国劳动协会在北京召开代表会议，宣告中国劳动协会结束。1949年11月25日，中华全国总工会发出《关于中国劳动协会结束的通知》。《通知》充分肯定了劳协在中国工人阶级统一事业上的重要贡献，并作出各地区各产业工会欢迎劳协会员参加工会组织、吸收原劳协干部参加相当工会机关中的各种工作的两项决定。

（三）第六次全国劳动大会的胜利召开与中华全国总工会的恢复重建

人民解放军战略进攻胜利推进，国民党政权日薄西山气息奄奄。1947年下半年，中国人民的革命战争到了一个历史的转折点。10月10日，中国人民解放军总部发表宣言，提出“打倒蒋介石，解放全中国”的口号。当年12月，中共中央在陕西米脂县杨家沟召开的“十二月会议”上，毛泽东作了《目前形势和我们的任务》报告，科学地分析了中国革命的形势，明确地指出了中国人民解放战争已经处于一个伟大的历史转折点，提出了打倒蒋介石、建立新中国的行动纲领，并全面地阐明了处在伟大转折时期的中国共产党为夺取全国胜利在军事、政治、经济等方面的行动纲领及一系列方针政策，号召："联合工农兵学商各被压迫阶级、各人民团体、各民主党派、各少数民族、各地华侨和其他爱国分子，组成民族统一战线，打倒蒋介石独裁政府，成立民主联合政府。"

工会组织在革命形势迅猛发展的时刻接受了新的要求和任务：工人阶级要在全民族统一战线中起领导作用，首先需要加强组织的力量。因此，工会组织的统一成为当务之急。

国民党统治集团对中国劳动协会和解放区工会的联合行动极为恐慌，为了破坏中国工人运动的统一，维护蒋介石统治的合法化，以及骗取国际工会组织的支持，操纵推选工会的"国民大会代表"，加快了成立全国性总工会的步伐。1947 年 6 月，国民党政府公布了新修改的《工会法》，其最大变化是允许成立省及全国性总工会，并开始酝酿成立"中华民国全国总工会"。1948 年 3、4 月间，为了赶在"行宪国大"期间成立中华民国全国总工会，国民党中央党部以密电形式要求各省党部突击成立省总工会——到 1948 年 4 月，共成立了 19 个省的总工会，加上 6 个全国产业工会，一共 25 个工会，还有 10 个直辖市总工会。1948 年 4 月 18 日至 22 日，由上述 35 个工会发起，召开了中华民国全国总工会成立大会，宣布成立中华民国全国总工会。会上通过了《中华民国全国总工会章程》，选出理、监事 101 人①。

国民党组织成立中华民国全国总工会的行动，加速了中共中央推动工会组织统一的步伐。1945 年 4 月 2 日，中国解放区职工联合会筹备成立之初，曾经计划于是年 11 月召开解放区职工联合大会，正式成立解放区职工联合会，形成一个统一的工会组织。但此后革命形势的迅速发展，使这个计划一再延宕。根据新的形势的迫切需要，1948 年 3 月 15 日，中国解放区职工联合会筹委会发出召开中国解放区工人代表大会，成立解放区职工联合会的通知。这一倡议迅即得到了各地工会组织和工人群众的热烈响应。在 7 月 31 日召开的预备会议上，全体与会代表一致决议，为了继承中国工人运动的光荣革命传统，为了统一全国职工运

① 刘明奎、唐玉良主编：《中国工人运动史》（第六卷），广东人民出版社，1998 年 12 月版，第 240—262 页。

动领导，将本次代表大会定名为第六次全国劳动大会，以承接此前召开的五次全国劳动大会；并决议由此次大会产生的全国性工会组织，恢复历史上的光荣名称——“中华全国总工会”。①

1948 年 8 月 1 日至 22 日，第六次全国劳动大会在哈尔滨隆重开幕。出席大会的有解放区职工代表、各解放区职工会的代表、国统区城市的工人代表以及各产业部门的代表，朱学范代表中国劳动协会声明该会作为团体会员参加会议，并派代表出席。该次大会到会 518 名代表，代表着全国有组织的职工 283 万余人。这是自 1929 年第五次全国劳动大会以来，中国工会历史上一次人数众多、代表广泛的空前盛会，此时的中国工会，不仅在党的领导下，经过长期的革命斗争，发展成了一支强大的有组织的力量，而且工人阶级的构成和素质也有了空前的提升。

中共中央在向大会所致祝词中指出：六次劳大的召开，表示国民党反动集团在全国工人中的分裂政策已经最后宣告破产，全国工人运动重新在革命的旗帜下统一起来。当前，全国工人阶级的最大任务，就是首先团结自己，并以自己的英勇奋斗与自我牺牲精神去团结农民、独立劳动者、自由职业者、知识分子、自由资产阶级与一切爱国分子，帮助人民解放军，坚决彻底干净全部地歼灭国民党的反动军队，推翻美帝国主义与国民党反动集团的统治，建立独立自由强盛和统一的中华人民民主共和国。为了这个共同的目的，解放区工人和职员的任务，是在毛泽东同志著名的经济方针，即“发展生产，繁荣经济，公私兼顾，劳资两利”的方针之下振兴工业，巩固解放区，支援前线。国民党统治区工人和职员的任务，是团结全体职工和全体人民，对美国帝国主义与官僚资本作斗争，对人民解放军的胜利进攻作必要的和可能的配合，并在城市被解放以后帮助民主政府有秩序地接管城市。为了完成这些任务，必须迅速加强工会的工作，团结和教育工人职员群众，使他们成为人民民主共和国的领导力量。

六次劳大恢复重建了中华全国总工会，实现了全国工会组织的统

① 《中国工会历次代表大会文献》（第一卷），工人出版社，1984 年 3 月版，第 416 页。

一。大会选举产生了中华全国总工会第六届执行委员会，陈云、李立三、朱学范、刘宁一、李颉伯等 53 人当选为执行委员会委员。六次劳大后，中华全国总工会健全了领导机构。1948 年 10 月，全总六届执委会在哈尔滨召开首次全体会议，推选陈云为全国总工会主席，李立三、朱学范、刘宁一为副主席。1949 年 5 月，全总常委扩大会议推选刘少奇为中华全国总工会名誉主席。

六次劳大通过了《关于中国职工运动当前任务的决议》，这是一个纲领性文件，它阐明了工人阶级在进行彻底推翻美帝国主义及国民党反动统治集团在中国的统治、建立新民主主义的人民共和国的伟大斗争中，应该而且必须站在最前列，成为各民主阶级人民革命的领导者。中国工人阶级的历史任务，不仅要夺取、保持和巩固新民主主义革命的胜利，而且要在此基础上去希望和准备较远的社会主义的前途。《决议》还指出，发展解放区工业生产是解放区工会特别重要的任务。工会工作的任务是遵循党的“发展生产、繁荣经济、公私兼顾、劳资两利”的总方针，团结全体职工积极劳动，遵守纪律，保护职工的日常利益；教育职工提高觉悟，提高文化水平和技术业务能力，积极参加新民主主义的国家政权、军队、经济、文化各方面的建设工作。

六次劳大的召开和中华全国总工会的恢复重建，在民主革命时期中国工会史上具有十分重要的意义，从此，中国职工队伍作为一个统一的整体团结在自己的工会组织之中。

三、中共七届二中全会召开，中国工人运动奋勇前进

六次劳大后，中国共产党领导的人民解放战争进入了夺取全国胜利的阶段。从 1948 年 9 月起，人民解放军先后发动辽沈、淮海、平津三大战役，解放军的强大攻势如风卷残云、锐不可当，国民党政权迅速土崩瓦解，中国革命冲破黑夜，就要见到黎明的曙光，中国人民浴血奋斗了二十八年，终于胜利在望！

中国共产党及其军民激情振奋之余没有忘记未雨绸缪，迎接新任务：建设一个民主、富强的新中国。1949 年 3 月，中国共产党在河北省平山县西柏坡村召开了具有重大历史意义的中共七届二中全会。毛泽

东主席在会上作了报告，提出了彻底摧毁国民党反动统治，迅速夺取全国胜利的方针；确定了党的工作重心必须从乡村转移到城市，城市工作必须以经济建设为中心；规定了在全国胜利以后，党在政治、经济、外交方面应当采取的基本政策，以及使中国由农业国转变为工业国、由新民主主义社会发展到社会主义社会的总任务和主要途径。

1949 年 4 月 21 日，人民解放军百万雄师强渡长江，攻克南京，冲进总统府，扯下青天白日旗，开始了解放全中国的伟大进军。

全国总工会根据六次劳大决议，贯彻党的七届二中全会精神，号召解放区和国统区的工人阶级积极行动起来，全力支援人民解放战争，配合城市解放，为夺取全国解放作出贡献。

（一）党的工作重心转移与全心全意依靠工人阶级指导方针的提出

毛泽东在党的七届二中全会报告中，明确提出了在城市工作中，必须以恢复发展生产为中心、全心全意依靠工人阶级的重要指导方针。

1927 年大革命失败后，中共中央与中国工会都由城市转移到了农村，走上了以农村包围城市、武装夺取政权的道路，革命的主战场在农村，革命队伍的主要成分也就是广大农村的贫苦农民，根据地的工人群众也以当地的雇工、手工业工人、苦力为主，很少有真正意义上的近代工业中的产业工人。虽然共产党从来没有忽略过白区工会工作，但由于国民党的封锁围剿，共产党与城市工人阶级的联系因阻隔而相对疏离。当前最关键的是，长期在农村革命战争中成长起来的干部，马上要进城了，要领导和管理泱泱大中华了，却对城市工业和城市工人阶级比较生疏，对大量城市解放后我们党应该依靠谁的问题也发生了模糊。这是一个颇为严重的问题，毛泽东在报告中明确指出：“在城市斗争中，我们依靠谁呢？有些糊涂的同志认为不是依靠工人阶级，而是依靠贫民群众，有些更糊涂的同志认为是依靠资产阶级。”毛泽东说：“我们必须批判这种糊涂思想”，“我们必须全心全意地依靠工人阶级，团结其他劳动群众，争取知识分子，争取尽可能多的能够同我们合作的民族资产阶级分子及其代表人物站在我们方面。”

中国革命武装虽然是以农民为主，但它绝不同于历史上任何一次农民起义，这是由中国共产党的性质和我们要建立的人民政权的性质决定的，而工人阶级的特点又决定了它的历史地位与历史使命。作为党的领袖，毛泽东不仅清醒地看到这一点，而且及时地教育全党干部和同志。早在 1947 年 12 月，毛泽东在《目前形势和我们的任务》中，即对新中国成立后政治、军事、经济等各方面的政策方针进行了系统思考和透彻分析，他指出，由于中国经济的落后性，广大的上层小资产阶级和中等资产阶级所代表的资本主义经济，在全国革命胜利以后，在一个长时期内，还必须允许它们存在；并且按照国民经济的分工，还需要它们中一切有益于国民经济的部分有进一步的发展；它们在整个国民经济中，还是不可缺少的一部分。“对于上层小资产阶级和中等资产阶级经济成分采取过左的错误的政策，如像我们党在一九三一年至一九三四年期间所犯过的那样（过高的劳动条件，过高的所得税率，在土地改革中侵犯工商业者，不以发展生产、繁荣经济、公私兼顾、劳资两利为目标，而以近视的片面的所谓劳动者福利为目标），是绝对不许重复的。这些错误如果重犯，必然要损害劳动群众的利益和新民主主义国家的利益。”“总起来说，新中国的经济构成是：①国营经济，这是领导的成分；②由个体逐步地向着集体方向发展的农业经济；③独立小工商业者的经济和小的、中等的私人资本经济。这些，就是新民主主义的全部国民经济。而新民主主义国民经济的指导方针，必须紧紧地追随着发展生产、繁荣经济、公私兼顾、劳资两利这个总目标。一切离开这个总目标的方针、政策、办法，都是错误的。”在其后 1948 年 1 月的《关于目前党的政策中的几个重要问题》中，毛泽东再次强调，“必须避免对中小工商业者采取任何冒险政策。各解放区过去保护并奖励一切于国民经济有益的私人工商业发展的政策是正确的，今后仍应继续。减租减息时期鼓励地主富农转入工商业的政策也是正确的。地主富农的工商业一般应当保护，只有官僚资本和真正恶霸反革命分子的工商业，才可以没收。这种应当没收的工商业，凡属有益于国民经济的，在国家和人民接收过来之后，必须使其继续营业，不得分散或停闭。对于一切有益于国民经济的工商业征收营业税，必须以不妨碍其发展为限度。在公营企业中，必须由行政方面和工会方面组织联合的管理委员会，以加强管理工作，达到降低成本、增加生产、公私两利的目的。私人资本主义企业也应当试行这种办法，以达到降低成本、增加生产、劳资两利的目的。”[①]。

在正确地分析和制订了新民主主义经济方针的同时，毛泽东提出了全心全意依靠工人阶级，以及在城市以恢复发展生产事业为中心的指导方针，解决了革命工作重心由农村转到城市以后，共产党继续领导人民进行革命和建设的阶级路线和根本指导方针问题，同时也给工会工作和发挥工人阶级作用指明了方向。

在中共七届二中全会上，刘少奇根据毛泽东的全心全意依靠工人阶级的方针，就依靠工人阶级、发展生产问题作了重要论述。他从三个具体方面加以阐述：保障和提高工人的生活；开展工人政治教育；在工人中发展党员、组织工会，把所有工人都组织起来。刘少奇从第一次大革命时期组织安源路矿工人罢工直到领导白区工会工作，一直都以清醒的头脑和高度的政治水平，为白区工会工作的健康发展发挥着主导作用。为执行中共七届二中全会精神做好城市工作，刘少奇先后到北平、天津、唐山等地检查和指导工作，形成了一系列深入思考，对当时和新中国成立后的工会工作方针的确定，起到了重要的指导作用。

平津解放后，有些干部在如何对待资本家的问题上存在着模糊认识，认为和资本家接触就是立场不稳，因而害怕接触资本家，对资本家冷漠不理，不向他们正面宣传解释党的劳资两利、发展生产的政策；更有甚者把资本家当作敌人，要立即加以消灭。1949 年 4 月，刘少奇受中共中央和毛泽东主席委托到天津视察，他在大量走访了解企业情况后，召开了一系列座谈会，旗帜鲜明地宣传和阐释“发展生产、繁荣经济、公私兼顾、劳资两利”的政策，刘少奇指出，从生产力状况看，建国前后，中国经济有 90% 是落后的小农经济和小手工业经济，只有 10% 是进步的工业，而资本主义工商业与现代化大生产相联系，是近代中国先进生产力组成部分之一。为了实现中国从农业国向工业国的转变，为了把消费的城市变成生产的城市，资本主义剥削在一定时期内还

① 《毛泽东选集》（第四卷），人民出版社，1991 年 6 月版，第 1252 页—1256 页，第 1269 页。

不能够废除，必须在新民主主义的经济下，在劳资两利的条件下，让资本家继续存在和发展。"在中国目前的条件下，私人资本主义经济的若干发展是进步的，对于国民经济是有利的，对于中国是有利的，对于工人也是有利的。""共产党和人民政府是要真正做到劳资两利的。在执行的初期，不管发生多少偏差和错误，最后一定要贯彻的。"刘少奇指出，不执行"劳资两利"政策，"要想把农业国家变为工业国家就不可能。"只顾工人而不顾资本家或只顾资本家而不顾工人，都不是两利而只是一利。针对当时劳资关系中只顾劳方一利的"左"倾偏向，刘少奇提出，要对工人进行说服教育，使工人明白对资本家提出过高的、妨碍生产发展的不适当的和不合理的要求，不仅对工人不利，对农民也不利，如果任其发展下去就更为有害，资本家不安心，工厂关门，生产下降，工人失业，对各方都不利。所以必须号召工人做到劳资两利，不要为了眼前部分的利益妨碍了长远的利益。①

1949 年 9 月，中国人民政治协商会议第一届全体会议通过的《共同纲领》第二十六条规定："中华人民共和国经济建设的根本方针，是以公私兼顾、劳资两利、城乡互助、内外交流的政策，达到发展生产、繁荣经济之目的。"至此，中国共产党形成了比较成熟的劳资政策，并以国家法律的形式固定下来。

（二）华北职工代表会议，全国工会工作会议的先后召开

随着辽沈战役和平津战役的胜利，全国总工会先后两次南迁，先由哈尔滨迁至沈阳，继由沈阳迁至北平。1949 年 3 月，全总机关到达北平，开始加强了对全国工会工作的指导。在全面夺取政权前夕，中国工会为落实中共七届二中全会精神，推动华北和全国工会工作的发展，迎接新中国的诞生而努力工作着。

军事上的胜利，使解放了的华北成为战争的后方，它的稳固关系着政权的巩固，也关系着解放全中国的胜利。如何组织工人群众开始经济建设，将战时工业转化为平时工业，进一步发展工农业生产，成为中国工会工作的重中之重。

① 《刘少奇论工人运动》，中央文献出版社，1988 年 8 月版，第 350 页—352 页。

全国总工会雷厉风行，于1949年5月2日至11日，在天津召开了华北第一届职工代表会议，会议的主要议题就是“动员和组织华北全体职工恢复与发展工业生产，同时帮助农民改进技术，提高农业生产，支援解放军南下，迅速夺取全国胜利”。刘少奇在会上作了重要讲话，提出了将战时工业转化为平时工业的途径和方法，并细致地对国营企业的生产计划、工厂民主化管理、工资待遇和工会组织等问题，提出了指导性意见。刘少奇的讲话不仅有高屋建瓴的原则性、方针性的指导，更有全面周到细致的具体考虑，使与会人员从理论和操作层面上受益很多。会议做出了《关于在国营公营企业中建立工厂管理委员会与工厂职工代表会议的决定》及其《实施条例》《关于在华北国营公营企业中制订集体合同的决定》和《集体合同的纲要草案》三个重要文件。三个重要文件的出台，革除了国民党统治时期工矿企业中遗留下来的不合理规章制度，规定了企业实现民主管理的实施步骤，协调了工厂行政和工会的关系，稳定了生产和生活秩序，保障了职工的实际收入，调动了广大职工的生产积极性，从而保证了新民主主义劳动政策的全面贯彻，有力地推动了生产的恢复和发展。

随着全国各工业城市的逐步解放，中国工会的组织问题也亟待解决。1949年7月23日，中华全国总工会在北平召开了全国工会工作会议，其中心议题就是讨论和解决工会组织问题。夺取政权后面临的劳资关系问题关涉着工会工作的方向，也被列为重要议题。与会的254名代表来自全国的72个单位，他们除工会工作负责干部外，还有省、市党政机关（包括劳动部门、工商部门和一些大型企业）的领导干部。中共中央十分重视这次会议，毛泽东、周恩来、朱德等领导人都到会发表重要讲话。毛泽东在讲话中，进一步阐明了在工会组织建设中团结大多数的思想，提出了党政工共同搞好生产的根本任务，成为当时和新中国工会的指导方针。会议确定全国工会工作的中心任务是，在一年左右的时间内基本上把全国工人阶级，首先是把产业工人组织起来，以担负起领导和建设新中国的历史任务。

关于劳资关系问题，此次会议确定了“公私兼顾、劳资两利”的方针，并指出按行业订立劳资集体合同是目前解决劳资关系的中心环节，通过了《关于劳资关系暂行处理办法》《关于私营工商业劳资双方订立集体合同的暂行办法》和《劳动争议解决程序的暂行规定》。这些文件为各地政府劳动部门和工会正确处理劳资关系提供了依据。

新中国成立前夕召开的这两个会议，为这一特殊时期的工会工作奠定了良好的基础，也使战乱后百废待兴的局面有了法度。中国工会不仅迎来了一个统一的组织，见证了这天翻地覆的历史时刻，而且真正开始成为这段历史的主角。

（三）工会工作全面展开，工人运动凯歌行进

两个会议之后，中国工会落实中共七届二中全会的措施更加具体，目标更加明确，各地工会工作者都在将战时工业转化为平时工业、发展生产上做了大量工作，工会自身也不断完善组织。1949 年 7 月，经党中央批准，中华全国总工会创办了机关报《工人日报》；同年 9 月，又将原华北职工干部学校改建为全国总工会干部学校，全国总工会的各项工作全面展开。

新中国成立前夕，除华北外，东北、西北、中南、华东各大区都建立了市总工会或筹备机构或全国总工会的办事处，全国已建立了 47 个省市总工会或筹备会和数以万计的基层工会组织，全国总工会领导下的有组织的职工已达 573 万人。

1949 年 10 月 1 日，当毛泽东在天安门城楼豪迈宣布“中华人民共和国中央人民政府成立了”的时候，中国工人阶级与工会组织也进入了一个新纪元。他们信心百倍、豪情满怀地以国家领导阶级的身份与新社会主人的姿态，在这个崭新的时代舞台上高歌猛进！

思考题：

1. 抗战胜利后工人运动是如何发展的？

2. 第六次全国劳动大会的重要地位和意义是什么？

3. 新中国成立前夕“公私兼顾、劳资两利”方针对今天有哪些启示？

1949—1978年

中　编

转折与求索
社会主义革命与建设时期的工人运动

第五章　新中国工会事业蓬勃开展（1949—1957 年）

一、新中国工运方针初步确立

（一）工人阶级与工会面临的新形势与新任务

中华人民共和国成立了！中国工人阶级站起来了！这是激动人心的时刻，这是浸透泪水和欢欣的时刻！在这晴空万里的艳阳天里，中国工会回眸自己可歌可泣的光荣历程，以一种前所未有的姿态，坚定地、必胜地向未来走去，向胜利走去。中国工人有信心，也有能力踏过棘藜，义无反顾地成为建设崭新中国的带头人！

新中国成立伊始，中国工人阶级和工会组织面临的形势极端艰巨严峻。华南、西南尚有大片领土没有最后解放，革命战争还在进行，国民党反动派残余势力仍在负隅顽抗，刚解放的地区还没有进行土地改革，地主、恶霸、特务和土匪尚未清算和扫除，时时进行破坏、捣乱；长期战争的破坏，帝国主义的封锁，造成工业破坏、农业凋敝、通货膨胀、物资奇缺、工人失业的严峻局面，国民经济千疮百孔，人民生活极为困难。

党中央给中国工人阶级的主要任务是：迅速恢复和发展国民经济，争取国家财政经济状况根本好转，巩固新生的人民民主政权。根据党中央的指示，全国总工会确定了各级工会组织的五项任务：组织和领导工人努力恢复与发展生产；组织和教育工人群众用实际行动拥护人民民主政权，巩固工人阶级对政权的领导；保护工人阶级的利益，改善工人生活；加强政治文化技术教育工作，提高工人的政治文化技术水平；建立、扩大和巩固工会组织，使工会逐渐真正成为一切雇佣劳动者和国营职工的群众组织。

（二）新中国工运方针初步制定

新中国工运方针的酝酿、形成和初步确立，开始于六次劳大，经过中共七届二中全会、全国第一次工会工作会议及新中国成立后党中央和全总召开的一系列会议，逐渐明晰和初步确立。其指导思想和主要内容如下：

指导思想。第六次全国劳动大会所作的决议中，特别强调在推翻旧中国反动政权、创建新中国革命政权的伟大斗争中，中国工人阶级应该而且必须站在最前列，并使自己成为各民主阶级人民革命的领导者。因为新民主主义革命斗争的实践证明，工人阶级已经成为人民公认的毫无愧色的领袖。只有工人阶级才能保持和巩固当时革命所取得的胜利，并在这种胜利的基础上为实现社会主义的光明前景而奋斗。中共七届二中全会明确提出了促进革命迅速取得全国胜利的各项方针，其中尤为重要的是做出了党的工作重心将由乡村转入城市的战略决策；规定了党在城市中必须把恢复和发展生产作为中心任务，必须把全心全意依靠工人阶级作为指导一切工作的总方针，这也成为新中国工人运动和工会工作的指导思想。

新中国工运方针的性质和内容。中国工人阶级在新创建的人民民主政权中，无论政治、经济地位还是社会影响，都发生了根本性的转变。工人阶级已经成为实现国家工业化和巩固人民民主政权的主力军，只有全心全意依靠工人阶级，才能迅速恢复国民经济、建设起社会主义江山。这个根本性的转变决定了新中国工运方针的性质和内容：首先，在新中国成立以后，工人阶级在政治上，必须坚决支持、拥护和捍卫各级人民政权；其次，在经济上，应当坚决贯彻和执行新民主主义经济方针，即“发展生产、繁荣经济、公私兼顾、劳资两利”。1949 年 7 月至 8 月间，在全总主持召开的全国工会工作会议上，1949 年 9 月，在北京召开的中国人民政治协商会议上，毛泽东、刘少奇、周恩来都反复重申这一方针。毛泽东指出：六次劳大贯彻“公私兼顾、劳资两利”的方针是很好的，只有中国才有这个方针，要把它贯彻在整个新民主主义时期。周恩来在《恢复生产，建设中国》的报告中强调：工人阶级要参加各种建设工作，而最基本的任务就是恢复和发展生产。

在组织上，中共中央和全总制定了一条切合当时实际的组织发展路线。针对新中国成立初期一些地区在组建和发展工会时表现出的关门主义倾向，早在全国第一次工会工作会议期间，毛泽东就曾尖锐、明确地指出：工会是工人阶级的群众组织，我们要吸收一切雇佣劳动者，包括进步的、中间的、落后的、参加过国民党和一贯道的，都让其加入工会，只有少数反动分子除外。关门主义是在客观上帮助敌人的。同时要谨防扒手，防止反动特务分子混入工会。新中国成立后不久，刘少奇在北京召开的文化、教育、艺术工作者座谈会上，对工会组织发展方针作了进一步阐明，他指出：工人阶级是国家领导阶级，是以共产党为代表的。但共产党仅是工人阶级的一部分，不是工人阶级的全体。首先必须把工人阶级组织起来，进行教育以提高觉悟。凡依靠出卖劳动力为自己生活的全部或主要来源的人，就是工人。劳动有体力劳动和脑力劳动，因此，职员、雇员也属于工人阶级的一部分，小学教员、中学教师、大学教授、工程师、新闻记者都是工人阶级的一个阶层，都包括在工人阶级之内。工人阶级的中坚部队是产业工人。要把全国 2000 万工人按产业、职业原则组织起来，而不是以地域为界限。在全国范围内，要使工人阶级的组织大体上统一起来，才能比较好地、系统地动员工人阶级和保障工人阶级的生活。中共中央一再指示各地党委，一定要认识到建立工会组织、把广大工人群众组织起来，是搞好城市政权建设和恢复、发展经济的基本环节，要求各级党委把自己的主要注意力和主要干部用于工会，从而推动了这期间工会组织的迅速建立和发展。

新中国成立使我国工人阶级成为国家和社会的主人，成为人民政权的重要支柱，成为国家建设最坚强有力的主力军。中国工会在党的领导下，作为广大工人群众自己的组织，承担着团结广大职工群众的社会职能，并组织和带领职工群众积极开展各项生产和社会活动，在此背景下，我国工人运动的形式和内容发生了新的变化，一般情形下主要体现为工会运动。

中华全国总工会在六次劳大会议期间恢复和重建后，随着解放战争的迅猛推进和取得全国胜利，国民党长期控制、操纵的官办工会土崩瓦解，青红帮及资本家组织的一些有工人参加的行帮和招牌工会也逐渐销声匿迹。除了尚未解放和回归祖国的台湾、香港、澳门外，中国工会组织实现了空前的团结、统一。1949年11月，曾在中国工运史上有着很大影响并长期与我党领导的工人运动有着团结合作和相互支持的中国劳动协会，在北京召开全国代表会议，宣布协会工作的结束，其所属会员分别加入全国总工会领导的各产业工会或地方工会。从此，大陆所有工会都真正统一于中华全国总工会的旗帜下。在中共中央的坚强领导和大力支持下，全国总工会本着全国职工按产业和地区组织相结合的原则，响应新中国成立前夕党中央关于用一年时间把全国工人阶级组织起来的号召，贯彻落实全国工会工作会议的精神，及时发展工会会员，给工人兄弟姐妹们一个温暖的家，把工人群众组织起来，形成一支有组织、有纪律、统一、强大的社会力量，成为新生的人民政权真正可靠的支撑。

经过一段艰苦工作之后，一批产业、地方和众多的基层工会迅速建立起来。据统计，到1950年年底，全国主要产业部门和主要城市的工人已基本上组织起来，工会会员发展到517万人，占职工总数1185.1万人的43%。全国建立了16个全国性的产业工会领导机构（包括6个筹备委员会和3个工作委员会），同时还建立了东北、西北、中南三个大行政区总工会，全国总工会华东、西南两大行政区的办事处，47个直属大行政区的省（市）总工会，176个省属市总工会，以及168个县工会和173个专区工会办事处。到1952年年底，全国工会会员已发展到1002.3万人，主要大中城市中90%以上的工人加入了工会。基层工会发展了20.7万个，有专职工会干部5.3万人，各类不脱产的工会积极分子有132万人。[①] 这是一支浩荡的大军。中国工会澎湃着春天的激情，在政权建设、生产建设、教育职工等所有方面，为社会主义新中国的建设创立着不朽的功勋。

广大职工当家做了主，但是，他们不可能自发地产生无产阶级革命

---

① 中华全国总工会：《中华全国总工会70年》，中国工人出版社，1995年4月版，第312—313页。

意识和社会主义觉悟。虽然他们中的大多数人是苦出身，然而由于他们绝大多数刚刚从旧社会化茧为蝶，成为领导阶级的一员，不可避免地带着各种非无产阶级的思想、行为和习气。新中国成立前他们大多数与文化无缘，因此，政治觉悟的提高和对文化的强烈追求，是工人阶级迫在眉睫之需，而工会于此自是义不容辞。

工会对会员进行了劳动创造历史、阶级斗争、中国革命和中国共产党以及工人阶级是国家领导阶级等一系列政治教育。对广大职工进行社会发展史教育，帮助群众认识社会发展的规律。运用大讨论的方式，让工人群众懂得了“谁养活谁”的问题，了解了资本家剥削工人的秘密，从而认识到劳动光荣、只有共产党才能救中国、只有社会主义才能使劳动人民不再受剥削受压迫的道理。工人政治觉悟的提高必然带来主人公意识的增强，精神面貌也发生了变化。

长期以来，文化都是统治者的专利，学校是满身油渍的工人难以进入的“圣殿”。工人群众没有文化，难以适应新中国快速增长的国民经济，难以适应企业管理和未来大规模的工业化建设，中国工人阶级只有学习了文化，掌握了科学和技术，才有能力成为新中国建设的主力军，才能真正掌握自己的命运！各级工会积极主动地协助政府和企业行政开展职工业余文化教育，到 1952 年年底，办起了各种职工业余学校 16277 所，参加学习的职工达 308 万之众，35 万人摘掉了文盲帽子，有的还具备了领导能力，走上了各级领导岗位。

二、中国工会成为人民政权坚强有力支撑

解放后，中国工会与职工积极投入到各级人民政权的建设中。中国工会积极为广大职工举办各种文化、科技与政治训练班，在其中发展党员，并把大批产业工人中的先进骨干与积极分子输送到各级人民政权之中。

（一）协助政府没收官僚资本企业，创建社会主义性质的国营经济

恢复和发展生产，不断改善人民生活，既是党的要求，也是工人群众的愿望，广大工人群众在恢复国民经济的斗争中，积极性、创造性都

得到了充分的发挥。

根据中共中央规定的接收官僚资本企业的方针政策，工会积极组织职工参加对官僚资本企业的接管工作。工人推出代表，成立“清点小组”“帮接管小组”，至1949年年底，在工人协助下，国家将采煤、采油、发电、有色金属加工、纺织、化工、造纸、食品等2858家官僚资本企业、原国民党财政金融及交通运输业全部收归国有，有效地控制了国家的经济命脉。不仅在城市基本清理了国民党反动政权的经济基础，而且在此基础上，建立了社会主义的国营经济，为整个国民经济的恢复创造了重要条件。

（二）组织职工废除封建把头制度，进行工矿企业的民主改革

中国城市的近代工业植根于半封建半殖民地社会，封建势力是一座大山，沉重地压在工人头上。在工矿企业中，封建把头制度就是让工人群众有切肤之痛的重石。新中国成立前，封建把头视工人如牛马，凌辱、欺压、打骂伤害司空见惯，工资被勒索克扣是家常便饭，甚至挑唆工人械斗，无恶不作，工人敢怒不敢言。新中国成立后，他们虽然不敢太过猖狂，但气焰仍炽，有的摇身一变，又窃取了新的权柄，或者利用帮口、宗派等复杂关系，公开或隐蔽作恶，不仅破坏了新生政权的建设，其气焰也大大压抑了职工群众的生产积极性，工人难以真正挺直腰板理直气壮地当家做主人。为此，中央人民政府和全国总工会，于1950年年初，在搬运行业、纺织行业、码头工行业和煤炭行业从废除封建把头包工制开始，结合实行企业管理民主化和进行反动党团登记，依靠和发动工人群众，开展了以废除封建把头为中心的企业民主改革运动。经过民主斗争、民主团结、民主建设三大发展阶段，纯洁了工人阶级队伍，摧毁了工矿企业的封建残余势力，改进了旧企业遗留下来的一切压迫工人的旧制度，分别在国营工厂和私营企业建立了工厂管理委员会和劳资协商会议新制度，工人群众热情地称赞民主改革是工人阶级的“第二次翻身”，真正感受到自己是企业的主人。

（三）发动职工投入抗美援朝和镇压反革命运动，支援农村土地改革

当第一面五星红旗在天安门刚刚升起的时候，西方预言家就诅咒红

色政权不会长久。帝国主义将新中国视若洪水猛兽，企图把年轻的共和国扼杀在摇篮之中。他们对新中国在政治上不承认，在经济上实施封锁，在军事上则派兵入侵中国的近邻朝鲜，对新生的人民共和国进行明火执仗的军事威慑。唇亡而齿寒，中国人民岂能坐视一衣带水的邻邦于水火而不救，任凭战火烧至家门口？应朝鲜劳动党和政府的强烈请求，中国人民组成志愿军怀着强烈义愤赴朝参战，全国总工会于 1950 年 11 月 6 日发表宣言，谴责帝国主义对朝鲜的侵略，庄严号召全国工人积极抗美援朝、保家卫国。数以万计的中国铁路工人、电讯工人、汽车司机、建筑工人和医务人员，告别家园，雄赳赳，气昂昂，分期分批跨过鸭绿江，奔赴朝鲜战场。

中国 960 万平方公里的土地成了中朝军队的大后方。工人阶级开展了爱国增产运动，车间就是另一个战场，生产就是不流血的战斗。广大工人的共同心愿是："多生产一点产品，多增加一份打击美帝的力量。"工人群众还制定"爱国公约"，积极献工、献金、献物，甚至捐献飞机、大炮，举国上下洋溢着国际主义、爱国主义的热情。有了中国工人阶级的支持，在这场让从未打过败仗的美国第一次俯首的正义战争中，在这场实质上是捍卫自己阶级新生政权生命的殊死较量中，中国工人阶级的伟力得到了崇高的再现。

树欲静而风不止，失败的阶级敌人不甘心自己的灭亡，他们不断制造事端，破坏新政权，因此，镇压反革命成为开国之初巩固人民民主政权的一场重大斗争。1950 年，中共中央发出一系列关于镇压反革命的指示，1951 年 2 月，人民政府又颁布《中华人民共和国惩治反革命条例》，在全国范围掀起了一场大张旗鼓地镇压反革命的运动。工会发动广大职工揭发、检举、控诉反革命分子的罪行，让反革命分子暴露在光天化日之下。1952 年，镇压反革命取得了重大胜利，基本上肃清了残留的反革命分子，中国大地上清平世界朗朗乾坤，出现了历史上从未有过的安定局面。

土地制度的改革是彻底消灭农村封建制度、解放农村生产力的深刻变革，是新民主主义革命的主要任务之一，也是实现国民经济恢复与发展的必要条件。从 1950 年冬开始，广大新解放区开始了大规模的土地改革运动，各级工会组织派遣大批干部奔赴农村，同农民一道开展反封建斗争，同时在职工中进行有关土改政策、法令的宣传教育，号召工人积极支持和帮助农民进行消灭封建土地所有制的土地改革运动。土改运动既使工人群众受到了深刻的反封建教育，又进一步巩固了工农联盟。

（四）发动职工参加“三反”“五反”运动

经济恢复和发展了，党和政府中便有人认为，“皇帝轮流做，今年到我家”，应该享受享受了。于是，他们把国家财产当做私有财产，贪污浪费和官僚主义开始冒头。而私营企业主中的不法分子则不择手段地偷税漏税，掺假造假，为了寻求保护伞，他们施放糖衣炮弹，拉拢腐蚀国家干部，从根基上破坏国家经济秩序，破坏新生的人民民主政权。党中央对此高度警惕，于1951年年底和1952年年初，在全国范围内开展了大规模的“三反”“五反”运动。“三反”运动是指在国家机关和企业中进行反对贪污、反对浪费、反对官僚主义运动。“五反”是指在私营企业中进行反行贿、反偷税漏税、反盗骗国家财产、反偷工减料、反盗窃国家经济情报的运动。各地工会抽调大批干部、工人、店员积极分子，组成工作队，发动职工检举、揭发不法资本家的“五毒”行为，与国家机关中的腐化蜕变分子进行坚决斗争。这场运动狠狠打击了不法资本家的违法活动，巩固了工人阶级的领导地位，为此后对私营工商业进行社会主义改造创造了条件。工人阶级从这场斗争中受到了深刻的阶级斗争教育，增强了拒腐蚀的能力，工会组织也在这场斗争中得到了纯洁和发展。

三、中国工会是恢复和发展国民经济的有生力量

共产党和工会组织带领群众进行民主改革、稳定物价等一系列活动，大大地提高了工人群众的革命意识。为恢复、发展国民经济，工会组织带领职工发挥创造性，想出了许多好办法，并取得了十分显著的效果。

（一）开展献纳器材和创造新的纪录运动

为尽快恢复生产，工人群众自觉地把家中收藏的生产器材捐献出来，一人带头大家响应，形成了一种自觉潮流。鞍钢工人孟泰带头，仅鞍钢工人就献出了大小零件21万件，为这个全国最大的钢铁企业早日

恢复生产做出了贡献。全国总工会总结推广了他们的经验，使献纳器材活动很快推广到全国各地。到 1950 年 6 月底，全国就清理出机器 20110 台，钢铁 19.6 万吨，汽车 7961 部，电动机 5825 台，还有大批其他物资，缓解了恢复生产的燃眉之急。

由于焕发了高昂的生产积极性，所以创造出了许多过去从不敢想象的生产纪录。沈阳机床三厂车工赵国有，在 1950 年的"红五月"竞赛中，把车一根车床主轴的时间从 56 个小时缩减到 21 个小时，首开新纪录。同年 8 月 4 日，他又以 2 小时 20 分车完一个塔轮，创造了仅用定额一半时间的新纪录。中共中央东北局、东北人民政府和东北总工会连续发出指示，号召全体职工学习赵国有，开展创造新纪录运动。之后，又把创造新纪录运动推向全国。

一马奋蹄，万马奔腾，由起初的个人创造新纪录，到集体创造新成绩。紧接着，又出现了沈阳第五机器厂的马恒昌小组，铁路系统的李永率领的"毛泽东号"机车组，煤炭工业战线的刘九学采煤队，冶金系统龙烟铁矿的马万水掘进队，纺织系统的郝建秀小组、裔式娟小组等先进模范个人和集体，在这些工人阶级先进分子的带动下，呈现出一派热火朝天的景象。

（二）召开第一次工农兵英雄模范代表会议，表彰劳动英雄

在恢复生产的热潮中，中国工人阶级成为当之无愧的主力军，有了他们的努力，新政权迅速从百孔千疮的废墟上挺立起来。为了表彰在这场与帝国主义反动派生死决战中做出重大贡献的英雄模范人物，中共中央和国务院于 1950 年 9 月 25 日至 10 月 2 日，召开了全国战斗英雄和全国工农兵劳动模范代表会议。毛泽东代表党中央到会亲致祝词。他给予这些工人阶级的先进人物极高的评价，他说，你们在消灭敌人的战斗中，在恢复和发展工农业生产的斗争中，克服了许多的艰难困苦，表现了极大的勇敢、智慧和积极性。你们是全中华民族的模范人物，是推动各方面人民事业胜利前进的骨干，是人民政府的可靠支柱和人民政府联系广大群众的桥梁。

正因为有了这些先进模范工人的榜样，到 1952 年年底，由于中国工人阶级和全国人民共同努力和艰苦奋斗，国民经济恢复的任务宣告胜

利完成。1952 年，全国工农业生产大都达到和超过解放前的最高水平，全国工农业总产值比 1949 年增长 77.5%，钢产量达到 135 万吨，比解放前最高年产量多 43 万吨；原煤 6649 万吨，比解放前最高年产量多 461 万吨；发电量 73 亿度，比解放前最高年发电量多 13 亿度；原油 44 万吨，比解放前最高年产量多 12 万吨。

国家财政收支基本平衡，市场繁荣，物价稳定。人民安居乐业，新生的人民政权日益稳固。在国民经济迅速恢复和发展的基础上，职工群众的物质文化生活及劳动条件有了明显改善和提高。1952 年，全国各地工人的平均工资，比 1949 年提高了 70% 左右。同时职工住宅、工人疗养院、养老院、托儿所等也纷纷建立起来。职工的业余文化补习学校、扫盲班和文化宫也建立和发展起来。

除了经济的好转，更加深刻的变化体现在人的精神面貌上，全社会迅速形成人人学先进、个个争上游的良好氛围，一个中国历史上从未有过的清新、蓬勃、向上，充满着青春活力的新社会挺立在世界的东方。

四、开创法规建设，保障工会与职工的合法权益

新中国成立前夕，全国政协第一次全体会议通过的《中国人民政治协商会议共同纲领》在总纲中就明确规定，工人阶级是国家的领导阶级。随着新中国的成立及各级人民民主政权的逐步建立和巩固，为表彰工会组织及广大职工群众在这个伟大斗争过程中的英勇奋斗精神和巨大贡献，确保工会组织和会员群众在人民民主政权下的法律地位与职责，进一步调动工人阶级的积极性，国家制定和颁布了《中华人民共和国工会法》，1950 年 6 月 29 日经毛泽东主席签署实施，这是中华人民共和国成立后制定的最早的三部法律之一。

《中华人民共和国工会法》的颁布实施，是我国工运史上一件具有划时代意义的伟大事件。自中国工人阶级产生后，无论是晚清朝廷、北洋军阀，还是国民党政权，都没有也根本不可能制定和颁布真正维护工人阶级和工会组织的工会法，相反，其炮制和公布的《暂行新刑律》《治安警察法》《工厂法》和《工会法》等，都是为了限制、束缚甚至残酷镇压工人运动和工会组织。《中华人民共和国工会法》充分体现了

中国工人阶级的利益和意志，以法律形式确定了工会组织在人民民主政权中的地位、作用，明确规定了工会应有的权利、职责和义务，从而为工会组织依法开展活动提供了法律保证和依据。同时《工会法》对民族资本企业中劳资关系的规定，也具有鲜明的中国特色，是马列主义同中国革命实践相结合的产物，这一原则规定对国际工人运动有着不可低估的重要意义。

《工会法》首先规定了中国工会的性质及组织原则。《工会法》第一条规定："工会是工人阶级自愿结合的群众组织。"这说明工会组织从性质上是工人阶级的；从特点上是职工群众自愿结合的团体。《工会法》第二条规定："工会组织原则，根据全国劳动大会通过之中华全国总工会章程之规定，应为民主集中制。"这说明各级工会是由会员大会或会员代表大会民主选举产生，充分尊重会员的民主权利。

第二，《工会法》明确规定了工会的地位、权利及职责。《工会法》第五、六、七等条规定："在国营及合作社经营的企业中，工会有代表受雇工人、职员群众参加生产管理及与行政方面缔结集体合同之权"；"在私营企业中，工会有代表受雇工人、职员群众与资方进行交涉、谈判、参加劳资协商会议并与资方缔结集体合同之权"。与此同时，《工会法》还规定，工会有保护工人、职员群众利益，监督行政方面或资方切实执行政府、法令所规定的劳动保护、劳动保险、工资支付标准、工厂卫生与技术安全规则，以及其他有关条例、指令等的权利，负责改善工人、职员群众物质生活与文化生活的各种设施的责任。以上条文和规定，说明新中国工会组织在国营、私营企业及国家有关涉及工人利益的法令、条例的制定中，起着举足轻重的作用，鲜明地反映了新社会作为国家领导阶级的工人阶级和工会组织的地位和作用的根本转变。

第三，《工会法》还特别规定，为保护工人阶级的根本利益，支持和贯彻人民政府的法令、政策，工会对会员和广大职工应具备组织及教育的作用。组织、教育他们树立新的劳动态度，模范地遵守国家劳动法纪，积极地投入生产竞赛，保证生产或销售计划的完成；同时，还要组织、教育他们在国营、合作社经营企业中，在机关、学校中以领导阶级和国家主人翁的态度，保护公共财产、反对贪污浪费和官僚主义，并与破坏分子作斗争；在私营企业更必须注意执行“发展生产、劳资两利”的政策。总之，工会组织和广大职工要为巩固人民民主政权，发展生产和繁荣经济起到领导阶级应起的作用。

《工会法》制定颁布不久，为了进一步保障职工的安全与健康，救济和减轻职工因突然灾害、疾病而造成的困难，党和政府又于1951年2月26日，由政务院总理周恩来签署颁布了《中华人民共和国劳动保险条例》，对职工的生、老、病、死、伤、残实行保险，并根据当时经济建设的需要和物质条件的可能，不断扩大职工享受劳动保险的范围和人数。《条例》的实施，进一步鼓舞和调动了广大职工的生产积极性和主人翁责任感。

五、工会运动蓬勃发展与新中国工会理论的初步探索

新中国成立后，在广大城市“从上而下”地着手创建工会组织。全国产业工会组织体系得到建立，先后建立起16个全国性产业工会的组织领导机构，一些大行政区和省、市也相继建立起产业工会的地方组织，地方工会和基层工会的组织建设也不断推进。工会团结全体工人为恢复和发展生产，支援抗美援朝斗争和国营企业的民主改革，做了许多卓有成效的工作，工人生活福利和救济工作也取得很大成绩。在广大职工群众中，工会迅速获得相当高的威信，工会工作呈现出欣欣向荣的局面。

随着工人阶级地位的变化和国民经济的迅速恢复，在工运方针，工会的性质、地位、作用、任务以及工会和党组织、国家机关、国营企业行政之间的关系等方面，出现了一些新情况和新问题。在新民主主义革命时期，工会主要是在党的领导下，采取合法与非法的、政治与军事的、流血与不流血的、公开与秘密的方式，通过举行罢工、怠工、游行、示威，直至武装暴动，与反动统治阶级进行斗争，保护工人阶级的利益。全国解放以后，建立了工人阶级领导的人民政权，工人阶级和工会的政治地位和历史任务发生了根本变化，工会组织的活动方式与工作内容也随之发生了深刻变化。尤其是随着官僚资本企业改造成为国营企业，在国营企业中消除了阶级矛盾，过去工人与资本家之间那种对立性、对抗性的矛盾冲突消失了。然而，伴随着社会经济与生产生活走向正常，

开始自然而然地衍生出大量的利益关系，国家、企业、个人利益之间逐渐显现出一定程度的矛盾，工会组织脱离群众的现象也开始出现苗头，引起党内许多同志的关注。如何正确认识和处理人民民主专政条件下的国营企业内部矛盾，发挥工会应有的作用，成为在新的历史条件下工人运动和工会工作面临的重大理论与实践问题，也由此引发了对人民民主专政条件下工会的性质、地位、作用等理论问题的思考，甚至争论。

1950 年 7 月，中南总工会筹备委员会召开筹委会扩大会议，时任中南局第三书记的邓子恢到会作了《关于中南区的工会工作》的报告。他从分析中南地区有些工会严重脱离群众的原因入手，阐述了工会的立场问题、代表工人利益问题、工会工作方法与工作作风问题。在谈到工会的立场问题时他说，工会不能有第二种立场。而应该明确地站在工人阶级利益的立场。工会工作者说话、办事、看问题、提问题、处理问题，都应该从这个立场出发。在公营企业中，工会工作同志的立场和态度也不应与企业行政管理人员混同起来。工会和行政双方都是为了国家，同时双方也是为了工人自己的利益服务，因此基本立场是一致的。但是也应该认识到，由于彼此的岗位不同，任务不同，因而彼此的具体立场也应该有所不同。工会工作者与企业管理者虽然基本立场是一致的，但在具体问题上必须各人站稳自己的立场。这个报告于 1950 年 7 月 30 日在《长江日报》上公开发表，嗣后，《工人日报》《人民日报》分别全文转载，从而引发了广泛的关注和讨论。

当时负责全总日常工作的李立三基本上赞成邓子恢的观点，并在此基础上作了进一步思考，撰写了一篇题为《公营企业工会工作中的公私兼顾问题》的文章。李立三认为，新中国成立后工人阶级与人民民主政权的根本利益是完全一致的，在公营企业中，没有阶级对立，行政和工人都是工人阶级。但是，工人群众同国家和企业行政还存在着矛盾，这个矛盾反映在工人阶级的整体利益与个人利益、长远利益与眼前利益的关系上。而工会既然是工人阶级的群众组织，这种矛盾也就不能不反映到工会和国家及企业行政的关系上。李立三还指出，由于新的政权建立后，还会有官僚主义弊病的存在，行政和工会有时在某些具体问题上发生争论，不仅是不可避免的，而且有时是必要的。这正是在社会主义性质的国营企业需要有代表工人群众的工会以及工会还需要执行保护工人群众利益的客观基础。李立三的立论从公私利益矛盾关系的角度，揭示出了工会与行政地位和性质的不同，是颇有道理的。

邓子恢和李立三的上述观点遭到了时任东北局第一书记高岗的激烈反对，他认为邓子恢所说的“工会的具体立场”“模糊了工人阶级的领导思想和领导地位，模糊了公营企业的社会主义性质，模糊了公营企业与私营企业在本质上的区别”。高岗认为，公营企业内部没有阶级矛盾，没有剥削阶级与被剥削阶级的关系，行政的利益与工人阶级的利益是完全一致的，行政和工会的奋斗目标是完全一致的，他们的阶级立场是完全一致的。因而行政与工会之间没有具体立场的不同，有的只是分工的不同、组织形式与工作方法的不同。

当时主管工会工作的刘少奇仔细研究了邓子恢、李立三、高岗的不同观点，以其深厚的马克思主义理论功底和丰富的工运实践经验，结合当时的实际，以读书笔记的形式撰写了《国营工厂内部的矛盾和工会工作的基本任务》一文，论述了国营工厂的内部矛盾和工会工作的基本任务。文中第一次提出了“人民内部矛盾”这一理论概念，主张要分清敌对的和非敌对的这两类不同性质的矛盾，“用同志的、和解的、团结的办法来处理”人民内部的矛盾和关系。文章指出：“共产党赞成工人们团结在工会之内，保护自己一切正当的不容侵犯的利益。”如果工会不能实现这一点，如果工会脱离了保护工人利益这个基本任务，那么，职工群众就会脱离工会，甚至还会另找办法来保护他们的利益，工会就会脱离群众。“没有群众参加的工会，或群众对工会表示冷淡，没有热情和积极性，那也就要失去工会应有的基本的作用。”因此，工会工作“必须从普通工人的要求出发，力求实现他们一切合理的能够实现的要求，然后逐步地提高工人们的觉悟，来实现我们党的要求和目的”①。这些蕴涵着真知灼见的精辟论断，后来被验证为是中国工会理论的坚实基石。由于事态的发展，这篇闪烁着真理光芒的马克思主义工运文献当时未能发表，直至34年后收入《刘少奇选集》中才公诸于世。

---

① 《刘少奇选集》（下卷），人民出版社，1985年12月版，第97—99页。

遗憾的是，李立三、邓子恢关于工会理论的有益探讨，在不久后遭到指斥，受到了错误的批判。1951 年 12 月，全国总工会党组召开第一次扩大会议，会议对李立三进行了错误的、完全违背事实的批评，指责李立三在主持全总工作中犯了“经济主义”“工团主义”“主观主义”等错误。会议之后，撤销了李立三的全总党组书记职务，由赖若愚接替李立三主持全国总工会工作。

六、党在过渡时期总路线的提出与中国工会七大的召开

（一）党在过渡时期总路线的提出与中国工会七大的召开

新中国建立后，在中国共产党的领导下，经过全国人民的艰苦奋斗，仅仅 3 年时间，国家政治经济状况就实现了根本性转变。到 1952 年年底，我国工农业总产值已经奇迹般地超过了新中国成立前的最高水平，这标志着恢复国民经济的任务已提前完成。工人阶级队伍的状况也发生了深刻变化，全国职工总数达到 1500 多万人，党的全心全意依靠工人阶级方针得到了切实贯彻，工人群众的思想觉悟和劳动热情空前提高，工人阶级成为国家经济建设和政治生活名副其实的主力军。

早在 1951 年，毛泽东就提出了一个新中国发展的中长期战略，即“三年准备，十年计划经济建设”。随着“三年准备”的如期完成，“十年建设”的任务顺势开始。作为党的领导核心的毛泽东，不仅思考如何开展大规模经济建设的问题，同时还在思考和酝酿着一个对今后中国发展具有深远影响的重大问题，即如何由新民主主义革命向社会主义革命转变和过渡的问题。毛泽东对实现这个转变做出了自己的判断，认为时机已经成熟，于是在 1952 年 9 月提出了向社会主义过渡的问题。在他的提议下，在 1953 年 6 月的中共中央政治局会议上，正式提出了过渡时期总路线，其基本内容是：要在十年到十五年或者更多一些时间内，基本上完成国家工业化和对农业、手工业、资本主义工商业的社会主义改造。党在过渡时期总路线的提出，标志着我国社会主义建设的全面开始。

从 1953 年起，我国即已开始了有计划大规模的经济建设。为了适应国家政治、经济形势发展的要求，有效地组织职工群众投入到新的经济建设工作之中，全国工会组织需要进一步总结六次劳动大会以来工人

运动的经验，制定新的工运方针。为此，全国总工会1953年1月召开六届二次执委扩大会议，决定于1953年5月召开第七次全国劳动大会。在1953年4月召开的全总六届三次执委会议上，决定将第七次全国劳动大会更名为中国工会第七次全国代表大会。自此之后，“中国工会全国代表大会”遂成为沿用至今的会议名称。

1953年5月2日至11日，中国工会第七次全国代表大会在北京举行。来自全国各省、市、自治区和各产业工会的831名代表出席了会议，他们代表着全国1002万工会会员。以总书记路易·赛扬为团长的世界工联代表团和来自二十多个国家的三十多个工会组织的代表列席了会议。刘少奇代表中共中央、林伯渠代表中央人民政府、陈叔通代表全国政协向大会致词。刘少奇在祝词中对中国工人阶级在夺取民主革命胜利、新中国成立后恢复国民经济和巩固人民民主专政的伟大事业中所做出的伟大贡献，给予了高度评价，并向工人阶级提出新的奋斗目标。他指出，我国正在开始进入一个新的历史时期，并向我们提出新的历史任务，这就是实现国家的工业化和逐步过渡到社会主义社会的伟大任务。为了完成新的历史任务，必须充分发挥广大工人群众的积极性和创造性，为完成和超额完成国家的经济计划而奋斗；为提高劳动生产率，提高产品质量，严格节约和降低产品成本而奋斗。

大会由刘宁一致开幕词，赖若愚代表全总六届执委会作了《关于中国工会工作的报告——为完成国家工业建设的任务而奋斗》的工作报告，报告明确提出了国家建设时期的工会工作任务，即：在中国共产党的领导下，联系并教育工人群众，不断地提高工人群众的觉悟程度和组织程度，巩固工农联盟，团结各阶层人民，积极地完成国家建设计划，并在发展生产的基础上，逐步地改善工人阶级和全体劳动人民的物质生活，为逐步实现国家的工业化和过渡到社会主义而斗争。许之祯作了《关于修改中国工会章程的报告》。根据新的工会章程，大会选举产生全总第七届执委会委员99人、候补执委42人、主席团成员24人。在七届一次执委会上，赖若愚当选为中华全国总工会主席，刘宁一、刘长胜、朱学范当选为副主席。会议还决定刘少奇继续担任中华全国总工会名誉主席。推选赖若愚、刘宁一、许之桢、陈少敏（女）、李颉伯、刘子久、栗再温、董昕为书记处书记。

中国工会七大是中国工运史上继第六次全国劳动大会之后的又一次重要会议，也是中华人民共和国成立后召开的第一次工会全国代表大会。这次大会根据形势的变化，适时地为工人运动及工会工作制定了新的方针，从而保证了工人阶级在大规模的经济建设时期能够充分发挥主力军作用，推动了我国工运事业的向前发展。但是，由于受全总党组第一次扩大会议的消极影响，工会七大所制定的工会工作方针存在许多不足，例如，突出强调了工会以生产为中心，包括生活、教育的职能与作用，而对于工会的维护职能等重要内容，则几乎消匿无迹，这不能不说是一种严重缺失。

（二）动员全国职工为实现“一五”计划开展劳动竞赛

根据过渡时期总路线的要求，国家制订了国民经济发展的第一个五年计划（1953年—1957年），迈开了我国社会主义工业化的第一步，也为全国人民确定了明确的奋斗目标。

1953年9月，中共中央向全国工人阶级发出开展以增产节约为主要内容的社会主义劳动竞赛的号召，全国总工会随即发出了《进一步开展增产节约劳动竞赛，保证全面地完成国家生产计划的紧急通知》。同年10月，全总七届三次主席团会议又作出《关于把劳动竞赛向前推进一步的决议》，全国工人群众在工会带领下，甩开臂膀，掀起了蓬勃高涨的社会主义劳动竞赛高潮。

随着工人阶级文化水平和科学技术水平的提高，这次劳动竞赛不同于以往，而有了质的飞跃：一是注重改进生产技术和劳动组织，改变过去劳动竞赛只是简单地提高劳动强度和生产上的盲目性、突击性现象；二是把增加产量、降低成本、改善操作条件、注意生产安全、提高企业管理水平结合起来，克服了过去单纯追求产量的倾向。在热火朝天的劳动竞赛中涌现出了许多劳动模范。在鞍钢这样的大型国营企业，在产业工人队伍中，以技术革新为主要特征的竞赛形成了风气，其中的耀眼明星如：鞍钢小型轧钢厂工人张明山创造了光轧机上的重要附属设备“反围盘”，改变人力夹钳的历史，实现操作机械化、自动化，不仅大大改善了工人的作业条件，解决职业病难题，还提高效率40%；鞍钢机械总厂青年工人王崇伦，改进工具，创造了“万能工具胎”，提高工效六七倍，用1年时间完成了4年零11个月的工作量，产品全部是一级品，被誉为“走在时间前面的人”。

全国总工会及时树立了典型，在1954年4月召开的全总七届五次主席团会议上，通过了赖若愚作的《劳动竞赛已经开始走上一个新的阶段——技术革新》的报告，并接受张明山、王崇伦等劳动模范的建议，号召工人群众在全国范围内开展技术革新运动。一时间，一个以技术革新为主要目标的劳动竞赛运动在全国范围兴起，工人们学到的文化知识、科学技术和对自己工作的自豪与热情，凝成了智慧的火花，他们自己也成了人们心目中的英雄榜样，获得了应有的荣誉。1953～1955年，全国工业战线涌现出劳动模范70余万人，他们提出的合理化建议有218万件，劳动生产率提高了122.5%。在当时的生产力水平上，这一件件合理化建议，这百倍效率的提高，堪称非凡的成就，更是人心的凝聚和人生境界的高扬！

劳动竞赛中涌现出的先进人物，成为万众景仰的对象，于是，在社会主义建设的高潮中，形成了人人努力个个争先的热潮。1956年2月，全国总工会七届十次主席团会议通过了《关于开展先进生产者运动的决议》，根据中央精神，对开展先进生产者运动的指导思想、原则及评定授予称号等问题作了具体的规定。3月，中共中央发出《关于积极领导先进生产者运动的通知》，指出：全总根据全国职工群众加速社会主义工业建设的要求和行动，作出关于开展先进生产者运动的决定是完全必要的、及时的和正确的。全国一切工业、农业、交通运输等国民经济部门的工人、工程技术人员和企业管理人员，科学、文化、教育、卫生和国家机关工作人员，都应站在自己的工作岗位上，高度地发挥积极性和创造性，把我国的经济建设更推进一步；都应努力提高业务水平和熟练程度，学习先进经验，使自己成为一个先进生产者或先进工作者。《通知》给全国工人群众以极大的鼓舞，先进生产者运动在全国各行各业迅速掀起。为推动全国生产者运动的开展，中央决定召开全国先进生产者代表会议。1956年4月，全国先进生产者代表会议在北京召开，来自28个省、市、自治区，22个产业的正式和特邀代表共5556人参加了共和国历史上的这次空前盛会。毛泽东等党和国家领导人出席了会议开幕式，刘少奇代表党中央向大会发表了热情洋溢的祝词，他对先进生产者推动社会发展的历史作用从理论上进行了总结和概括，指出："先进生产者是人类经济生活向前发展的先驱，也是人类社会历史向前发展的先驱。"

（三）积极参加生产资料私有制的社会主义改造

"三反""五反"运动的胜利为生产资料私有制的改造创造了条件。为了将社会制度过渡到社会主义，必须对生产资料私有制进行社会主义改造，这也是过渡时期总路线的重要任务。在对资本主义工商业、农业和手工业的改造中，全国总工会发动全国工人和各级工会组织做了大量工作。从 1953 年到 1956 年三年间，全总根据不时出现的新情况新问题，多次召开会议，部署工作。一方面让广大职工努力发展生产，稳定国家经济形势，保证了运动的顺利进行；一方面又注意在运动中正确执行政策，团结、教育资本家，从而加速了资本主义工商业改造的步伐。

土改后，为了使农民进一步走上富裕道路，避免两极分化，也便于使用农业机械和先进技术，迅速提高农业生产力，适应社会主义工业化的需要，党中央分析了土改后农村的实际情况，在全国开展了农业合作化运动。1956 年 1 月，全总做出《关于动员职工支援农业合作化和农业生产的决议》，不仅要求工人群众以实际行动支持农业合作化，还派出了职工把农民急需的农业生产机具送到农民手里，技术人员利用业余时间送技术下乡，支援农村合作化运动。全总还派出工作组，调查手工业状况，协助党中央制定了对手工业进行社会主义改造的规定和政策。并从各级工会抽调力量充实到手工业合作社，增强对手工业合作社的领导力量。

到 1956 年年底，我国基本上实现了农业、手工业和资本主义工商业的社会主义改造，确立了社会主义基本制度。20 世纪 50 年代，在中国所面临的复杂国际形势下，这场社会主义改造运动对中国经济、中国社会发展的全局，都是至关重要的。

七、工会理论探索的再次活跃与意义

1951 年 12 月的全总党组第一次扩大会议，给工会系统留下了浓重的阴影，工会理论探索处于沉寂状态。但是，随着社会主义建设事业的发展，工会工作的进一步展开，客观实践必然推动工会理论的探索。以李立三为代表的工运理论探索，虽暂时被迫终止，但李立三等所揭示的在人民民主专政条件下工人运动和工会工作遇到的矛盾及问题，并未因此而消弭和化解，相反，随着国民经济恢复任务的完成和社会主义革命与建设新阶段的到来，这些矛盾与问题更为突出了。在这种背景下，以赖若愚为代表的工会领导者及工会理论工作者，开始了第二次工会理论探索。

赖若愚的工会理论探索主要围绕着两个基本问题切入，并取得了相当丰富深刻的成果。

其一，关于工会在人民民主政权体系中的地位问题。赖若愚认为，工会是党联系工人阶级的纽带，具有重要的社会作用。如列宁所言，工会是人民民主政权最重要的社会支柱，是工人阶级学习管理、主持经济的学校，是提高政治觉悟、学习共产主义的学校。党只有充分发挥工会作用，才能使工人阶级的整体素质得到提高，并通过工会，自上而下地对国家、经济机关实行群众监督，以保证党和国家的方针政策得到贯彻。对工会与职工群众的关系，赖若愚指出，工会是工人阶级的群众组织，如何正确对待群众是工会工作中的根本问题，脱离群众是工会工作中一切危险中的最大危险。他认为，工会是联结党和群众的桥梁，一方面工会要实现党的正确的政策和主张，使之成为群众的自觉行动；另一方面工会也不能忽视群众的意志、情况和觉悟，强迫群众接受党的政策、主张。工会要在推动生产发展的同时尽可能地关心群众生活，以激发群众的劳动积极性和创造性。赖若愚还认为，工会是教育和自我教育的学校，工会工作要适合群众的愿望，遇到问题要充分发扬民主，要用同志式的态度，即用说服、教育、帮助、诱导的方法对待群众，时刻防止和克服官僚主义作风。对工会同党的关系、工会与行政的关系，赖若愚都进行了客观深入的研究和思考。

其二，关于工会的职能和作用问题。新中国成立以后，在工会工作的实践中形成了“以生产为中心，生产、生活、教育三位一体”的工会工作基本方针。赖若愚主持工会工作后，对“生产”“生活”“教育”做出了自己的思考和解释。他认为，教育是工会提高职工思想政治觉悟和文化技术水平的重要手段，职工教育的基本方法应该是教育与自我教育相结合，一方面要有充分的理由对职工进行细致的说服教育，另一方面又要通过维护职工物质利益、改善职工生活来达到职工进行自我教育的目的。在此基础上，赖若愚提出工会还应有维护职能，经过认真思考研究，他提出了“保护职工群众物质利益和民主权利是工会的独特任务”的重要观点。他认为，工人阶级掌握政权后，发展生产并不是工会的独特任务，工会的作用在于保护职工群众的物质利益和民主权利。因为联系群众是工会做好一切工作的最基本条件，而要做到这一点就必须关怀和保护职工群众的利益，那种认为国家是保护工人阶级利益的，而工会已经丧失了保护作用的观点是不对的。他进而推论出工会还有调节职能。“所谓调节作用，就是一方面要支持职工群众正确意见、合理要求和建议，这中间工会和行政是会有斗争的。另一方面，工会要对群众由于不了解全面情况而提出的一些不正确、不合理的或在一定时期内办不到的意见、要求和建议进行说服教育，缩小群众与领导之间的距离。”此外，赖若愚还提出了工会的监督职能，明确提出要加强工会的监督作用，强调“工会的作用是群众的监督”，“是在党的领导下进行的”，“是对企业行政的一种帮助”和“依靠群众搞好经营管理的一种方式”。①

赖若愚关于社会主义制度条件下工会性质、职能、工作方针的一系列探索，丰富和深化了马克思主义工运理论宝库，成为中国工会理论与实践中弥足珍贵的思想财富。尤为难能可贵的是，他的这些理论探索是在全总党组第一次会议对李立三进行了错误批判，许多有价值的见解受到压制的情况下进行的，因而更显示出不凡的理论勇气和智慧。

思考题：

1. 新中国成立后第一部《工会法》的意义和价值有哪些？

2. 刘少奇、李立三、赖若愚等人在工运理论上的探索具有哪些现实意义？

3. 新中国工运方针对推进工会工作的积极意义表现在哪些方面？

---

① 中共山西省委党史办公室编：《赖若愚纪念文集》（上下），中共党史出版社，2012年4月版。

第六章　工会运动曲折行进（1957—1978年）

一、初探社会主义建设的风雨历程

（一）社会主要矛盾的变化给工会发展带来机遇

1956年是个不平静的年份。国际上，苏共二十大揭露了斯大林的错误，在社会主义阵营内部引发了混乱，波兰和匈牙利先后发生罢工、骚乱事件，帝国主义趁机掀起反共反社会主义的浪潮。在国内，社会主义改造基本完成以后，我国实现了由新民主主义到社会主义的转变，进入全面建设社会主义的新阶段。面对国内外出现的新情况，中国共产党人开始积极探索中国自己的社会主义发展道路，工会各项工作也面临着新的挑战。

1956年9月，中国共产党第八次全国代表大会在北京举行。毛泽东致《开幕词》，刘少奇作了《中国共产党中央委员会向第八次全国代表大会的政治报告》，邓小平作了《关于修改党的章程的报告》，周恩来作了《关于发展国民经济第二个五年计划的建议的报告》。大会指出，社会主义制度在我国已经基本建立起来，国内的主要矛盾不再是工人阶级和资产阶级之间的矛盾，而是人民对于建立先进的工业国的要求同落后的农业国的现实之间的矛盾，是人民对于经济文化迅速发展的需要同当前经济文化不能满足人民需要的状况之间的矛盾。这一矛盾的实质，在中国社会主义制度已经建立的情况下，也就是先进的社会主义制度同落后的社会生产之间的矛盾。解决这个矛盾的办法是发展社会生产力，实行大规模的经济建设。为此，大会作出了党和国家的工作重点必须转移到社会主义建设上来的重大战略决策。大会在总结中国第一个五年计划实施经验的基础上，继续坚持既反保守又反冒进，即在综合平衡中稳步前进的经济建设方针。为此，党和全国人民的主要任务是，要集中力量发展社会生产力，把我国尽快地从落后的农业国变为先进的工业国。

会上，刘少奇和赖若愚分别阐述了在新的历史条件下工会组织的任务和作用。刘少奇在《政治报告》中指出，工会组织在社会主义建设事业中的任务是，一方面应当用说服教育的方法吸引工人群众，通过社会主义竞赛和先进生产者运动，为不断提高劳动生产率而奋斗；另一方面，应当密切关心群众生活，发挥群众的监督作用，向一切企业中违法乱纪、侵害群众利益、不关心群众生活的官僚主义现象进行勇敢的斗争。赖若愚在大会发言中，论述了工会有着区别于党和政府的独特作用，工会要保护职工群众的物质利益和民主权利，群众监督是防止和纠正官僚主义的一种有效办法，以及工会参与和执行国家机关的某些职能等见解。

党的八大关于社会主要矛盾和党的根本任务的论述，反映出当时中国社会发生巨大历史转折的实际情况，标志着党的工作重心由抓阶级斗争转移到搞经济建设上来，为工会组织在社会主义建设事业中发挥更大的作用提出了新的要求。

然而，由于在社会主义改造过程中，各种社会矛盾交织在一起，有些社会矛盾未能得到及时解决或妥善处理，一些地区和城市出现了工人、农民、学生闹事的情况。毛泽东对解决社会主义条件下存在的各种矛盾进行了深入思考，1957年2月27日，他在最高国务会议第十一次（扩大）会议上发表了《关于正确处理人民内部矛盾的问题》的讲话，在讲话中论述了社会主义社会存在着敌我矛盾和人民内部矛盾两类不同性质的矛盾，强调在处理人民内部矛盾时应采取“团结——批评——团结”的方针和有针对性的具体方法，还阐述了走具有中国特色的工业化道路的思想。毛泽东指出，在急风暴雨式的阶级斗争结束以后，我们的根本任务已经由解放生产力变为在新的生产关系下面保护和发展生产力，而在这个时候就是要团结全国人民发展我们的经济和文化，建设我们的国家。

（二）工会在处理人民内部矛盾中开展调查研究与理论探索

1957年3月中旬，全国总工会在北京召开了七届五次执委扩大会议。会议根据毛泽东讲话精神，着重研究了工会在处理人民内部矛盾中的作用和群众监督问题。会议期间，赖若愚作了《工会在实行企业民主管理中的作用问题》的报告，指出，处理人民内部矛盾问题是社会主义建设中的一个根本问题，对工会来说，更是非常重要的一个问题。他认为，工会要把解决人民闹事和发挥工人群众的积极性结合起来，推动企业民主管理和群众监督。

会后，全总各部门领导分头下厂进行实地考察，了解工人群众的基本状况和基层厂矿工会在解决人民内部矛盾方面存在的问题。在调查研究的基础上，一批反映基层厂矿工会工作实际情况的报告和文章见诸报端。同时，全总机关刊物《中国工运》以工会的性质、任务和作用问题为内容组织开展讨论。

1957年4月，中共中央决定在全党进行一次以正确处理人民内部矛盾为主题，以反对官僚主义、主观主义、宗派主义为内容的整风运动。在整风运动中，提出了很多有利改进党的领导、有益于社会主义事业发展的正确意见。但是，也出现了一些复杂情况，极少数人发表了一些过激言论，从而引发了反击右派斗争的运动。此后，党对阶级斗争形势作了过于严重的判断，导致反右派斗争的扩大化，对工会运动及工会八大的筹备工作产生了消极影响。

随着整风运动的开展，工会领域的理论研究和探讨活动很快就难以进行下去了。及至1958年5月全总党组第三次扩大会议时，这些本来正常的理论和实践探索，竟然成为赖若愚等人的罪状而遭到严厉批判和清算。全总党组第三次扩大会议指责赖若愚犯了“严重的右倾机会主义和宗派主义的错误”，属于“反党反人民反社会主义”性质，认为工会工作中存在一条“右倾机会主义路线”，要求全国各级工会整风、“拔白旗”，肃清影响，工会事业又一次遭受严重挫折。①

---

① 中华全国总工会：《中华全国总工会70年》，中国工人出版社，1995年4月版，第378页。

（三）中国工会八大的召开及其重申工会七大的工运方针

1957年12月2日至12日，中国工会第八次全国代表大会在北京举行。出席大会的代表有989人，代表全国1630万会员。党和国家领导人毛泽东、刘少奇、周恩来、朱德、邓小平等出席了开幕式。这次大会的主要任务是，总结四年来的工会工作；讨论和决定工会在第二个五年计划时期的具体任务；修改《中国工会章程》；选举中华全国总工会第八届执行委员会。

刘少奇代表中共中央向大会致祝词。他指出，我国工人阶级和我国人民在今后十年到十五年的基本任务就是要在优先发展重工业的基础上，实行工农业同时并举的方针，把我国建设成为一个具有现代工业、现代农业和现代科学文化的社会主义强国。工人阶级目前的中心任务就是坚持执行勤俭建国、勤俭办企业、勤俭办一切事业的方针，掀起新的生产高潮来迎接第二个五年计划，为完成和超额完成新的国家计划而斗争。他认为，目前，企业需要进一步扩大民主生活，在工矿企业中已经开始实行了在党委领导下的职工代表大会制度，现在又正在进行整风运动，这些都是扩大企业民主的有效形式。他在谈到工会问题时说，工会过去在社会主义建设事业中起了很大的作用，现在应该加强党对工会工作的领导，使工会真正成为广大群众的共产主义学校，成为党联系自己阶级的桥梁。他勉励一切工会干部都应该在生活上同群众打成一片，克服脱离群众、脱离实际的作风，处理好各种利益关系和人民内部矛盾，在克服困难中创造出好的工作方法和作风，把自己锻炼成为坚强的干部。

赖若愚向大会作《团结全国人民，勤俭节约，建设社会主义的新中国》的工作报告，报告总结了工会七大以来工会工作的成绩和缺点，重申了工会七大规定的建设时期工会工作方针，提出要把工人阶级队伍培养成为一个有觉悟、有组织、有纪律、有文化技术的更加坚强的战斗队伍，把工会造就成为真正的千百万人的教育者，新生活的建设者。他指出，工会在实现国家第二个五年计划的过程中，必须团结教育广大职工群众，最大限度地发挥工人阶级的积极性和创造性。他强调，工会必须积极地参加整风运动，协助党把整风运动进行到底，并且把整风的方法贯彻到工会工作的各项活动中去。

大会通过了赖若愚所作的工会工作报告、《关于修改中国工会章程的报告》等决议文件，选举产生了中华全国总工会第八届执行委员会，有137人当选为执委会委员。在八届一次执委会上，赖若愚再次当选为中华全国总工会主席，刘长胜、朱学范、许之桢、陈少敏（女）当选为副主席。

工会八大对工会组织建设原则作了重大修改，遵照中共中央的意见，在修改工会章程时，将“中国工会是按产业原则在民主集中制的基础上组织起来的”，改为“中国工会是按照产业和地区相结合的原则在民主集中制的基础上组织起来的”。从此，产业和地方相结合成为中国工会的组织原则。工会八大坚持和重申了工会七大确定的工会工作方针，取得了一定的成绩。但是，受“左”倾思想的影响，工会七大以来的一些正确主张并未得到贯彻执行。

（四）大跃进期间，工会开展群众生产工作

社会主义改造基本完成以后，工会积极组织和推动增产节约、劳动竞赛、合理化建议、技术革新和技术革命等各项群众生产活动，并取得了丰硕的成果。1957年2月，中共中央政治局会议发出《关于1957年开展增产节约运动的指示》，明确指出：“增产节约是发展社会主义经济、扩大社会主义积累的基本方法。为了达到增产节约的目的，不仅需要由政府作出正确的计划，而且主要地需要人民群众进行积极的努力。因此，开展群众性的增产节约运动，是一个经常性的任务。”6月3日，国务院发出《关于进一步开展增产节约运动的指示》，强调政府各部门和各级人民委员会应该把对于增产节约运动的领导当做自己经常的重要任务之一。全国总工会按照中共中央和国务院的指示精神，将群众性的增产节约运动逐渐推向高潮。1959年6月，全总在京召开了各省、市、自治区工会主席（扩大）会议，讨论通过了《关于动员全国广大职工掀起增产节约新高潮和有关工会工作问题的报告》，号召全国职工掀起增产节约新高潮，完成和超额完成生产任务，迎接国庆十周年。

随着增产节约运动的开展，全国各地的劳动竞赛活动也活跃起来。其中影响最大的是“比先进、学先进、赶先进、帮后进”社会主义劳

动竞赛活动。这一活动源于 1956 年开展的先进生产者运动，到 1959 年又有了新的发展，通过树立先进典型，带动中间和帮助落后的方式，来实现互相帮助、取长补短、共同提高的目的。这一活动推广到全国之后，促进了生产水平的提高和社会风气的改善。

为了使劳动竞赛广泛深入持久地开展起来，不少地区和行业结合实际情况，创造出符合自身特点的竞赛方式。1959 年 3 月，铁路、煤矿、轻工、水电等产业工会组织推动社会主义红旗竞赛活动，形成了不甘落后、人人争先的局面。在“全国一盘棋”思想的指导下，企业内部的劳动竞赛迅速扩展为各个企业、各个部门、各个产业、各个地区之间的相互竞赛和相互协作。由秦皇岛港口职工联合相关铁路、煤矿职工发起的“一条龙”运输大协作竞赛很快被推广到交通、邮电等部门，生产、运输、服务等部门密切配合协同作战，提高了生产效率和工作效率。

在大力开展劳动竞赛的过程中，各级工会组织通过先进经验交流会、技术革新现场会、先进技术表演赛、劳动竞赛评比会、工业成果展览会、先进经验观摩团等形式来总结和推广先进经验，在全国范围内涌现出了一大批先进集体和先进个人。据统计，仅 1959 年，全国涌现出来的先进集体就有近 30 万个，先进生产者达 300 多万人。

1959 年 10 月 25 日至 11 月 8 日，中共中央和国务院在北京隆重召开了“全国工业、交通运输、基本建设、财贸方面社会主义建设先进集体和先进生产者代表大会”（又称“全国群英会”）。出席大会的代表共 6577 人，其中获得先进集体荣誉称号的有 2565 个，获得先进生产者荣誉称号的有 3267 人。朱德代表中共中央向大会致祝词。党和国家领导人李富春、薄一波、谭震林、李先念、聂荣臻、陆定一、胡耀邦、蔡畅等到会讲了话。会议期间，刘少奇接见了北京掏粪工人时传祥，并对他说：“你掏大粪是人民勤务员，我当国家主席也是人民勤务员。这只是革命分工不同，都是革命事业不可缺少的一部分。”这番话通过新闻媒体传播开来，很快在全国各行各业群众中产生了极大的影响。之后，中共中央和国务院于 1960 年 6 月 1 日至 11 日在北京又召开了“全国教育和文化、卫生、体育、新闻方面社会主义建设先进单位和先进工作者代表大会”（又称“全国文教群英会”），对 3092 个全国先进单位和

2686个全国先进工作者进行了表彰奖励。

1960年上半年，全国群英会的精神贯彻到基层之后，劳动竞赛开始汇入技术革新和技术革命运动之中。1月，第一机械工业部和一机工会在哈尔滨召开全国机械工业机械化、自动化黑龙江现场会议。中共中央在批转这次会议的报告中指出："不仅要在全体职工群众中广泛地开展比先进、学先进、赶先进、帮后进的劳动竞赛，而且要大大发展工厂、学校、科学研究机关三结合的群众运动，把他们汇合成为技术革新和技术革命运动的巨流。"3月5日，全总党组根据了解到上海、天津、沈阳、旅大、哈尔滨、太原、重庆七个城市开展技术革新和技术革命运动的情况，向中共中央上报了《关于当前技术革新技术革命情况的报告》，并在稍后联合一机部和团中央召开了全国技术革新、技术革命重庆现场会议，会议提出的技术革新和技术革命要"以机械化、半机械化，自动化、半自动化为中心内容"的口号，得到了中共中央的肯定。

（五）国民经济调整时期工人阶级与工会服从大局、艰苦奋斗

受"大跃进"等的影响，我国国民经济和人民生活从1959年至1961年遭遇严重的困难。1961年1月，中共中央八届九中全会批准了"调整、巩固、充实、提高"方针，并采取精简职工、减少城镇人口、压缩基建规模、降低重工业发展速度等一系列重大措施，调整国民经济结构和运行方式，收到了预期的成效。在贯彻执行国民经济调整方针的过程中，工会组织虽然受到"左"倾错误的冲击，出现了一些曲折，但从总体上看，在协助政府克服困难、组织职工搞好生产、加强工会自身建设等方面还是做了大量的工作，取得了一定的成绩。

第一，协助政府完成精简职工的任务。在"大跃进"中，城市生产规模不断扩大，一些农村劳动力涌入城市，造成职工人数增加，这在三年困难时期，加重了农村供应压力，给城镇居民吃饭问题带来极大困难。1961年，全国总工会积极贯彻中共中央关于精简职工和减少城镇人口的指示精神，多次研究解决办法，为此成立了精简职工工作办公室处理相关事宜。从1961～1963年，通过动员农村来的新职工回到家乡参加农业生产，全国精简职工达1887万人，减少城镇人口约2600万人，加强了农业战线，基本上实现了中央提出的预期目标。

第二，关心职工生活，帮助职工渡过难关。从1960年下半年开始，城市居民和职工的生活普遍面临严重困难。1961年3月，全国总工会在北京召开了职工生活座谈会，研究工会如何抓好职工的生活问题。5月，全总在《关于改进工会基层工作报告》中指出，当前基层工会的主要任务是，在企业党委的领导下，配合企业行政，从关心群众生活着手，加强思想政治教育工作，提高职工的生产积极性。此后，各级工会组织在办好职工食堂、做好职工困难补助、改善职工住房条件等方面做了大量工作，提高了职工对工会的信任度，体现出工会存在的价值。

第三，加强职工文化技术教育和思想政治工作。新中国成立初期工会就开展过职工扫盲运动，并取得了不错的成绩，到1955年年底，脱盲职工达到近170万人。1963年底至1964年初，全国总工会和教育部在京联合召开全国职工业余教育工作会议，制定并颁布了一系列提高职工文化技术程度的措施，促进了职工业余教育工作的发展。同时，全国总工会也十分重视职工的思想政治工作，积极开展学习雷锋、讲“三史”（革命斗争史、厂史、家史）以及学习毛泽东著作等活动，对职工进行革命传统教育。

第四，开展“五好”竞赛和职工技术协作活动。“五好”竞赛是一些基层厂矿企业工会首先提出并积极实行的。1963年9月，全国总工会在总结基层工会工作经验的基础上，会同国家经委做出《关于在工业、交通企业中开展“五好”企业和“五好”职工竞赛问题的报告》，提出通过评选奖励政治工作好、计划完成好、企业管理好、生活管理好、干部作风好的企业和政治思想好、完成任务好、遵守纪律好、经常学习好、团结互助好的职工的办法，来促进生产的发展和管理的进步。

第五，开展工业学大庆运动，弘扬“铁人精神”。工业学大庆运动是新中国成立后工业生产领域推广先进经验持续时间最长、影响最大的一次学习先进活动和群众生产运动。20世纪60年代初，中国在东北大庆地区开展了一场为期三年的石油大会战。这次会战不仅摘掉了我国的“贫油国”帽子，而且锻炼培养出一支以“铁人”王进喜为代表的特别能战斗的石油工人队伍。大庆石油工人在异常艰苦的条件下，吃苦耐劳，顽强拼搏，以“有条件要上，没有条件创造条件也要上”的大无畏精神和“宁可少活二十年，也要拿下大油田”的英雄气概，创造了一个又一个奇迹。1964年，毛泽东提出开展“工业学大庆”的号召，在全国各行各业掀起了学习大庆经验的热潮。通过开展工业学大庆运动，大大激发出职工群众的爱国热情和生产积极性，有力地推动了各项生产事业的发展。

二、“文革”期间工会运动遭受空前破坏与广大职工的抗争

（一）“文化大革命”的发动与工会运动遭受空前破坏

1966年至1976年的“文化大革命”，“是一场由领导者错误发动，被反革命集团利用，给党、国家和各族人民带来严重灾难的内乱”（《关于建国以来党的若干历史问题的决议》）。1966年5月16日，中共中央政治局发出《中国共产党中央委员会通知》（即“五一六通知”），解除了彭真、罗瑞卿、陆定一、杨尚昆的领导职务，成立了以陈伯达为组长，江青、张春桥等为副组长的“中央文革小组”，从而确定了“文化大革命”的行动纲领和指挥机构。同年8月，中国共产党召开八届十一中全会，通过了《关于无产阶级文化大革命的决定》，从而进入到全面发动的阶段。

“五一六通知”公布后，全国总工会于6月9日发出《关于工会各级组织高举毛泽东思想伟大红旗积极参加社会主义文化大革命的通知》，要求各级工会组织在党委的领导下，坚决贯彻执行中央指示，切实当好党的助手，把“文化大革命”放在一切工作的首位。全总机关在开展内部揭批活动的同时，投入大量人力接待上访职工，严重影响了各项业务工作的正常运转。同年12月，在江青的授意下，一个名为“全国红色劳动者造反总团”的组织到全总闹事，强占并宣布“查封”全总办公大楼，驱赶全总机关干部。1968年6月，根据中共中央〔1968〕81号文件，对全国总工会实行了“军管”，经过“全面夺权”的狂暴行动，从全国总工会到地方各级工会悉被“砸烂”，整个工会系统陷入瘫痪状态。在“文革”中，不仅工会组织遭到捣毁，一些工运领袖、工会干部以及劳动模范更惨遭厄运。像一代工运领袖刘少奇、李

立三等被加上许多莫须有的罪名，被迫害致死；各级工会领导干部大都在被打倒之列，其家属亲友往往受到株连；一些全国著名劳动模范受到排挤、诬陷和打击；甚至工人之间由于参加了不同的派性组织而大打出手。

江青、陈伯达等人炮制出所谓“工运黑线统治论”，抹杀新中国成立后工会运动的成绩。“文革”开始不久，江青、陈伯达为了给刘少奇罗织罪名，污蔑新中国成立后 17 年来的工会组织被刘少奇及其在工会中的代理人所统治，推行的是一条反革命修正主义工运路线，攻击工会是“全民工会”“生产工会”“福利工会”，是腐蚀工人阶级的“糖衣炮弹”。他们还把“工团主义”的帽子扣在工会的头上，污蔑工会要凌驾于党和政府之上，搞独立王国。在整个“文化大革命”运动中，工会组织遭到了极为重大的挫折，工运事业蒙受了深重的损失。

1967～1968 年，为了适应夺权和建立革命委员会的需要，填补工会组织被砸烂后留下的空白，在全国一部分省、自治区、直辖市成立了“革命工人代表大会”组织（简称“工代会”），各省辖市和基层厂矿企业也都普遍成立了“工代会”。“工代会”名义上是在所谓革命大联合的基础上成立的，实际上大多是由各种工人造反组织联合而成。由于其在组织上、政治上的指导方针都是错误的，因此在工会运动史上没有什么积极作用。

（二）工会运动的短暂转机和再遭冲击

1971 年“九一三事件”后[①]，周恩来主持中央日常工作，开始努力纠正“左”的错误，着力解决国民经济中存在的一些重大问题。在这种形势下，中央提出整顿健全各项工作的要求，工会运动也出现了短暂转机。

1972 年，《人民日报》《解放军报》和《红旗》杂志联合发表元旦

---

① 1971 年 9 月 13 日，时任中共中央副主席、中央军委主席林彪及妻子叶群、儿子林立果等人，乘坐中国人民解放军空军的一架 256 号“三叉戟”飞机从山海关机场强行起飞外逃，凌晨 2 点 25 分在蒙古人民共和国温都尔汗坠毁，机上 9 人全部死亡。这就是震惊中外的“九一三”事件。这一事件的发生，标志着林彪反革命集团的覆灭，客观上宣告了“文化大革命”理论和实践的破产。

社论，提出要做好工会、青年团、妇联和知识分子等方面的群众工作。3月，全总派专人去上海、天津等地进行调查研究，发现许多“工代会”只抓“革命大批判”“斗走资派”，对企业生产和职工生活不管不顾，工人迫切要求加强群众组织工作。1973年两报一刊（即当时的《人民日报》《解放军报》和《红旗》杂志）发表“新年献词”，提出工会组织应当经过整顿逐步健全起来。根据中央指示，全国有28个省、市、自治区召开了工会代表大会，恢复了各省、市、自治区总工会组织，选举产生了领导班子。

但是，这次整健工作具有很大的局限性。随着“批林批孔”运动的开展，工会整健活动不得不停顿下来，工会组织和工会工作再次遭到冲击，“四人帮”① 及其在各地的亲信重新控制了一些工会组织的领导权。

1975年1月，周恩来总理病情加重，邓小平主持中央日常工作。针对国家经济不断下滑的情况，邓小平提出了在各条战线实行全面整顿的方针，解决工业、农业、交通等方面存在的问题。经过整顿，全国的经济状况有了明显好转。到1975年底，工业总产值达3219亿元，比上年增长15.1%；钢产量2390万吨，比上年增长13.2%；原煤产量4.82亿吨，比上年增长16.7%；原油产量7706万吨，比上年增长18.8%；发电量1958亿度，比上年增长16%；铁路货运量20.2478亿吨，比上年增长12.9%。这表明，工业企业在贯彻执行整顿方针以后，生产能力有了很大的提高。但是，由于开展所谓“反击右倾翻案风”运动，使得已经取得成效的整顿工作被迫中断，国民经济再度陷入混乱之中。

1975年2月，中共中央发出关于成立中国工会第九次全国代表大会筹备组的通知，“四人帮”千方百计把自己的亲信爪牙安插在筹备组内，他们从上海调来造反起家的党羽担任筹备组组长，控制了工会九大的筹备工作。这些帮派分子在理论和实践上的极“左”言行给中

---

① “四人帮”是指在“文化大革命”运动过程中，中央高层形成的江青、张春桥、姚文元、王洪文四人所结成的极“左”小帮派。

国工会运动带来了严重的破坏。

（三）工人阶级反对林彪、“四人帮”的斗争

“文化大革命”是一场给全民族带来巨大灾难的空前浩劫。但在“文革”过程中，并不是没有反对的声音和行动，事实上，党内以及工人阶级内的健康力量始终都对这场运动有着抵制。“文革”之初，全总即有人提出三个不理解：对“文化大革命”这场路线斗争不理解；对这场斗争的内容和表现不理解；对指责刘少奇是资产阶级反动路线的代表和最大的修正主义者不理解。最著名的事例是，全国总工会副主席、党组副书记陈少敏在参加中共八届十二中全会时，成为唯一一位在表决“把刘少奇永远开除出党”的决议时没有举手的人。这是需要极大的勇气和决心才能做到的。

十年动乱给国家经济建设带来巨大损失，使国民经济处于濒临崩溃的边缘。但由于周恩来、邓小平等党内健康力量的努力抵制，以及许多职工群众和科技工作者的坚持与努力，使得“文革”对社会经济造成的破坏受到了一定程度的限制和缓冲，我国在一些领域仍取得了显著的成就。在工业方面，以大庆油田为龙头的石油企业的原油产量逐年增长，到 1976 年底，全国原油产量达 8700 万吨，比 1965 年增长了 5.7 倍；新建了四川攀枝花钢铁厂、湖北第二汽车制造厂、甘肃刘家峡水电站、贵州六盘水煤矿等一批大型国有企业。在交通运输方面，1968 年，公路铁路两用的南京长江大桥建成通车；1969 年，我国自制的万吨级油轮“大庆 27 号”顺利下水；70 年代初，我国修建了成昆、湘黔、焦枝等铁路干线。在科技方面，1964 年 10 月，我国成功进行了首次原子弹试验；1967 年 6 月，我国成功地爆破了第一颗氢弹；1969 年 9 月，我国成功地进行了首次地下核试验；1970 年 4 月，我国成功地发射了第一颗人造地球卫星等。这些成就的取得，体现出中国工人阶级为改变国家贫穷落后的面貌努力进取、顽强拼搏的精神，也为“文革”结束后国民经济的复苏和腾飞、国家综合国力的提高奠定了极其重要的物质基础。

1976 年 1 月 8 日，周恩来总理因积劳成疾不幸去世。全国人民感到无限悲痛，纷纷采取各种方式悼念人民爱戴的好总理。但是，“四人

帮”却竭力阻挠和破坏群众自发的悼念活动，从而激起了广大民众的无比愤怒。从3月下旬到4月5日，全国各大城市掀起了一场悼念周总理、反对“四人帮”的运动。这一运动率先由北京的工人群众发起，随即蔓延到南京、杭州、郑州、西安等城市，到4月4日，悼念活动达到了高潮。北京的群众不顾各种禁令，从四面八方拥向天安门广场，敬献花篮花圈、贴传单、作诗词，悼念周恩来，声讨“四人帮”，4月5日，形成了大规模的群众抗议运动，这一天来到天安门广场的人数超过了200万人次。但在“四人帮”的操纵下，这场群众性的抗议活动被定性为反革命事件，并遭到残酷镇压，又称“天安门事件”。

尽管这场抗议活动在高压下结束，但是广大人民群众对“四人帮”的倒行逆施和极“左”路线的强烈不满，已经是不可阻遏。“天安门事件”也为江青反革命集团的最终垮台奠定了群众基础。1976年10月6日，党中央采取断然措施，一举粉碎了“四人帮”，结束了长达十年之久的“文化大革命”。“天安门事件”也获得了彻底平反。

三、中共十一大前后工会运动转折的机遇与徘徊

（一）粉碎“四人帮”后工会运动的新转折

粉碎“四人帮”后，全国总工会开展了清算“四人帮”帮派体系的揭批查运动。作为“四人帮”利用工运阵地篡党夺权的重灾区，全国总工会理应迅速开展对“四人帮”余党的清查工作。然而，全总的揭批查运动在开始阶段并不顺利。1977年8月，中国共产党第十一次全国代表大会召开，提出要加强党对工会的领导，把工会整顿好、建设好，充分发挥工会应有的作用。同时，党中央调整了全国总工会的领导班子，成立了以马纯古为首的全总机关9人领导小组，负责推动全总机关的揭批查运动，处理全总机关的日常工作。揭批查运动使广大工会干部和职工群众从思想上辨明了是非，激发了广大工会干部和职工群众为实现四化贡献力量的高昂热情。经过十年“文革”的蹉跎，加速国民经济的腾飞，尽快改善和提高人民群众的生活水平，已成为全国人民的共同心愿。

（二）全国总工会组织活动的恢复

1978年3月，中共中央指示，要求全国总工会尽快召开一次执委

扩大会议，为召开中国工会九大做准备。一些出席全国人大和全国政协会议的工会代表也建议，希望全总能早日正常开展工作。4 月 22 日至 24 日，全国总工会召开了八届七次执委（扩大）会议，讨论有关召开中国工会九大的问题。这是自 1966 年 3 月全总八届六次执委（扩大）会议召开之后，相隔 12 年之久才召开的一次执委会议，而从中国工会八大起，已经长达 21 年没有召开工会全国代表大会了。这次会议通过了《关于召开中国工会第九次全国代表大会的通知》，要求各级工会组织要以优异的成绩来迎接中国工会九大的召开。

根据中共中央的指示精神，全国总工会于 1978 年 4 月 27 日至 29 日召开了全国劳动模范座谈会。参加这次座谈会的代表共 115 名，他们是来自工业、交通、基建、农林、财贸、科技、文教、卫生等各行各业的著名劳动模范和先进工作者。会议期间，国务院副总理余秋里到会发表重要讲话。他强调指出，要在粉碎“四人帮”的大好形势下，充分发挥工人阶级的主力军作用。他希望在座的劳动模范学习铁人王进喜的精神，在各自的工作岗位上为国家做出重要贡献。4 月 29 日，参加座谈会的全体劳动模范和先进工作者发表决心书，表示要在不到四分之一世纪的时间内，在一个人口占世界五分之一的社会主义国家里，实现四个现代化。5 月 1 日，全体劳动模范参加了首都人民庆祝“五一”国际劳动节的活动。之后，许多省、市、自治区都召开了劳动模范座谈会。这次全国劳模座谈会是一次表彰先进的会议，也是一次落实劳模政策和知识分子政策的会议，它有力地推动了国家经济建设事业和各地工会工作的发展。

随着全国总工会八届七次执委会和全国劳模座谈会的召开，全总机关各个职能部门、各地方工会和各产业工会开始恢复活动，中国工会运动进入了一个新的阶段。

思考题：

1. 国民经济调整时期工会工作发挥了哪些积极作用？
2. 试总结“文革”前的工会工作有什么特点？

1978—2013 年

下　编

开拓与创新
改革开放和社会主义现代化建设
新时期的工人运动

第七章　工会运动重获生机（1978—1992 年）

粉碎“四人帮”后，长达十年的“文革”浩劫宣告结束，为国家政治经济生活步入正轨创造了有利条件，也为中国工会运动的发展提供了全新的机遇。饱受磨难的中国工会运动与整个国家的命运一样，迎来了历史性的转机。从 1978 年起，在党中央的领导和支持下，各级工会组织开展了拨乱反正运动。经过思想解放、平反冤假错案、恢复和重建工会组织以及全面推进工会各项工作，工会运动开始步入和实现复兴。

一、中国工会九大和工会指导思想的拨乱反正

（一）中国工会九大的召开与邓小平的祝词

在党中央的指导下，中国工会第九次全国代表大会筹备工作有条不紊地进行。1978 年 3 月 14 日，时任中共中央组织部部长胡耀邦召集工会、共青团、妇联三个群团组织负责人召开座谈会，其中对工会代表大会召开的时间、规模、代表产生办法及大会任务等问题做出了明确指示。根据党中央的指示，全国总工会于 4 月 22 日至 24 日召开八届七次执委（扩大）会议，决定于当年 10 月召开中国工会第九次全国代表大会。

1978 年 10 月 11 日至 21 日，中国工会第九次全国代表大会在北京隆重举行。出席大会的各地方和产业部门的代表共 1967 人，代表着全国 5000 多万工会会员。中共中央主席华国锋，中共中央副主席叶剑英、邓小平、李先念等党和国家领导人出席了大会开幕式。大会由中华全国总工会机关领导小组负责人马纯古致开幕词，中共中央副主席、国务院副总理邓小平代表中共中央和国务院向大会致祝词，共青团、全国妇联等人民团体和相关单位的代表也到会祝贺。

邓小平在题为《工人阶级要为实现四个现代化作出优异贡献》的祝词中，充分肯定了新中国成立以来工人运动和工会工作所取得的成绩。他指出：六次劳大和工会七大、八大“所规定的工人运动的路线、方针、任务是正确的”，全国工会组织对“社会主义革命和社会主义建设的胜利发展起了重大的作用”，党和工会培养的劳动模范和工人骨干“至今还是我们学习的榜样和团结的核心”。实践证明，中国工人阶级“不愧是久经考验的立场坚定的革命领导阶级”。邓小平在祝词中还指出，为了加快实现社会主义四个现代化，各个经济领域需要进行技术、制度、组织等方面的重大改革，并对工会工作提出了殷切期望和具体要求。他提出，工会要做好全体会员的教育工作，努力提高他们的政治、管理、技术、文化水平，把维护企业行政领导的权威与实行企业民主管理有机地结合起来，在可能的范围内努力改善工人的劳动条件和福利待遇。工会组织应发扬密切联系群众的优良传统和作风，工会干部要做艰苦奋斗、大公无私、严守纪律、服从调动、爱厂如家的模范。邓小平在祝词中特别强调了工会的本质属性与维权职能，他指出，无论要做好哪一项工作，工会组织都必须密切联系群众，使广大工人感到工会确实是工人自己的组织，是工人信得过的、能替工人说话和办事的组织，是不会对工人说瞎话、拿工会的会费做官当老爷、替少数人谋私利的组织。工会要为工人的民主权利奋斗，反对形形色色的官僚主义，它本身必须是民主的模范。邓小平在中国工会九大的祝词，贯穿了全心全意依靠工人阶级、工人阶级要为实现社会主义现代化作出优异贡献，工会要自觉接受党的领导、更好地代表和维护职工群众利益的中心思想，是马克思主义关于工人阶级与工会学说在新的历史时期的丰富和发展，是邓小平理论的重要组成部分，为工会领域拨乱反正、正本清源、开创新时期工会工作新局面指明了前进的方向，为充分发挥工人阶级的主力军作用提供了强大精神动力，实践证明，祝词以其深远的理论意义和历久弥新的现实意义永载中国工人运动的光辉史册。（参见【阅读与链接】）

倪志福受中华全国总工会第八届执行委员会的委托，作了题为《中国工人阶级新的伟大历史使命》的工作报告。报告回顾了工会八大以来工人运动的发展历程，论述了工人阶级新的历史使命，提出了新时期工会工作的基本方针：以四化建设为中心，为职工说话、办事，维护职工的合法权益，加强对职工的思想政治教育和文化技术教育，建设一支有理想、有道德、有文化、守纪律的职工队伍，充分发挥工人阶级在社会主义物质文明和精神文明建设中的主力军作用。大会讨论了《关于修改中国工会章程的报告》，对原章程有关工会的地位和作用、工会工作的基本方针等方面的内容提出了修改意见。

经过代表们的热烈讨论，大会一致通过了《关于中国工会工作报告的决议》和《关于修改中国工会章程的决议》。大会根据新的工会章程，选举出中华全国总工会第九届执行委员会执行委员 193 名，候补执行委员 85 名。1978 年 10 月 21 日，中国工会第九次全国代表大会胜利闭幕。

10 月 22 日，中华全国总工会召开第九届执行委员会第一次全体会议，会议选举中共中央政治局委员倪志福为中华全国总工会主席，朱学范、马纯古、康永和、黄民伟、陈宇、宋侃夫、王崇伦、韩荣华、刘玉娥（女）、章瑞英（女）等为副主席，马纯古、康永和、黄民伟、陈宇、宋侃夫、王崇伦、韩荣华、章瑞英（女）为书记处书记，邢方群、齐平、韩西雅、王家宠为书记处候补书记。

中国工会九大是一次继往开来的成功的大会，正如邓小平所说："中国工会第九次全国代表大会的召开，对我国工人运动的发展和加快实现四个现代化，具有重要的意义。"工会九大以后，工会系统的思想路线拨乱反正全面展开，各项工作全面恢复，中国工会运动从此掀开了新的一页。

阅读与链接

工人阶级要为实现四个现代化作出优异贡献

（邓小平在中国工会第九次全国代表大会上的祝词）

同志们：

中国工会第九次全国代表大会的召开，对我国工人运动的发展和加快实现四个现代化，具有重要的意义。我代表党中央和国务院，向大会表示热烈的祝贺，向全体到会的代表同志们，向战斗在各条战线上的全体职工同志们，致以亲切的慰问。

全国第六次劳动大会和工会第七次、第八次全国代表大会所规定的工人运动的路线、方针、任务是正确的。全国总工会和各级工会组织在党的领导下做了许多很好的工作，对全国的社会主义革命和社会主义建设的胜利发展起了重大的作用。在党的领导和工会的帮助下，全国各民族、各地区、各工业部门的职工群众中都涌现了一批劳动模范和革命骨干，他们至今还是我们学习的榜样和团结的核心。

但是，近些年来，林彪、“四人帮”使工会工作完全瘫痪。他们扶植一批坏人，把持一部分工人团体，使它们成为自己篡党夺权的工具。他们在工人中煽动派性，煽动武斗，煽动停工停产，反对各厂矿企业的革命干部、劳动模范和工会积极分子，并加以野蛮的迫害和摧残。他们制造各企业和整个工业、整个国民经济的无政府状态，反对社会主义的计划经济，反对各尽所能、按劳分配的原则，反对一切合理的规章制度，破坏劳动纪律。他们的这一切反革命罪行造成了极为严重的后果，同时，也在全国工人阶级中引起了极大的革命义愤。各地都有大批先进分子不怕他们的白色恐怖，同他们进行了英勇不屈的斗争。斗争的实践证明，我国工人阶级不愧是久经考验的立场坚定的革命领导阶级。

粉碎“四人帮”后的两年中，在党中央的领导下，揭批“四人帮”，拨乱反正，形势越来越好。很明显，林彪、“四人帮”在工人队伍中所散布的流毒和造成的恶果，还要下很大的功夫去肃清，整顿队伍的工作还要在每个企业中完全落实。我们一定要把揭批“四人帮”的斗争进行到底。但是同样很明显，这个斗争在全国广大范围内已经取得决定性的胜利，我们已经能够在这一胜利的基础上开始新的战斗任务。

党的十一大和五届人大已经向全国人民提出在本世纪末实现社会主义的四个现代化的伟大目标。现在党中央、国务院要求加快实现四个现代化的步伐，并且为此而提出了一系列政策和组织措施。中央指出：这是一场根本改变我国经济和技术落后面貌，进一步巩固无产阶级专政的伟大革命。这场革命既要大幅度地改变目前落后的生产力，就必然要多方面地改变生产关系，改变上层建筑，改变工农业企业的管理方式和国家对工农业企业的管理方式，使之适应于现代化大经济的需要。为了提高经济发展速度，就必须大大加强企业的专业化，大大提高全体职工的技术水平并且认真实行培训和考核，大大加强企业的经济核算，大大提高劳动生产率和资金利润率。因此，各个经济战线不仅需要进行技术上的重大改革，而且需要进行制度上、组织上的重大改革。进行这些改革，是全国人民的长远利益所在，否则，我们不能摆脱目前生产技术和生产管理的落后状态。中央相信，为了社会主义的利益，为了四个现代化的利益，全国工人阶级一定会在这些改革中起大公无私的模范先锋作用，各工会组织一定会用深入群众的宣传组织工作积极协助各企业顺利地实现这些改革，为革命和建设的事业作出新的杰出贡献。工人阶级最重要的特点之一就是同社会化的大生产相联系，因此它的觉悟最高，纪律性最强，能在现时代的经济进步和社会政治进步中起领导作用。我们希望工会第九次全国代表大会能对当前的形势进行深入的讨论，以便团结全体会员，在揭批“四人帮”的斗争取得完全胜利的基础上，为迎接这一伟大任务而斗争。

工会要教育全体会员认识实现四个现代化的伟大意义，努力提高自己的政治、管理、技术、文化水平。工人阶级要发扬艰苦奋斗、大公无私、严守纪律、服从调动、爱厂如家的光荣传统，团结一致，克服“四人帮”所煽动的派性和无政府主义的残余。工人阶级要用最大的努力来掌握现代化的技术知识和现代化的管理知识，为实现四个现代化作出优异的贡献。任何人对四个现代化贡献得越多，国家和社会给他的荣誉和奖励就越多，这是理所当然的。党中央和国务院已经决定，为了表彰先进，庆祝中华人民共和国成立三十周年，准备在明年召开工交、基建、农林、财贸、文教、科技战线的全国劳动模范代表大会。希望全国职工群众用丰硕的成果来迎接新长征中第一次盛大的群英会。

我们的企业要实行党委领导下的厂长或经理负责制，要建立强有力的生产指挥系统。工会要教育全体会员维护企业实行高度集中的行政领导，维护生产指挥系统的高度权威。只有这样，才能有效地克服现在普遍存在的无人负责现象，才能正常地、有秩序地组织生产。也只有这样，才能不断地扩大再生产，增加利润，同时不断地改善职工生活，从而确实保证国家利益、集体利益和个人利益的统一。工会要教育全体会员积极参加企业的管理。为了实现四个现代化，我们所有的企业必须毫无例外地实行民主管理，使集中领导和民主管理结合起来。今后企业的车间主任、工段长、班组长要由本车间、工段和班组的工人选举产生。企业的重大问题要经过职工代表大会或职工大会讨论。企业的领导干部要在大会上听取职工意见，接受职工的批评和监督。对某些严重失职或作风恶劣的领导人员和管理人员，大会有权向上级建议给以处分或撤换。各企业的工会，将成为职工代表大会和职工大会的工作机构。因此，工会再不是有些人所认为的那种可有可无的组织了。工会工作的好坏怎么样，影响着工人当家做主的权利行使得怎么样，也影响着企业管理的好坏怎么样，影响着集中领导能否顺利进行。这就是说，一个企业管理得好，不仅是企业党政干部的成绩，也是全企业工人群众的成绩，也是工会工作的成绩。

工会要努力保障工人的福利。我们的国家还很落后，工人的福利不可能在短期间有很大的增长，而只能在生产增长特别是劳动生产率增长的基础上逐步增长。但是，这决不能成为企业领导不关心工人福利的借口，尤其不能成为工会组织不关心工人福利的借口。在目前的条件下，企业领导在这方面还是有大量的工作应该做，工会组织有更大量的工作应该做。工会组织要督促和帮助企业行政和地方行政在可能的范围内，努力改善工人的劳动条件、居住条件、饮食条件和卫生条件，同时要在工人中间积极开展各种形式的互助活动。

无论要做好以上哪一项工作，工会组织都必须密切联系群众，使广大工人都感到工会确实是工人自己的组织，是工人信得过的、能替工人说话和办事的组织，是不会对工人说瞎话、拿工人的会费做官当老爷、替少数人谋私利的组织。工会要为工人的民主权利奋斗，反对形形色色的官僚主义，它本身就必须是民主的模范。工会要教育工人艰苦奋斗、大公无私、严守纪律、服从调动、爱厂如家，工会干部自己就必须在所有这些方面都成为模范。只要工会这样做了，工会就会在工人群众中享有很高的威信，可以为四个现代化作出重大的贡献。凡是在揭批运动已经进行得比较彻底的地方，我们的党、行政、青年团就都有责任使工作干出显著的成绩来，我们的工会就同样有责任使工作干出显著的成绩来。粉碎“四人帮”已经两年了，我们不能老是把工作中的问题归之于“四人帮”的流毒。如果“四人帮”的流毒老是没有肃清，那末，这个老是没有肃清的状况，责任还是在我们自己。只要我们大家都这样来严格要求自己的工作，我们党和国家的事业就一定会兴旺发达起来，我们的四个现代化的伟大理想就一定能够加快实现。

同志们！我国工人阶级在建设自己国家的同时，一定要时时刻刻记着全世界无产阶级、被压迫人民和被压迫民族。我们要进一步加强同全世界工人阶级和革命人民的团结，支持他们反帝、反殖、反霸，争取和维护民族独立以及争取社会进步的斗争，为全世界工人阶级的解放和人类的进步事业作出应有的贡献。我国工人阶级也要虚心学习各国工人阶级的斗争经验，学习他们的先进科学技术，来加快实现我国的四个现代化。

同志们！我们的事业无比壮丽，我们的前途无限光明。让我们高举毛泽东思想的伟大旗帜，在党中央领导下，同心同德，一往无前，为实现中国工人阶级新的伟大历史使命——在本世纪内把我国建设成现代化的伟大的社会主义强国，努力奋斗！

（二）全总九届二次执委会议与工会指导思想的拨乱反正

1978年12月，中共中央召开了具有重大历史意义的十一届三中全会。这次全会坚持实事求是的原则，冲破了多年来“左”倾思想的束缚，抛弃了“以阶级斗争为纲”“无产阶级专政下继续革命”等错误口号和理论，提出把党的工作重点转移到实现四个现代化上来的伟大历史任务，开启了改革开放历史新时期。这次会议对中国工人运动和工会工作的发展产生了重大而深远的影响。

为了贯彻党的十一届三中全会精神，全国总工会于1979年2月下旬召开了九届二次常委（扩大）会议，提出：“工会的一切工作、一切活动都应当紧紧围绕着社会主义现代化建设这个中心进行。”会议通过了《加强安定团结，广泛深入地开展增产节约运动的决议》，康永和代表全总书记处作了《跟上伟大转变，做好工会工作》的主旨报告，会议还讨论了《关于建立健全职工代表大会制度的意见》征求意见稿，并发各地工会组织。经过各级工会组织的努力，工会工作的成绩日益显现，工会的作用得到了党和政府的充分肯定。

1979年10月31日至11月7日，全国总工会九届二次执委（扩大）会议在北京举行。党和国家领导人李先念、邓颖超、胡耀邦等到会并先后发表了重要讲话。这次会议以端正工会指导思想为重要内容，强调要恢复工会组织的优良传统，反对影响工会组织健康发展的各种错误观念，为工会思想领域的拨乱反正进一步提出了明确要求。倪志福代表全总常委会作了工作报告，强调各级工会组织要进一步解放思想，密切联系群众，加强工会组织自身建设，努力成为四化建设的促进派。

倪志福在工作报告中说，新中国成立以来我国工会“是贯彻执行党的路线的。六次劳大和工会七大、八大所规定的工人运动的路线、方针、任务是正确的”。但是，由于长期以来受“左”倾错误的影响，工会组织被认为存在着严重的“经济主义”和“工团主义”，受到错误的批判。“‘四人帮’利用了这个错误，把‘文革’前十七年的工会工作说成‘黑线统治’，彻底砸烂了工会组织。”而实际上，“在文化大革命以前，在工会工作中正确路线占着主导地位，并不存在‘工团主义’，也不存在‘经济主义’。”十一届三中全会之后，随着党的工作重心转移到社会主义现代化建设上来，工会组织开始恢复长期坚持的“以生产为中心”的指导思想，并在新的基础上有所发展，从而实现了工会指导思想上的拨乱反正。

（三）坚持实事求是原则，平反冤假错案

在解放思想、拨乱反正的过程中，新一届全国总工会党组本着对工会历史和工会现实负责的态度，对1951年错误处理的李立三案和1958年错误处理的赖若愚案进行了深入细致的复查工作。1979年6月18日，全总党组做出《对中华全国总工会党组第三次扩大会议的复查结论》和《对中华全国总工会党组第三次扩大会议的复查报告》，推翻了全总党组第三次扩大会议对赖若愚、董昕等人所做的错误结论。《复查结论》和《复查报告》认为，全总党组第三次扩大会议对赖若愚、董昕等人的“污蔑不实之词，应予推倒，受到批判斗争和处分的同志应予以彻底平反，恢复名誉”。

1980 年 3 月 20 日，中共中央为李立三举行隆重的追悼会，为李立三公开平反昭雪，党和国家领导人邓小平、胡耀邦、彭真、王震等参加追悼会，王震代表党中央致悼词，悼词对李立三的一生给予高度评价，指出李立三是“中国共产党的优秀党员、无产阶级革命家、我国工人运动的杰出领导人之一”。追悼会之后，全国总工会党组加快了对 1951 年李立三案的复查工作，并于 1981 年 3 月做出《对全国总工会党组第一次扩大会议的复查结论》。《复查结论》认为，1951 年全总党组第一次扩大会议关于认定李立三同志犯了严重的工团主义、经济主义错误的结论和决议，是缺乏事实根据的，均应推倒，并为李立三及受株连的同志平反昭雪，恢复名誉。

在全国总工会平反冤假错案的同时，全国各地工会组织也开展了对本地区、本部门历史上冤案错案的平反工作，特别是对“文革”中形成的冤假错案，一经查实，即予平反，为一大批遭受迫害的工会干部和劳动模范落实了政策。工会内部开展的平反冤假错案的工作，在思想上和实践上分清了是非，摘掉了长期压在工会组织头上的“工团主义”“经济主义”两顶大帽子，极大地调动了职工群众的生产热情和工作积极性，促进了工会工作的全面恢复与发展。

二、工会工作的全面恢复与发展

（一）恢复与整顿各级工会组织

在十年“文革”中，全国各级工会组织受到极大冲击，人员被遣散，机构被合并，办公场所被占用，普遍处于瘫痪状态。粉碎“四人帮”后，特别是中国工会九大召开前后，全国总工会开始积极着手解决各级工会组织机构的恢复和调整问题。1978 年 9 月 30 日，全总党组就关于地方各级工会干部编制问题请示党中央，提出根据 1964 年全总党组制定的《地方各级工会暂行编制方案》，“凡现有干部人数少于文化大革命以前实有人数的地方工会，请同级党委抽调合适的干部，配备到文化大革命以前的水平”。“凡是现有干部人数已经达到文化大革命以前实有人数的地方工会，请同级党委了解其质量水平，根据需要，进行必要的调整充实。是否还要增加数量，请同级党委根据情况决定。”该请示得到党中央的批准。1979 年 7 月初，全国总工会在山东潍坊召开了部分省市总工会组织部负责人参加的工会组织工作座谈会，交流总结前一段时间工会组织整建的情况。据会议报告反映，截止到会前，29 个省、市、自治区总工会的领导班子，大多数已基本健全，有 17 个省级总工会召开了工会代表大会。各级工会组织建立了工作机构，调整充实了一批干部。

随着工会工作的恢复和发展，基层工会组织不断壮大，组织数量稳步增加。1979 年，全国工会共有基层组织 32. 9 万个，1980 年为 37. 6 万个，1981 年为 41. 1 万个，1982 年为 43. 3 万个。到 1983 年，全国职工总数达到 1. 15 亿人，工会会员达到 7693 万人，基层工会组织达到 44. 7 万个，车间工会组织 54. 5 万个，工会小组 561. 4 万个，中国工会成为世界上最大的工会组织。

（二）大力开展增产节约劳动竞赛

中国工会九大以后，工会组织各项工作围绕着社会主义现代化建设这一中心任务全面开展。1979 年 2 月，全国总工会九届二次常委（扩大）会议做出《加强安定团结，广泛深入地开展增产节约运动》的决议，指出工会当前的首要工作是进一步广泛、深入、持久地开展以高产、优质、多品种、低消耗和安全生产为主要内容的增产节约劳动竞赛，要求各级工会在党的领导下，开展一场深入扎实的增产节约运动，采用多种形式的劳动竞赛，以取得显著的经济效果。8 月 4 日，全总召开各省、市、自治区总工会电话会议，总结交流开展增产节约运动的经验。1980 年 4 月初，全国总工会召开九届常委第四次（扩大）会议，将开展增产节约运动进一步深化为在职工群众中开展为四化立功的运动，会议通过《关于动员职工为四化立功，深入开展增产节约运动，迎接党的十二大召开的决议》，提出：“当前，工会组织的重要任务，就是要在党的领导下，适应四化建设的需要，支持群众的首创精神，积极开展为四化立功的群众活动。”开展增产节约运动和为四化立功运动，极大地鼓舞和焕发了广大职工群众的工作热情，创造了十分突出的业绩。

（三）着力做好劳动保护和生活福利工作

为了扭转企业职工伤亡事故和职业病增多的状况，中共中央于

1978 年 10 月 21 日下发了《关于认真做好劳动保护工作的通知》，指出："加强劳动保护工作，搞好安全生产，保护职工的安全和健康，是我们党的一贯方针，是社会主义企业管理的一项基本原则。"通知要求各级工会要加强群众劳动保护工作，加强安全生产教育，协助行政贯彻劳动保护的各项规定。为贯彻落实通知精神，经过认真调查研究，全国总工会于 1979 年 1 月 15 日发出《关于贯彻执行〈中共中央关于认真做好劳动保护工作的通知〉的通知》，并于 9 月 10 日又提出《关于做好当前劳动保护工作的意见》。1980 年 6 月中旬，全国总工会召开了全国工会第三次群众劳动保护工作会议，总结工会劳动保护工作三十年来的经验教训，特别是研究了中共中央通知发布后工会劳动保护工作的成绩和不足，提出进一步加强劳动保护工作的举措。全总还与政府相关部门密切合作，在职业病防治、工业环境治理等方面做了大量工作。经过党、政府和工会的共同努力，1979 年与 1978 年相比，职工因工死亡人数下降了 7.8%，重伤人数下降了 6.6%，但减少职业病患、解决环境污染仍然是摆在工会面前的一项艰巨任务。

各级工会组织将开展安全生产活动作为一项重要工作。1979 年，吉林省和天津市接连发生通化矿务局松树镇煤矿瓦斯爆炸、"渤海二号"钻井船翻沉、煤气公司液化气罐爆炸等三起恶性事故。全总积极参与这三起恶性事故的调查工作，并将调查结果和对事故责任人的处理意见上报党中央，尽力维护受难职工的正当利益。为了防患于未然，1980 年 4 月，经国务院批准，全国总工会与国家相关部委联合发出《关于开展"安全月"活动的通知》，决定建立"安全月"制度，规定每年 5 月为"安全月"。之后，全国总工会积极组织参与"安全月"活动，通过进行安全卫生教育、开展安全卫生检查、推广安全活动典型经验等方式，来保障职工群众的安全与健康，收到了良好的效果。

关心职工生活，帮助解决职工在日常生活中遇到的各种困难，是工会工作的一项重要内容。1979 年 7 月，全国总工会生活保险部在北京召开全国工会职工生活工作经验交流会，根据这次交流会反映的情况发出通知，要求各级工会"切实关心群众生活，努力保障工人的切身利益，协助和监督行政采取多种方法，及时解决迫切需要解决而又可能解决的问题”。从1980年起，全国总工会和各地方工会多次组织职工生活大检查，帮助解决职工的工资、住房、子女就业等一系列问题。1980年4月，全国总工会在北京召开劳动保险工作会议，讨论研究整顿和加强工会劳动保险工作的问题。会议提出，要认真执行国家现有的劳动保险政策和法规，建立健全各项劳动保险制度，搞好退休退职职工的管理工作。到1980年年底，全国全民所有制企业职工和县以上集体所有制企业职工基本上享受了劳动保险待遇。

（四）恢复与重建职工代表大会制度

职工代表大会制度的渊源可以追溯到中国共产党创建革命根据地时期的工业企业管理方式，即“三人团”与工人大会制。解放战争和新中国成立初期，在我党开办的工业企业中即实行过职工代表会议制。1957年，中共中央决定在国营企业中实行党委领导下的厂长负责制，并试行党委领导下的职工代表大会制度。

然而，职代会制度在“文革”期间受到了严重的冲击。粉碎“四人帮”后，建立健全这一制度受到党和工会的重视。邓小平在中国工会九大致词中强调，企业要实行民主管理，“企业的重大问题要经过职工代表大会或职工大会讨论”。经过一段时间的准备，全国总工会会同中组部、国家经委于1981年5月29日至6月8日联合召开了全国企业民主管理座谈会。中共中央书记处书记万里、宋任穷到会讲话。会议认为，党委领导下的职工代表大会制度是社会主义企业的一项根本制度，是职工参与企业民主管理的主要途径。会议讨论通过了由全国总工会起草的《国营工业企业职工代表大会暂行条例》。《暂行条例》明确规定了企业职工代表大会的各项职权。7月13日，中共中央、国务院发出《关于转发〈国营工业企业职工代表大会暂行条例〉的通知》。《通知》指出：职工代表大会是提高职工群众主人翁责任感，发挥当家做主的积极性，办好社会主义企业的基本形式。每个企业必须按照《暂行条例》的规定，有准备地、切实地把职工代表大会制度建立起来。通知要求各级工会要把搞好职工代表大会制度作为自己工作的重点，协助党委做深入细致的群众工作。《通知》要求各地区、各部门的党委要指导和监督所属企业贯彻实施《暂行条例》，并且不断总结和创造经验，使职工代表大会制度进一步完善和提高。1981 年 10 月 7 日至 12 日，全总九届三次执委（扩大）会议在北京举行。会议提出，工会当前要抓好三项工作，即加强政治思想工作、搞好职工代表大会制、推行和完善经济责任制，而“以搞好职工代表大会制作为工会工作的重点”。会后，随着《暂行条例》《通知》以及此次会议精神的贯彻落实，全国各地企事业单位积极推行职工代表大会制度，取得了不小的成就。到 1981 年年底，全国建立职工代表大会的企事业单位已达到 10 万多个，比上年增长 1.79 倍，1982 年又比 1981 年增长了 89.65%。许多厂矿企业还通过民主选举的办法，选出各级领导干部。职工代表大会制度的恢复与重建，不仅有效地保障了职工的民主管理权利，促进了工会各项工作的开展，而且在一定程度上推动了国家的政治民主和经济发展。

（五）加强职工教育工作

工会组织历来十分重视职工教育工作。中国工会九大以后，各级工会组织根据全总的统一部署，在促进职工以及全社会的精神文明建设方面，做了大量形式多样、卓有成效的工作。

1981 年 2 月 25 日，全国总工会、全国妇联、中央爱卫会、全国伦理学会、全国美学会、共青团中央、中国文联、全国学联、中国语言学会等单位联合发出《关于开展文明礼貌活动的倡议》，倡议全国人民特别是青少年开展以讲文明、讲礼貌、讲卫生、讲秩序、讲道德和心灵美、语言美、行为美、环境美为内容的“五讲四美”活动。2 月 28 日，中共中央宣传部和教育部、文化部、卫生部、公安部联合发出通知，要求各有关部门支持全国总工会等九团体的倡议，把它当做建设社会主义精神文明的一件大事来抓。此后，这一活动在全国范围内开展起来。

1982 年，上海市总工会发起“振兴中华”职工读书活动，得到广大职工的热烈响应。1983 年 4 月，全国总工会在上海召开职工读书活动经验交流会，5 月，发出《关于在全国职工中开展读书活动的决定》的通知，将这一活动推向全国。到 1984 年年初，全国成立的读书小组有 80 多万个，参加读书活动的职工达 1100 万人，职工中的读书风气蔚为大观。

在新的历史时期，广大职工积极参与国家社会主义现代化建设的过程中，涌现出大量先进人物。1982 年下半年，全国总工会连续发出号召全国职工向赵春娥、罗健夫、蒋筑英等人学习的通知，要求广大职工要以先进人物的模范事迹为榜样，百折不挠，英勇奋斗，为完成“六五”计划，开创社会主义建设的新局面做出自己的贡献。在各级工会组织的推动下，学先进活动收到了良好的效果。

1982 年 3 月至 5 月，由中共中央书记处研究室牵头，全国总工会和国务院有关部委参加，对全国 11 个重点企业的职工队伍状况进行了系统调查。这是改革开放以来对全国职工队伍状况进行的第一次调查，形成了《关于当前我国工人阶级队伍状况的调查报告》。通过调查，得出了在新的历史条件下工人阶级作为一个阶级不仅依然存在，而且在向以经济建设为中心的战略转移中依然发挥重要作用的重大结论，提出了如何正确认识和看待已占职工总数 60% 以上的年轻工人，如何树立工人阶级主人翁责任感等一系列重大理论和实践问题。《调查报告》引起了各方面的重视，推动了有关问题的解决，加强了新形势下工人阶级队伍的建设。

三、工运领域拨乱反正的完成和工会运动的发展

（一）中国工会十大的召开与新工运方针的确定

1982 年 9 月，中国共产党第十二次全国代表大会在北京举行。邓小平在大会开幕词中说，坚持从中国的实际出发，“把马克思主义的普遍真理同我国的具体实际结合起来，走自己的道路，建设有中国特色的社会主义，这是我们总结长期历史经验得出的基本结论”。这是“中国特色社会主义”命题的首次提出。胡耀邦代表中共中央作了题为《全面开创社会主义现代化建设的新局面》的报告。报告回顾了中国共产党发展的历史，特别是十一届三中全会以来党带领全国人民所走过的道路，明确提出：“中国共产党在新的历史时期的总任务是：团结全国各族人民，自力更生，艰苦奋斗，逐步实现工业、农业、国防和科学技术现代化，把我国建设成为高度文明、高度民主的社会主义国家。”报告还对我国工人阶级队伍的状况进行了深刻分析，全面论述了党在工运领域的主要任务，指出，我们党是工人阶级政党，必须注意依靠本阶级的

群众。鉴于我国工人阶级的构成近年来发生了新老更替的很大变化，大量青年进入工人阶级队伍，生产第一线的党员减少，党同产业工人的直接联系被削弱的状况，必须大力加强党在生产第一线职工中的工作。要求全党要大力加强在工会中的工作，使工会成为联结党和工人群众的强大纽带，为此，必须认真实行职工代表大会制度，使它和工会都能在思想教育、企业管理和工人生活的改善中发挥重要作用。

党的十二大的召开，指明了建设具有中国特色社会主义的道路，制定了全面开创社会主义现代化建设新局面的纲领，从路线、方针、任务方面为中国工会十大的召开奠定了基础。党的十二大之后，全国总工会认真贯彻党的十二大精神，积极做好召开中国工会十大的筹备工作。

1983 年 10 月 18 日至 29 日，中国工会第十次全国代表大会在北京召开。出席会议的代表 1998 人，特邀代表 328 人。党和国家领导人胡耀邦、邓小平、陈云等出席大会开幕式。中共中央政治局常委、国家主席李先念代表中共中央、国务院向大会致词。

李先念在致词中指出，中国工会十大是我国工人运动发展史上的一次重要会议，这次大会对团结全国各族职工，努力开创社会主义现代化建设的新局面，开创工人运动的新局面，开创工会工作的新局面，将产生重大的推动作用。致词指出，中国工人运动已经进入了一个新的发展阶段。新时期工人运动的根本任务，就是把我国建设成为现代化的、高度文明、高度民主的社会主义国家。为适应这个根本任务的要求，工会要努力提高广大职工的思想政治素质和科学文化素质，在两个文明的建设中发扬工人阶级的主人翁精神；要切实代表和坚决维护职工的利益；要团结本组织成员积极参与国家的建设和管理。致词强调，工会是党领导下有职有权、能够独立负责地开展工作的重要团体，那种把工会按照自己的职权独立负责地进行工作，同“向党闹独立性”“工团主义”等混为一谈的现象，是完全错误的。工会必须旗帜鲜明地同一切危害职工利益的现象作坚决斗争，工会要坚决扫除“衙门”作风，深入职工群众，倾听他们的呼声，反映他们的要求，尽力帮助他们解决各种急需解决的困难和问题，多为他们做实事、做好事。

倪志福代表中华全国总工会第九届执委会向大会作了题为《在社

会主义物质文明和精神文明建设中发扬工人阶级的主人翁精神》的工作报告。报告总结了中国工会九大以来我国工人运动和工会工作所取得的成绩和经验，提出新时期工会工作的方针是：以四化建设为中心，为职工说话、办事，维护职工的合法权益，加强对职工的思想政治教育和文化技术教育，建设一支有理想、有道德、有文化、守纪律的职工队伍，充分发挥工人阶级在社会主义物质文明和精神文明建设中的主力军作用。根据这个方针，报告提出了我国工人阶级在新时期的六项任务：提高阶级觉悟，自觉遵守纪律；学习文化技术，增长建设才干；推进民主管理，反对官僚主义；着眼国家全局，逐步改善生活；发扬战斗精神，反对歪风邪气；更大规模地开展争创先进生产者和先进集体活动。中国工会十大报告明确了以经济建设为中心的工作方针，特别是在方针中提出了为职工说话、办事，维护职工的合法权益，使工会强调维护职能和群众性组织的特点，在新中国成立后第一次正式出现在工会的工作方针中，这是工会十大的重要历史成就。报告还提出了要积极稳妥地进行工会改革，改革的目标是把我国工会建设成为中国共产党领导的，独立自主、充分民主、职工信赖的工人阶级群众组织，在国家和社会生活中发挥重要作用的社会政治团体。

中国工会十大通过了倪志福所作的工作报告，通过了《中国工会章程》。新的章程继承了历届工会章程的优点，清除了中国工会九大章程中“左”的错误内容，正确地阐述了工会的性质和作用，在组织制度上作了许多新规定，对工会工作者提出了更高的要求。

大会选举了中华全国总工会第十届执行委员会，其中正式委员 241 人，候补委员 83 人，选举了第十届经费审查委员会。在随后举行的十届一次执委会上，倪志福再次当选为中华全国总工会主席，顾大椿、尉健行、罗干、王崇伦、章瑞英（女）、王家宠、蒋毅当选为副主席。倪志福同时当选为第十届执行委员会书记处第一书记，尉健行、罗干、王崇伦、章瑞英（女）、陈秉权、刘实、王申祥、王珣、张富有、李雪莹（女）为书记处书记。黄民伟为全总十届经费审查委员会主任。

中国工会十大以党的十二大路线为指引，确定了新时期工会工作的基本方针和奋斗纲领，在思想、政治、组织等方面把我国工会工作推上了更高的水平。工会十大的召开，标志着我国工人运动和工会工作拨乱反正的基本结束。

（二）城市经济体制改革与工会工作的新局面

为了进一步深化经济体制改革，中国共产党于 1984 年 10 月召开了十二届三中全会。全会分析总结了十一届三中全会以来城乡经济体制改革的经验，做出了具有历史意义的《中共中央关于经济体制改革的决定》。《决定》标志着中国城市经济体制改革的大幕正式拉开。《决定》对我国经济体制改革特别是城市经济体制的改革，进行了规划和部署，指出："增强企业的活力，特别是增强全民所有制的大、中型企业的活力，是以城市为重点的整个经济体制改革的中心环节。"围绕着这个中心环节，应该处理好国家、企业、职工之间的关系。"确立国家和企业、企业和职工这两方面的正确关系，是以城市为重点的整个经济体制改革的本质内容和基本要求。"《决定》阐述了工会在企业改革中的作用，指出必须健全职工代表大会制度和各项民主管理制度，充分发挥工会组织和职工代表在审议企业重大决策、监督行政领导和维护职工合法权益等方面的权力和作用，体现工人阶级的主人翁地位。要求工会在改革的全局中摆正自己的位置，围绕增强企业活力，促进生产力发展开展工作，要十分注意在重大决策上发挥作用，认真处理在改革和建设中涉及职工利益的各种问题，维护职工的合法权益。十二届三中全会的召开对中国工人运动和工会工作产生了深远的影响。在当年年底召开的全总十届二次执委会议上，作出了《认真贯彻党的十二届三中全会精神，充分发挥工会组织在经济体制改革中的作用》的决议。

1983 年 3 月 14 日，中央书记处在听取全国总工会筹备工会十大汇报时，作出工会要真正成为"职工之家"、工会干部成为"工人之友"的重要指示。1984 年 5 月，全国总工会下发了《关于整顿工会基层组织，开展建设"职工之家"活动的决定》，提出建设"职工之家"的 6 条标准，要求从 1984 年下半年开始，争取用 3 年左右时间，对全国 43 万个基层工会普遍进行一次整顿，逐步把基层工会办成名副其实的"职工之家"，从而拉开了基层工会开展"建家"活动的序幕。

1985年1月，全国总工会在广东省深圳市首次召开全国经济特区、沿海开放城市中外合资企业工会工作座谈会，提出工会要为贯彻党的对外开放政策、积极扩大对外经济技术交流与合作服务，充分认识在中外合资、合作和外商独资企业中建立工会组织的重要性、必要性和紧迫性。

1985年11月13日，全总十届三次执委会议通过了全国总工会关于《在经济体制改革中加强城市工会工作的意见》，要求各级工会组织提高对城市工会工作的认识，着重抓好三个环节：一是要参政议政，积极参与城市经济改革和发展建设的重大决策；二是关心城市全局，抓好两个文明建设，在建设社会主义的新型城市中发挥作用；三是围绕着搞活企业，继续加强基层工会建设，在抓基层、打基础上下工夫。1986年11月，全总十届四次执委会议又一次提出，当前工会工作的主要任务是围绕四化和改革开展工作。连续三次执委会议，为工会在改革开放的新形势下如何开展工作定下了主基调。

随着经济体制改革的推进和深化，企业承包责任制逐渐成为企业改革的主要形式，给工会工作提出了新的课题。各级工会组织按照全国总工会的统一部署，参与到企业承包经营活动中，对企业承包方式、承包基数等问题认真组织职工讨论，并积极解决企业承包过程中发生的各种问题，保证了企业承包经营活动的顺利开展。为了进一步搞好企业领导体制的改革，1986年9月，中共中央、国务院颁布了《全民所有制工业企业厂长工作条例》《中国共产党全民所有制工业企业基层组织工作条例》和《全民所有制工业企业职工代表大会条例》，同时发出《关于颁发全民所有制工业企业三个条例的通知》。《通知》指出，城市经济体制改革的基本内容是："企业实行生产经营和行政管理工作厂长负责制；明确企业党组织的工作重点，为保证和监督党和国家各项方针政策的贯彻实施，做好企业党的思想建设、组织建设和思想政治工作；进一步健全职工代表大会制度和各项民主管理制度，发挥工会组织和职工代表在审议企业重大决策、监督行政领导干部、维护职工合法权益等方面的作用。"为认真贯彻落实《通知》，1987年8月25日至29日，全国总工会会同国家经委、中央组织部联合召开了贯彻全民所有制工业企业三个条例、全面推行厂长负责制工作会议，着重研究了企业实行厂长负责制后如何协调好党、政、工三者之间的关系。会议强调，在全民所有制企业中推行厂长负责制，必须与加强职工民主管理结合起来。工会既要肯定和支持厂长负责制，又要运用职工民主管理的手段，保障职工群众在企业承包经营活动中的切身利益，从而推动企业承包责任制的健康发展。

工会参政议政是工会代表职工群众参与国家政治经济文化生活的一项重要工作。在党和国家制定和实施重大决策时，工会充分反映职工的正当要求，提出合理的意见和建议，从而能够更好地维护职工群众的合法权益。1984年底，全国总工会提出，工会必须重视并且参加国家事务和社会事务的管理，参加国家各方面建设事业的决策过程。1985年8月，全总党组向中共中央和国务院提交《关于工会参加党和政府的有关会议和工作机构的请示》，建议党中央、国务院及有关部委，在研究制订有关国家的经济和社会发展计划以及重大方针政策时，凡涉及职工切身利益问题时，通知全国总工会参加必要的会议或工作；吸收工会参加涉及职工利益的各项重大改革的领导机构；各产业部和地方也应参照上述原则，吸收产业工会和地方工会参与这方面的活动。同年11月，中共中央批复同意全总的这一请示，并通知各省、市、自治区党委和人民政府、中央和国家机关各部委、各人民团体参照执行。嗣后，全国总工会参加了国务院工资改革领导小组、物价改革领导小组、住房租金改革领导小组的工作，从工会和职工群众的角度提出意见或建议，并先后向国家提出了《关于企业工资改革若干问题的建议》《实行职工基本生活费用与相应物价指数挂钩的建议》，受到了有关部门的重视。全国总工会在《关于改革劳动制度的四项暂行规定》《中华人民共和国中外合资经营企业法》《中华人民共和国全民所有制工业企业法》《国营企业破产法（草案）》等重要文件的制定过程中积极参与起草修改工作，反映职工的呼声，维护职工的利益。一些地方工会或基层工会也采取积极步骤，参与地方的立法活动和决策工作。

阅读与链接

※《中共中央关于经济体制改革的决定》(存目)

※《在经济体制改革中加强城市工会工作的意见》(存目)

(三) 中国工会十一大的召开

1987 年 10 月，中国共产党在北京召开了第十三次全国代表大会。党的十三大报告第一次系统地阐述了社会主义初级阶段的理论，并指出我国目前正处在社会主义的初级阶段。这个论断包括如下两层含义：第一，我国社会已经是社会主义社会，我们必须坚持并且不能离开社会主义；第二，我国的社会主义还处在初级阶段，我们的一切工作都必须从这个实际出发，而不能超越这个阶段。报告认为，社会主义初级阶段，不是泛指任何国家进入社会主义都会经历的起始阶段，而是特指我国在生产力落后，商品经济不发达条件下建设社会主义客观必然要经历的特定阶段。我国从 50 年代生产资料私有制的社会主义改造完成，到社会主义现代化的实现，至少需要上百年时间，都属于社会主义初级阶段。这个阶段的任务是，逐步摆脱贫穷、落后，由农业人口占多数的手工劳动为基础的农业国，逐步变为非农业人口占多数的现代化工业国；由自然经济、半自然经济占很大比重变为商品经济高度发达。根据这个理论，报告明确提出了党在社会主义初级阶段的基本路线，这就是：领导和团结全国各族人民，以经济建设为中心，坚持四项基本原则，坚持改革开放，自力更生，艰苦创业，为把我国建设成为富强、民主、文明的社会主义现代化国家而奋斗。这条基本路线，可以概括为“一个中心，两个基本点”，即以经济建设为中心，坚持四项基本原则，坚持改革开放。它是党的十一届三中全会以来路线的继续、丰富和发展，是符合我国国情的精辟的理论阐释。据此，报告分别提出了发展经济战略、经济体制改革、政治体制改革、改革开放中的党的建设、坚持和发展马克思主义等诸方面的基本方针。党的十三大报告重申了工会等群众组织的重要作用和职能，认为工会等群众团体是党和政府联系工人阶级和人民群众的桥梁和纽带，在社会主义民主生活中具有重要作用。要理顺党和行政组织同群众团体的关系，使各种群众团体能够按照各自的特点独立自主地开展工作，能够在维护全国人民总体利益的同时，更好地表达和维护各自所代表的群众的具体利益。报告指出："群众团体也要改革组织制度，转变活动方式，积极参与社会协商对话、民主管理和民主监督，把工作重点放在基层，克服'官'气和行政化倾向，赢得群众特别是基层群众的信任。"

1988年10月，陕西省总工会和陕西省政府探索建立联席会议制度，举行第一次联席会议，就省总工会提出的4个涉及职工利益的议题进行了协商，并当场确定了解决办法。自此开始，工会与同级政府（企业行政）的联席会议制度在我国许多地方、行业及企业陆续建立，工会参政议政和联席会议制度在全国范围内普遍开展和数量上持续扩大，并且在制度上不断规范化，作用明显增强，有力地推动了各项改革事业的发展，成为工会维护职工权益、参与经济社会管理及企业发展的一种新型制度，为中国工会工作的发展开辟了一条重要途径。

1988年10月5日至9日，全国总工会十届六次执委扩大会议在北京举行，通过了《工会改革的基本设想》。《设想》总结了工会十大以来工会改革的成果，首次提出了工会改革的总体框架，对新时期工会的社会职能和工作方针、工会改革的条件、工会自身几项重大改革提出了明确的意见，强调新时期工会的社会职能是维护、建设、参与和教育，这四项职能密切联系、不能割裂。指出工会改革的目标是：遵循党的纲领和路线，把工会建设成为独立自主、充分民主、职工信赖的工人阶级群众组织，在国家和社会生活中发挥重要作用的社会政治团体。工会工作方针是，以经济建设为中心，立足改革全局，把发展生产力和维护职工利益结合起来，增强基层活力，实现工会的群众化、民主化，团结广大职工为建设具有中国特色的社会主义而奋斗。工会近期改革的内容是：理顺工会和党的关系，理顺工会和政府与行政方面的关系，使工会依法独立自主地开展工作；密切工会与群众的联系，以增强基层工会活力为中心环节，深入进行工会的自身改革，明确工会的社会职能和工作方针，改革组织制度与活动方式，克服“官办”气息和行政化倾向，实现工会组织的群众化、民主化。《工会改革的基本设想》为开好中国工会十一大作了重要的理论准备，在中国工会发展史上具有重要意义。

1988年10月22日至28日，中国工会第十一次全国代表大会在北京举行。出席大会的代表共1515名，其中工会工作者966名，先进模范人物165名，科教文卫和体育工作者148名，第一线生产工人210名，还有包括个体劳动者等各方面的特邀代表282名。他们代表着全国一亿三千多万名各行各业的职工。中共中央、国务院向大会致了祝词，祝词高度评价工人阶级在改革开放和社会主义现代化建设中的巨大贡献和重要作用，充分肯定了中国工会在团结广大职工投身改革和建设事业，促进国家经济繁荣和维护社会安定团结中的重要作用。坚定表明了党中央治理经济环境、整顿经济秩序、全面深化改革的信心，正确分析了我国经济和社会生活中存在的主要问题及其产生的原因，明确指出了解决这些问题的政策原则；阐明了工会工作和工会改革应当遵循的基本原则；提出了理顺党、政府与工会关系的一些重要指导思想。祝词认为，要把以经济建设为中心，在维护全国人民总体利益的同时，更好地表达和维护职工群众的具体利益，作为中国工人运动和工会工作的一项基本指导原则。工会组织要实行群众化和民主化，克服和防止行政化的倾向，按照会员的要求和愿望开展活动。工会工作要把重点放在基层，为基层服务，解决基层面临的困难和问题。

倪志福代表中华全国总工会第十届执委会向大会作《推进工会改革，团结亿万职工，在全面深化改革中发挥主力军作用》的工作报告。报告回顾了中国工会十大以来工会工作取得的成绩，提出了今后的工会工作方针：以经济建设为中心，立足改革全局，把发展生产力和维护职工具体利益结合起来，增强基层工会活力，实现工会的群众化、民主化，团结教育广大职工为建设有中国特色的社会主义而奋斗。工会在深化改革中的任务是，发挥职工群众的积极性，提高企业经济效益；参与协调社会矛盾，促进全面深化改革；推进民主政治建设，维护社会安定团结；加强精神文明建设，提高职工队伍素质。报告还要求各级工会要积极稳妥地推进自身改革，重申要把我国工会建设成为中国共产党领导的，独立自主、充分民主、职工信赖的工人阶级群众组织，在国家和社会生活中发挥重要作用的社会政治团体。

大会经过认真审议，通过了倪志福所作的工作报告，通过了《中国工会章程（修正案）》，通过了由 229 名成员组成的新一届全国总工会执行委员会。在全国总工会十一届一次执委会上，倪志福再次当选为中华全国总工会主席，朱厚泽、王厚德、陈秉权、章瑞英（女）、郑万通、李容光、李沛瑶当选为副主席。推选产生了全国总工会十一届执委会书记处，朱厚泽为书记处第一书记，王厚德、陈秉权、章瑞英（女）、郑万通、李容光、李沛瑶、方嘉德、张富有、于庆和为书记处书记。张富有当选为全总经费审查委员会主任。

1989 年春夏之交，北京发生了政治风波。1989 年 6 月 23 日至 24 日，中共十三届四中全会在北京举行。会议选举江泽民为中共中央总书记，确立了以江泽民总书记为核心的党的第三代领导集体。在十三届四中全会上，江泽民重申了党的全心全意依靠工人阶级的指导方针，指出离开工人阶级的积极性、创造性和主人翁责任感，一切都无从谈起。江泽民还强调，十年来的改革开放，改变了中国的经济和社会生活面貌，为中国社会主义事业注入了蓬勃的生机和活力。要继续更有效地进行改革开放，把改革开放事业搞得更快更好。

1989 年 7 月，全国总工会召开十一届三次主席团扩大会议，中共中央总书记江泽民等中央领导同志在中南海怀仁堂与出席会议的全体人员座谈。江泽民发表了重要讲话，深入论述了全心全意依靠工人阶级的思想，强调对此决不可动摇。江泽民对工会的作用进行了阐述，从总体上肯定了中国工会十一大的精神，阐述了工会工作必须遵循的一系列重要原则，指出工会组织必须在党的统一领导下进行活动，但同时又要按照工会章程，独立自主地开展工作，切实代表工人利益，充分反映工人的意见和呼声，积极参政议政，使工会成为发扬民主的一个渠道，成为对广大职工进行思想教育的共产主义大学校。江泽民的讲话进一步指明了工人运动和工会工作的正确方向，其意义十分重大、深远。

1989 年 12 月，全国总工会十一届二次执委会议选举于洪恩、杨兴富为副主席，全总十一届执委会主席团第五次会议推选于洪恩为书记处第一书记。1991 年 12 月，全国总工会十一届四次执委会议选举张丁华为副主席，全总十一届十二次主席团会议推选张丁华为书记处第一书记。

为贯彻落实全心全意依靠工人阶级方针，弘扬工人阶级在改革、四化建设与维护社会稳定中的巨大作用，1989 年 9 月 28 日，中共中央、国务院在北京人民大会堂隆重召开全国劳动模范和先进工作者表彰大会，授予 1987 人全国劳动模范光荣称号，803 人全国先进工作者光荣称号。这是时隔 30 年后全国各路群英和劳模的又一次盛会，是对 10 余年来改革和建设成果的一次检阅，对全国工人阶级和广大人民群众是一个巨大的鼓舞。从这次大会开始，中共中央、国务院每 5 年召开一次全国劳模表彰大会。

贯彻落实党的全心全意依靠工人阶级方针，必须充分发挥工会组织的作用。1989 年 12 月 21 日，中共中央发出《关于加强和改善党对工会、共青团、妇联工作领导的通知》（中发〔1989〕12 号文件），对新时期中国工会的性质、地位、作用和任务作了深刻而明确的阐述，就加强和改善党对工会等工作领导的指导思想、原则、目标途径及方式方法等作出一系列规定，包括：①各级党委必须牢固树立全心全意依靠工人阶级和广大人民群众的思想，高度重视工会、共青团、妇联工作。②党组织要对工会、共青团、妇联实行统一领导。③支持工会、共青团、妇联依照法律和各自的章程独立自主地开展工作。④支持工会、共青团、妇联在维护全国人民总体利益的同时，更好地维护各自所代表的群众的具体利益。⑤充分发挥工会、共青团、妇联在思想政治教育中的作用。⑥发挥工会、共青团、妇联在国家和社会事务管理中的民主参与、民主监督作用。⑦增强基层工会、共青团、妇联组织的活力。⑧加强工会、共青团、妇联干部队伍的建设。《通知》是指导工会工作的纲领性文件，具有重大的理论意义和现实意义。（参见【阅读与链接】）

1990 年 4 月 15 日，全国总工会十一届六次主席团会议通过《全国总工会贯彻执行〈中共中央关于加强和改善党对工会、共青团、妇联工作领导的通知〉的意见》，指出贯彻执行中央这一文件，对于落实全心全意依靠工人阶级的根本指导思想，保持和发展党同人民群众的血肉联系，恢复和发扬党的群众工作的优良传统，必将产生重大而深远的影响。《意见》共 9 个部分 50 条，包括：①中国工会的性质和社会职能。②自觉接受党的统一领导。③在党的领导下，依照法律和章程独立自主地创造性地开展工作。④在维护全国人民总体利益的同时，更好地维护职工群众的具体利益。⑤引导职工在推动建设和改革中充分发挥主力军作用。⑥发挥工会的共产主义学校作用，提高职工队伍的思想政治素质和文化技术素质。⑦充分发挥工会在国家和社会事务管理中的民主参与和民主监督作用。⑧把工作重点切实放在基层，努力增强基层工会的活力。⑨加强工会干部队伍的建设。

为了进一步加强基层工会建设，充分发挥基层工会的作用，1990 年 4 月 17 日至 21 日，全国总工会在吉林省吉林市召开了全国工会基层工作会议，讨论如何贯彻中共中央 12 号文件和党的十三届六中全会精神，把工会工作重点放在基层，增强基层工会活力的问题。同年 5 月 3 日，全总书记处会议讨论通过了《中华全国总工会关于继续深入开展建设职工之家活动的决定》，对建设职工之家提出了 6 条基本要求。《决定》的下发，推动职工之家建设活动进一步向深层次发展。

为进一步落实全心全意依靠工人阶级方针，充分发挥工人阶级的主力军作用，1991 年，中共中央办公厅批转了全国总工会党组《关于进一步发挥工人阶级主力军作用需要解决的几个问题的报告》（中办〔1991〕6 号文件）。报告强调，要发挥职工群众参与管理国家和社会事务的作用，切实保障职工群众在企事业单位中的主人翁地位和权利，重视从优秀工人中发展党员、选拔干部，加强对工人阶级历史地位和主力军作用的宣传，组织职工深入开展社会主义劳动竞赛，认真解决分配方面存在的问题，进一步完善社会保障制度、劳动保护制度，抓好涉及职工切身利益的有关法律、法规的完善和实施工作，提高职工队伍的整体素质。这些措施使落实党的全心全意依靠工人阶级方针、充分发挥工人阶级主力军作用方向更加明确、任务更加具体。

阅读与链接

※江泽民在全国总工会十一届三次主席团扩大会议上的讲话（存目）

中共中央关于加强和改善党对工会、共青团、妇联工作领导的通知

（中发〔1989〕12号）

工会、共青团、妇联是党领导的工人阶级、先进青年、各族各界妇女的群众组织，是党联系群众的桥梁和纽带，是国家政权的重要社会支柱。为了深入贯彻党的十三大确立的基本路线，推动建设和改革事业的发展，必须切实加强和改善党对工会、共青团、妇联工作的领导，充分发挥这些群众组织的作用。

一、各级党委必须牢固树立全心全意依靠工人阶级和广大人民群众的思想，高度重视工会、共青团、妇联工作

工人阶级是我们国家的领导阶级，是先进生产力和生产关系的代表，是建设和改革最基本的动力，是维护社会安定团结的强大而集中的社会力量。青年是社会主义现代化建设的突击队，是党和国家的希望和未来。妇女占人口的半数，是推动整个社会发展的伟大力量。建设和改革事业的推进，社会的稳定和发展，国家和民族的振兴，时刻离不开包括知识分子在内的整个工人阶级和包括青年、妇女在内的广大人民群众的努力。全心全意依靠工人阶级和广大人民群众，就要充分尊重他们的国家主人翁地位，保护他们的合法权益，调动他们的积极性和创造性，扩大他们对党和政府工作的监督，提高他们的思想政治觉悟和科学文化水平。这一切，都需要充分发挥工会、共青团、妇联的作用。

党的十一届三中全会以来，工会、共青团、妇联团结广大职工、青年、妇女群众，为建设有中国特色的社会主义作出了重要贡献。当前，治理整顿、深化改革的任务十分艰巨；国内外敌对势力利用我们的暂时困难，妄图改变我们的前进方向。各级党委必须牢固树立全心全意依靠工人阶级和广大人民群众的思想，充分认识加强和改善党对工会、共青团、妇联工作领导的重要意义，通过工会、共青团、妇联带动亿万职工、青年、妇女、同心同德，艰苦奋斗，战胜一切困难，巩固和发展安定团结的政治局面，巩固和发展建设和改革的伟大成果。

二、党组织要对工会、共青团、妇联实行统一领导

中国共产党是中国工人阶级的先锋队，是各族人民利益的忠实代表，是社会主义事业的领导核心。坚持党的领导，是做好工会、共青团、妇联工作的根本保证。各级党组织都要按照党的路线、方针、政策，对同级工会、共青团、妇联实行统一领导，使这些组织坚持正确的政治方向，同党中央在政治上、思想上、行动上保持高度的一致。实现党的领导，应当通过工会、共青团、妇联的民主程序，变成各自组织的决议和广大职工、青年、妇女的自觉行动，得到贯彻落实。

工会、共青团、妇联受同级党委和它们上级组织的双重领导，以同级党委领导为主。各级地方党委对同级工会、共青团、妇联的领导，主要是：指导它们贯彻落实党中央的方针、政策和有关群众工作的指示；研究、决定本地区工会、共青团、妇联工作的重大问题；协商、推荐同级工会、共青团、妇联同政府部门的关系以及这三个群众组织之间的关系。为了加强领导，各级地方党委应当建立健全必要的工作制度，及时研究工会、共青团、妇联提请党委讨论的问题；党委专门研究工会、共青团、妇联的工作，每年不少于两次；党委的有关会议应吸收工会、共青团、妇联的主要负责人参加或列席。在提名党委委员候选人时，应考虑同级工会、共青团、妇联的党员负责人。经济发达、职工人数多的地方，在提名党委委员候选人时，应考虑同级工会的党员主要负责人。共青团、妇联的党员主要负责人是否作为党委常委候选人，应根据工作需要和干部本人的条件而定。

共青团是党的助手和后备军，各级党组织应当按照党章的规定加强对同级共青团组织的领导。共青团县级和县级以下各级委员会书记，企事业单位的团委书记，是党员的，可以列席同级党委和党委常委的会议。

各级党组织要引导工会、共青团、妇联组织自觉维护党的统一领导，自觉维护社会的安定团结。警惕和防止任何企图摆脱或削弱党的领导的倾向，警惕和防止某些别有用心的人破坏安定团结。决不允许任何组织提出同党对立的政治主张。决不允许存在反对四项基本原则、危害国家政权的政治组织，一经发现，必须依法取缔。

各级党校要增授群众工作课，使党的领导干部了解群众工作的基本原则和政策，以利于他们更好地指导工会、共青团、妇联的工作。

三、支持工会、共青团、妇联依照法律和各自的章程独立自主地开展工作

工会、共青团、妇联要在党的统一领导下，遵循党的基本路线，围绕党在每个时期的中心任务进行工作。同时，党组织应当支持工会、共青团、妇联依照法律和各自的章程，执行它们上级组织的决议，独立自主地、创造性地开展工作。这样，工会、共青团、妇联才能更好地体现各自的性质和特点，才能广泛地吸引和团结各自联系的群众。

各级党委对本地区、本单位工会、共青团、妇联工作作出重要决定时，要充分考虑它们上级组织的意见。党委的意见与工会、共青团、妇联上级组织意见不一致时，党委可以根据实际情况作出决定，工会、共青团、妇联应按照同级党委的决定执行，同时可向上级工会、共青团、妇联组织反映。党委不应干涉工会、共青团、妇联的日常工作，不要随意抽调工会、共青团、妇联的干部从事他们本职以外的工作，不得把工会、共青团、妇联的机构撤消、合并或归属于其他工作部门。

各级地方党委和政府要为工会、共青团、妇联独立自主地开展工作创造必要的条件，积极支持它们开展适合职工、青年、妇女特点的、健康有益的活动。各级政府应将职工、青少年、妇女儿童活动设施的建设列入城乡建设总体规划。允许工会、共青团、妇联兴办一些为职工、青年、妇女服务的、公益性的、不以盈利为目的的企事业。这些企事业必须严格遵守国家的法律、法规和有关经营政策，独立核算，照章纳税。目前已经开办的企事业，要按照国务院的有关规定认真进行清理整顿。

四、支持工会、共青团、妇联在维护全国人民总体利益的同时，更好地维护各自所代表的群众的具体利益

职工、青年、妇女作为不同的社会群体，都有各自的具体利益。在我们的国家里，全国人民的总体利益同职工、青年、妇女的具体利益，在根本上是一致的。但是，总体利益同具体利益之间、这部分群众同那部分群众的具体利益之间也有可能产生某些矛盾。腐败现象和官僚主义必然侵害群众的利益。因此，广大职工、青年、妇女需要通过各自的组织表达和维护自己的具体利益，党和政府也需要工会、共青团、妇联经常反映群众的意见和要求、帮助党和政府改进工作。工会、共青团、妇联应密切同广大群众的联系、倾听群众的呼声，关心群众的疾苦，维护群众的合法权益，尽力解决群众的困难；同时，要在实际工作中引导职工、青年、妇女自觉做到个人利益服从国家利益、局部利益服从整体利益、眼前利益服从长远利益。这样工会、共青团、妇联才会具有强大的凝聚力和吸引力，才能更好地调动广大群众的积极性。

各级党组织应当支持和帮助工会、共青团、妇联建立健全各自的信息渠道，使群众的要求和呼声，通过这些群众组织顺畅地反映上来，并督促有关部门认真答复、妥善解决。工会、共青团、妇联通过各自的组织系统向上反映情况，是完全正常的，不应加以干涉。当群众组织的干部因发表和维护群众的合法权益受到不公正对待、甚至打击报复时，党组织应当进行干预，纠正错误做法，对打击报复者严肃处理。

各级党组织要支持工会、共青团、妇联参与协调社会矛盾，特别是参与处理在群众中发生的突发事件。要指导它们加强工作的预见性和主动性，经常深入群众，善于发现和处理问题，努力把矛盾解决在萌芽状态，解决在基层，避免矛盾积聚酿成大的危害。

各级党委和政府要支持工会、共青团、妇联有计划地为群众办实事，每年扎扎实实地解决几个关系群众切身利益的问题。

建议全国人大及其常委会进一步研究关于保护职工、青少年、妇女儿童权益问题，加快这方面的立法，加强法律监督。

五、充分发挥工会、共青团、妇联在思想政治教育中的作用

各级党组织要指导和帮助工会、共青团、妇联把思想政治教育放在重要位置上，按照培养“有理想、有道德、有文化、有纪律”的社会主义新人的目标，根据职工、青年、妇女的不同情况，分层次、有重点地进行马克思主义基本理论教育，革命传统、理想、道德教育，民主、法制、纪律教育，国情、形势、政策教育和科学文化技术教育，提高群众的思想政治觉悟和科学文化水平。按照马克思列宁主义关于工会、共青团的论述和党章的有关规定，工会、共青团应当成为广大职工、青年在实践中学习共产主义的学校。

鉴于几年来坚持四项基本原则不够一贯，资产阶级自由化思潮泛滥，必须在职工、青年、妇女中深入进行坚持四项基本原册、坚持改革开放、反对资产阶级自由化的教育。要让大家真正懂得，背离四项基本原则，国家没有希望，已经取得的建设和改革成果也会丧失；同资产阶级自由化的斗争，同国际反动势力妄图使我国和平演变的斗争，不能有丝毫放松。当前要突出地抓好爱国主义、社会主义、独立主义、艰苦奋斗的教育，增强民族自尊心，坚定走社会主义道路的信心，把先辈开创的事业发扬光大。

各级工会应当在职工中经常进行工人阶级优良传统的教育，增强广大职工的国家主人翁责任感；深入开展职业责任、职业道德、职业纪律、职业技能的“四职”教育，大力提高职工队伍的素质。要鼓励和支持广大职工搞技术革新，提合理化建议。在目前治理整顿和深化改革时期，要教育广大职工理解和体谅国家的困难，努力增产节约、增收节支，不断提高经济效益。青年正处在世界观形成的关键时期。共青团开展教育，应把先进性同群众性的要求有机结合起来。要继续抓好“争当突击手”、“学雷锋、树新风”、“大学生社会实践教育”等活动，引导广大青年从我做起，从现在做起，为振兴中华建功立业、贡献青春，在实践中锻炼成为合格的无产阶级革命事业接班人。

妇联要教育广大妇女“自尊、自信、自立、自强”，激励她们奋发上进，在建设和改革事业中充分发挥聪明才智和积极作用。妇联在城乡开展的“三八”红旗竞赛和“五好”家庭创评活动，在农村妇女中开展的“学文化、学技术、比成绩、比贡献”活动，应当不断总结经验，坚持下去。要把计划生育、勤俭建国、勤俭持家作为思想教育的重要内容，认真做好。

各级党组织要指导工会、共青团、妇联大力发扬社会主义、共产主义的道德风尚，积极开展移风易俗活动，同各种腐朽思想和丑恶现象进行坚决斗争。目前我国农村中文盲、半文盲还不少，共青团、妇联应当积极配合有关部门，动员和组织群众学习文化，掌握科学知识和劳动生产技能。

各级党组织要帮助工会、共青团、妇联制定切实可行的思想政治教育计划，充分运用它们现有的各种宣传教育阵地和群众思想政治工作队伍，开展多种形式的宣传教育活动。

工会、共青团、妇联要切实办好自己的报刊和出版事业，坚持党性原则，坚持正面宣传为主的方针，认真贯彻执行党的路线、方针、政策，同党中央保持高度一致。

六、发挥工会、共青团、妇联在国家和社会管理中的民主参与、民主监督作用

工会、共青团、妇联应当成为广大群众有组织、有纪律、有领导地参政议政的民主渠道。各级政府应当建立和完善工会、共青团、妇联对政府工作民主参与的制度。当前应做到：（1）政府及其有关部门，在研究制定经济和社会发展计划，制定教育、劳动、工资、社会保障、物价、住房以及其它涉及职工、青年、妇女切身利益的重大政策、措施时，要有同级工会、共青团、妇联的代表参加，在充分听取他们的意见后再作出决定。（2）各级政府设立的工资、物价等有关职工切身利益的专门机构，应吸收工会的代表作为正式成员参加工作。各级政府设立的其他有关群众切身利益的专门机构，应视需要吸收工会、共青团、妇联的代表作为正式成员参加工作。（3）某些涉及群众切身利益的重大问题，各级政府或政府有关部门可以与同级工会、共青团、妇联分别或共同联署发布文件。（4）各级政府可以指定一位负责人加强同工会、共青团、妇联的联系，帮助它们解决一些具体问题。工会、共青团、妇联应将有关情况向政府反映，以取得支持。（5）省、自治区、直辖市以及大中城市的人民政府，可以定期、不定期地通过与同级工会召开座谈会或联席会议等形式，通报政府的一些政策、法规及重要工作部署，研究解决工会反映职工群众的一些问题。

各级政府要支持工会、共青团、妇联充分发挥民主监督作用，经常听取它们对改进政府工作的意见和建议，认真处理它们对国家机关及其工作人员违法乱纪、以权谋私和严重官僚主义等行为的举报，并吸收它们参加经济案件和其他有关案件的调查工作，对近年来工会、共青团、妇联与政府和社会有关方面联合组建的社会监督队伍和组织，要加强指导和扶持，充分发挥其积极作用。

七、增强基层工会、共青团、妇联组织的活力

工会、共青团、妇联所联系的群众主要在基层。各级党委要指导工会、共青团、妇联把工作的重点放在基层，树立为基层服务、为群众服务的思想，努力使基层组织的工作活跃起来。要把工会、共青团、妇联基层组织是否具有活力作为检查和考核工会、共青团、妇联工作的一个重要标准。

基层单位的党组织领导本单位工会、共青团、妇联组织的工作。党委要定期讨论它们工作中的重大问题，支持它们独立自主地开展工作，协调它们与行政组织之间的关系。基层工会、共青团、妇联组织要主动地向基层党组织报告工作中的重要情况。基层单位的行政组织要支持本单位的工会、共青团、妇女组织独立自主地开展工作。基层工会、共青团、妇女组织要支持和尊重行政领导依法行使职权，动员职工、青年、妇女努力完成生产、工作任务。在企业中，厂长（经理）应当按照《企业法》的规定，支持工会代表和维护职工的利益，组织职工参加本单位的民主管理和民主监督。企业工会、共青团和作为妇联团体会员的工会女职工委员会，均可作为一个方面的代表，参加企业管理委员会。企业的工会委员会同时是企业职工代表大会的工作机构，在企业民主管理中负有重要责任，应当积极发挥作用。

工会、共青团、妇联要对基层组织建立严格的考核制度。对那些涣散的基层组织，要采取有效措施切实整顿，限期改变面貌。

八、加强工会、共青团、妇联干部队伍的建设

指导和帮助工会、共青团、妇联建设一支坚持“一个中心、两个基本点”，热心群众工作，熟悉本职业务，受到群众信赖的干部队伍，是各级党委的一项重要任务。

各级地方党委应当按照干部队伍“四化”的标准，帮助同级工会、共青团、妇联配备好领导班子。对那些在制止动乱、平息反革命暴乱中表现优秀，敢于坚持原则，密切联系群众，作风正派的干部，要选拔到各级领导岗位上来。党委推荐人选时应当尊重民主选举结果。党委确因工作需要调动工会、共青团、妇联任期未满的领导干部时，要事先征得他们所在单位及其上一级组织的同意。

要加强工会、共青团、妇联的领导班子建设。各级领导班子成员要认真学习马克思列宁主义、毛泽东思想，坚决贯彻党的路线、方针、政策、遵守纪律，坚持民主集中制，全心全意为人民服务。领导班子内部要增强团结，互相尊重，互相谦让，互相帮助，同心协力做好工作。对领导班子成员，要建立群众民主评议制度。

要有计划地做好工会、共青团、妇联干部的交流和培训工作。帮助它们办好现有的干部院校，加强在职干部的培训。工会、共青团、妇联应当成为培养和输送干部的重要基地，特别要注意输送优秀的年轻干部和女干部。

要关心工会、共青团、妇联干部的思想、工作和生活，积极帮助解决他们的困难和问题。对工会、共青团、妇联干部中工作勤奋、成绩突出的，应予鼓励。对工会、共青团、妇联干部应享受的政治、生活待遇，要按照有关规定执行。

各级地方党委接到本通知以后，望组织工会、共青团、妇联及有关部门认真讨论，并结合本地区的实际情况，制定加强和改善对同级工会、共青团、妇联工作领导的具体措施。全国总工会、共青团中央、全国妇联接到本通知后，应认真研究，提出贯彻执行的意见。

思考题：

1. 为什么说邓小平在中国工会九大的祝词具有重大的理论意义和历史意义？

2. 工会如何组织职工参与和支持改革，如何在改革中维护职工合法权益?

3. 如何认识建设“职工之家”的重要意义?

4. 江泽民在全国总工会十一届三次主席团扩大会议上的讲话对工会工作提出了哪些重要原则?

5. 如何实现工会工作的群众化、民主化?

第八章　工会事业在挑战中发展（1992—2002年）

一、建立社会主义市场经济体制给工会工作带来重大挑战和机遇

（一）社会主义市场经济体制确立与中国工会十二大召开

1992年年初，邓小平视察中国南方并就推动改革开放发表重要谈话，强调改革开放胆子要大一些，步子要迈得再快一些，抓住时机，发展自己，关键是发展经济，发展才是硬道理。他指出，计划多一点还是市场多一点，不是社会主义与资本主义的本质区别。社会主义的本质，是解放生产力，发展生产力，消灭剥削，消除两极分化，最终达到共同富裕。社会主义要赢得与资本主义相比较的优势，就必须大胆吸收和借鉴人类社会创造的一切文明成果，吸收和借鉴当今世界各国包括资本主义发达国家的一切反映现代社会化生产规律的先进经营方式、管理方法。邓小平的南方谈话从理论上深刻回答了长期困扰人们思想的许多重大认识问题，把改革开放和现代化建设推向新阶段。

1992年10月，中国共产党第十四次全国代表大会在北京召开。江泽民代表第十三届中央委员会作了《加快改革开放和现代化建设步伐，夺取有中国特色社会主义事业的更大胜利》的报告。党的十四大报告确定了中国改革的目标是建立社会主义市场经济体制，指出社会主义市场经济体制是同社会主义基本制度结合在一起的。在所有制结构上，以公有制包括全民所有制和集体所有制经济为主体，个体经济、私营经济、外资经济为补充，多种经济成分长期共同发展。建立社会主义市场经济体制，涉及我国经济基础和上层建筑的许多领域，需要有一系列相

应的体制改革和政策调整，必须抓紧制定总体规划，有计划、有步骤地实施。报告还指出，要胜利实现九十年代的繁重任务，必须全心全意依靠工人阶级和广大劳动群众，充分发挥全体人民的积极性和创造性。

建立社会主义市场经济体制是一场全新的探索，在人类社会制度史上无前例可循，其间包含着经济、政治、社会、文化等方面的深刻变革。这也给中国工会事业的发展带来全新的挑战和契机。建立市场经济对工会提出了许多新的要求：搞好国有企业特别是国有大中型企业经营机制的转换，直接涉及职工群众的切身利益，工会必须做复杂艰巨的工作；深化改革和扩大开放，使劳动关系由国家与职工的关系逐步转变为企业与职工的关系，并向市场化、契约化的方向发展，国家、企业、职工三者利益关系日益清晰，工会作为职工利益代表者的身份更加明确，工会代表职工调节劳动关系、维护职工合法权益的任务空前突出；发展市场经济要依法规范政府、企业、职工等各方面的行为，强化监督和制约机制，要求工会加大参与立法、制定政策和执法监督的力度等。所有这些深刻变化，都要求工会组织必须顺应改革的历史趋势，转变既有的思维方式和工作方法，创新思路和工作方式，实现自身的转型乃至“蜕变”。

各级工会加强了工会工作法制化建设步伐。1992 年 4 月 3 日，第七届全国人民代表大会第五次会议通过了新的《中华人民共和国工会法》，并正式颁布实施，这是我国工会发展史上的一件大事，充分体现了党和国家对工人阶级和工会组织的高度重视和大力支持，使工会建设和工会工作纳入了法制轨道，为工会依法行使权利、履行义务，在国家政治、经济和社会生活中更好地发挥作用创造了良好的法律环境，也给工会工作提出了新的更高要求。中共中央宣传部、全国总工会、司法部于 1992 年 4 月联合发出《关于认真学习、宣传〈工会法〉的通知》，并把《工会法》列入第二个五年普法规划。

1992 年 12 月，全国总工会十一届十六次主席团会议和十一届五次执委会议在北京召开。中共中央政治局常委、中央书记处书记胡锦涛代表党中央发表重要讲话。他指出，我们党和国家的性质，工人阶级的历史地位和作用，都决定了必须全心全意依靠工人阶级。贯彻全心全意依靠工人阶级的方针，工会责无旁贷。工会的各项职能实质上是党的全心全意依靠工人阶级方针对工会工作的内在要求和具体体现，工会要通过全面履行自己的社会职能，做好各项工作，推动党的这一方针更好地落到实处。

1993 年 10 月 24 日，江泽民在接见中国工会十二大主席团常务主席时指出，当前，深化企业改革，转换国有企业特别是大中型企业的经营机制，是摆在我们面前的一个重大课题。各级工会要团结和动员广大职工积极投身改革，推动改革不断深入。要及时反映职工群众的意见和要求，切实维护职工的合法权益。要积极探索有中国特色社会主义工会工作的新路子，努力开创工会工作的新局面。这是党中央首次提出“要积极探索有中国特色社会主义工会工作的新路子”。

1993 年 10 月 24 日至 30 日，中国工会第十二次全国代表大会在北京隆重召开。出席大会的代表 1600 人，代表全国 1.02 亿工会会员。同时，还有 296 名特邀代表和 21 名港澳地区工会界的来宾出席了大会。党和国家领导人江泽民、李鹏、乔石、李瑞环、朱镕基、刘华清、胡锦涛等出席了开幕式。大会由全国总工会主席倪志福主持。中共中央政治局常委、中央书记处书记胡锦涛代表中共中央、国务院发表了《我国工人阶级的伟大使命》的祝词。胡锦涛在祝词中盛赞我国工人阶级是一支特别能战斗的队伍，始终是推动社会前进的最基本的动力。他指出，历史已经证明并将继续证明，我国工人阶级不愧是同社会化大生产相联系的觉悟最高、纪律性最强的阶级，不愧是国家的领导阶级，不愧是推动社会进步的中坚力量，不愧是革命和建设的主力军。发展社会主义市场经济，并不改变国家的性质和工人阶级在国家生活中的领导地位，各级党委和政府仍然必须旗帜鲜明地、毫不动摇地坚持全心全意依靠工人阶级的方针。要研究新情况，解决新问题，使这一方针在国家的政治、经济和社会生活各个方面得到更好的贯彻落实。

全国总工会副主席、书记处第一书记张丁华代表全国总工会第十一届执委会作了题为《团结动员全国职工发挥主力军作用，为夺取有中国特色社会主义事业的更大胜利而奋斗》的工作报告。报告总结改革开放 15 年来我国工人运动和工会工作所取得的伟大成就和工会工作的基本经验，确定了新阶段我国工会工作的方针和任务：坚定不移地贯彻执行中国共产党的以经济建设为中心，坚持四项基本原则、坚持改革开放的基本路线，在维护全国人民总体利益的同时，更好地表达和维护职工群众的具体利益，全面履行各项社会职能，充分发挥民主渠道和社会调节作用，团结和动员全国职工，巩固和发展安定团结的政治局面，为把我国建设成为富强、民主、文明的社会主义现代化国家而奋斗。根据这一方针，提出了各级工会必须努力实现的主要任务。

工会十二大讨论通过了工作报告，通过了关于《中国工会章程（修正案）》的决议，选举产生了全总十二届执行委员会委员241人。在全总十二届一次执委会议上，中共中央政治局委员、中央书记处书记、中央纪委书记尉健行当选为中华全国总工会主席，张丁华、杨兴富、李奇生、刘珩、江家福（壮族）、张国祥、方嘉德、薛昭鋆（女）、滕一龙当选为副主席。十二届主席团第一次会议推选张丁华为书记处第一书记，杨兴富、李奇生、张国祥、方嘉德、薛昭鋆（女）、滕一龙、肖振邦、李永安、单亦和为书记处书记。张富有担任十二届经费审查委员会主任。

（二）中国工会在市场经济中淬炼、转型，不断进步

随着改革的深化，国有企业的体制改革成为经济体制改革最重要的目标之一。1993年11月14日召开的中共十四届三中全会通过《中共中央关于建立社会主义市场经济体制若干问题的决定》，提出建立适应市场经济要求，产权清晰、权责明确、政企分开、管理科学的现代企业制度。国企改革从过去的放权让利、政策调整进入到转换机制、制度创新阶段。从1994年起，国务院和各地先后选择了2700多家国有企业进行建立现代企业制度试点，推行公司制、股份制改革。同时，国家还加大了直接关系职工群众工作和生活的价格、住房和社会保障等方面的改革力度，这一系列改革都与职工群众的现实利益和工作生活直接相关。在国有企业向现代企业制度转轨过程中，一些地方出现以“三铁”砸“三铁”的做法，即以铁手腕、铁面孔、铁心肠去砸铁饭碗、铁工资、铁交椅。职工的劳动经济权益，工会组织的地位、作用、权利等遇到一系列新情况新问题，出现了如何处理好“新三会”（股东会、董事会和监事会）与“老三会”（党委会、职代会和工会）关系的问题。如何用

新的方法和路径来发挥工会作用，切实维护职工群众的合法权益，使改革和建设在协调、稳定的基础上健康发展，成为摆在工会组织和广大工会工作者面前的现实课题。

针对以“三铁”砸“三铁”的现象，工会组织坚定地坚持党的全心全意依靠工人阶级根本方针，从理论和实践的结合上，大力宣传和推动依靠方针的贯彻落实，坚定不移地提倡依靠职工办企业。在 1995 年 10 月召开的全总十二届七次主席团会议和 1995 年 12 月召开的全总十二届三次执委会议上，尉健行同志从工会角度提出推动不同类型企业贯彻落实党的全心全意依靠工人阶级的根本指导方针，要做到两个“六个必须”。国有企业改革特别是进行现代企业制度试点的企业要努力做到：必须牢固树立依靠职工群众办好企业的思想，建设一个全心全意依靠职工群众推进企业改革和发展的好的领导班子，保障职工的企业主人翁地位；必须坚持和完善以职工代表大会为基本形式的职工民主管理和民主监督制度，不断探索新的实现途径，实现职工群众对企业领导干部的有效监督；必须切实保障《劳动法》赋予劳动者的合法权益，通过平等协商和签订集体合同，建立稳定协调的劳动关系；必须在企业董事会、监事会中，有工会组织职工民主选举产生的职工代表，并逐步形成充分发挥职工代表作用的制度；必须尊重和支持工会依法独立自主地开展工作，履行维护的基本职责，保护和调动职工群众的积极性和创造精神，并将其引导到推进企业改革和发展上来；必须重视和加强职工队伍建设，不断提高职工的思想道德和科学文化技术素质。外商投资和私营企业要努力做到：必须依法保障职工参加和组织工会的权利，把广大职工吸引和组织到工会中来；必须落实《劳动法》等有关法律法规赋予职工的各项劳动权利，通过平等协商和签订集体合同，建立起调整劳动关系的有效机制，依法维护职工的合法权益，与经营者合作共事，共谋企业发展；必须保障职工的国家主人翁地位和权利，通过职工代表大会或会员代表大会、劳资协商会议以及工会代表参加或列席董事会、总经理办公会等多种形式，组织和代表职工民主参与和民主监督；必须关心职工生活，加强劳动安全卫生工作，不断改善职工的工作环境与生活条件，对侵犯职工合法权益的行为作坚决斗争；必须保障工会组织依法独立自主地开展工作，发挥工会在指导和帮助职工签订劳动合同、承担企业劳动争议调解委员会主任职责、参与劳动争议调处、监督企业执行国家有关劳动标准等法律法规方面的作用，保护工会的合法权益不受侵犯；必须重视和加强职工队伍建设，不断提高职工思想道德和科学文化技术素质。1997 年 8 月，全总在邯郸钢铁集团有限责任公司召开了全心全意依靠工人阶级办好企业现场经验交流会，各地和各产业工会也相继推广了一批这方面的先进典型。

工会组织加强立法参与和源头参与，加大依法维权的力度。这期间，全总积极参与了《劳动法》《公司法》等市场经济基本法律以及与《劳动法》配套的三十多项法律法规的起草和修改工作，提出了制定《集体合同法》等立法建议，参与《促进就业法》《劳动争议处理法》和《失业保险法》等众多法律法规的研究制定，与有关方面联合发布了三十多份维护职工权益方面的文件，促进了许多涉及职工切身利益的重要问题的解决。

针对深化国有企业改革以来出现的大量职工下岗，相当一部分职工群众生活发生困难的情况，从 1992 年元旦、春节开始，全国总工会组织各级工会与党政一道，开展了“进万家门、知万家情、解万家难、暖万家心”的送温暖活动。1994 年，根据形势发展和职工群众的意愿，又将起初仅在元旦、春节期间开展的这项活动拓展为送温暖工程，使之向经常化、制度化、社会化的方向发展，并努力推动其与完善社会保障制度相结合。到 1998 年工会十三大召开时，各级工会筹集建立的送温暖工程专项资金达 22 亿元，各级工会与党委、政府一起，平均每年慰问 500 万名困难职工，各级领导干部每年帮助约 30 万户困难职工家庭解困。各级工会高度重视下岗职工再就业和困难职工基本生活保障问题，全总与有关部委联合颁发《关于加强国有企业下岗职工管理和再就业服务中心建设有关问题的通知》，积极推动各地建立职工最低工资、下岗职工基本生活保障和城市居民最低生活保障制度，逐步完善社会保障体系。至 1998 年 10 月，各级工会开办职业介绍机构 800 余所，成功介绍 50 余万人就业；建立职业培训机构 1300 余所，累计培训职工 280 万人，其中 100 多万人实现了重新上岗；协助政府建立解困贸易市场等，吸纳了大量下岗职工临时就业。此外，全国还建立了6万个职工互助保险组织，吸纳了2000万名职工参保，保险金达21亿元；18万个基层单位建立了互助储金会，储金总计为11亿元；兴办职工消费合作社近8000个。

这一时期工会组织建设的另一个重要任务就是在新的领域里组建工会。在长期计划经济体制下，我国企业只有国有企业和集体企业两种，工会组织在这些企业中有比较健全的组织体系和工作传统。随着经济体制改革和市场经济的发展，外商投资企业、私营企业和乡镇企业大量增加并迅速成长，成为国民经济的重要组成部分。在这些企业中就业的职工群众人数随着企业的快速发展而大量增加，大约占到了全国职工总数的半壁江山。但在这些企业中，维护职工群众切身利益的力量却相当薄弱，不仅工会组织甚少建立，就连在这些企业特别是在乡镇企业中工作的劳动者的职工身份也未能得到明确界定，在这种情况下，职工群众的利益显然很难得到保障。工伤事故、拖欠工资、随意开除和处罚工人等问题时有发生。针对这种情况，工会顺应客观实际提出的新要求，适时调整工作方向，开辟新的领域，在外商投资企业、私营企业和乡镇企业中着力组建工会组织，维护职工群众的切身利益。经过全会上下的努力，到1998年，新建工会15万多家，其中，在外商投资企业组建工会5.3万家，私营企业组建工会2.3万多家，乡镇企业组建工会7.5万家，街道组建工会2.3万多家，职工入会率不断提高。

二、《劳动法》的颁布与工会工作总体思路的提出

20世纪90年代，中国经济高速发展。到1995年，我国经济已提前实现原定2000年比1980年翻两番的目标。与经济高速发展和经济体制深刻转变相伴生，社会利益格局和利益关系发生了深刻的变化。如何适应形势发展的需要，制定正确的工作方针和具体方略，科学调整复杂的劳动关系，切实维护职工群众的合法权益，是工会面临的突出任务。

1994年7月，《中华人民共和国劳动法》颁布，并于1995年1月1日起开始实施。《劳动法》的立法宗旨是“保护劳动者的合法权益，

调整劳动关系，建立和维护适应社会主义市场经济的劳动制度，促进经济发展和社会进步”。作为力图规范市场经济条件下劳动关系的基本法律，《劳动法》的制定及实施具有十分重要的意义，它明确规定了在发展社会主义市场经济过程中，工会在调整劳动关系，维护劳动者合法权益中的地位、权利、渠道和方法，并提供了法律保障。1994年12月召开的全总十二届二次执委会议审议通过了《全国总工会关于贯彻实施〈劳动法〉的决定》，提出，“以贯彻实施《劳动法》为契机和突破口，带动工会各项工作，推动自身改革和建设，把工会工作提高到一个新水平，在改革、发展、稳定中更好地发挥作用”。这一要求后来被概括为“工会工作总体思路”。总体思路的精髓就是进一步突出工会的维护职能，明确维护职工的合法权益是工会的基本职责，同时也是工会服从服务于党和国家工作大局的主要手段。各级工会抓住贯彻实施《劳动法》这个难得机遇，认真学习《劳动法》，正确掌握《劳动法》，大力贯彻实施《劳动法》，努力在维护职工合法权益方面使工会工作有一个突破性进展，增强工会的吸引力和凝聚力，更好地为全党全国的大局服务。

按照总体思路的要求，各级工会以贯彻实施《劳动法》为契机和突破口，运用《劳动法》赋予工会的权利和手段，把开展平等协商、签订集体合同，作为工会贯彻实施《劳动法》、维护职工合法权益的“牛鼻子”，认真把握“六个环节”：一是签订集体合同必须依法经过平等协商（集体谈判）；二是集体合同的内容必须依法突出本企业劳动关系的主要问题，并力求量化；三是集体合同草案必须提交职工（代表）大会讨论通过；四是职工劳动合同必须用集体合同规范，其标准不得低于集体合同；五是集体合同的实施必须依法进行检查监督，发现问题及时协商解决；六是集体合同的续签，必须提交职工（代表）大会讨论通过。工会与政府有关部门密切合作，大力推行平等协商和集体合同制度，组织和代表职工与用人单位签订集体合同，从整体上维护和代表职工的劳动权益，并用以规范个人劳动合同，促进劳动关系的协调稳定。在各级工会的推动下，到1998年，全国签订集体合同的企业达24.3万家，涉及职工6000多万人，其中外商投资、私营企业签订2.3万家和

1.3万家，分别占已建工会企业的44%和47%。同时还与政府有关部门密切合作，制定推进措施，搞好典型示范和分类指导，提出规范意见，有力推动这项工作的开展。在抓集体合同进展的同时，注意提高质量，加强合同的履约监督和动态管理。

工会还成立省、市（地）、县（区、局）、企业四级劳动法律组织，普遍建立劳动争议调解委员会，组建工会劳动争议调解员兼职仲裁员队伍，加大执法检查和调处劳动争议的工作力度，参与、揭露、处理侵犯职工合法权益的行为，特别是外资企业和私营企业中侮辱职工人格、危害职工生命和健康的侵权事件。在全国建立29万个基层劳动争议调解委员会，积极开展劳动争议调解和参与劳动争议仲裁，使大量矛盾解决在基层，化解在萌芽状态，促进了职工队伍和企事业单位的稳定。

劳动法律监督和维护职工职业安全卫生得到重视。全总颁发了有关劳动安全的三个条例，各级工会参加安全生产和劳动保护监督检查、工程“三同时”审查验收和重大事故的调查处理，努力促进改善职工劳动条件、生产环境，保护职工的生命健康安全。

1995年4月29日，在庆祝“五一”国际劳动节暨表彰全国劳动模范和先进工作者大会上，江泽民发表重要讲话，强调要大力宣传劳模的主人翁责任感和艰苦创业精神，忘我的劳动热情和无私奉献精神，强烈的开拓进取意识和创新求实精神，良好的职业道德和爱岗敬业精神。指出七十年来，中国工会在党的领导下，为我国革命、建设和改革事业做出了重大贡献，肩负着职工群众合法权益的代表者和维护者的神圣职责，成为党密切联系职工群众的桥梁和纽带。这是中央主要领导首次明确指出工会“肩负着职工群众合法权益的代表者和维护者的神圣职责”，表明党中央对工会以维护职工权益作为基本职责的肯定。

各地工会注重总结基层创造的经验。全国总工会总结推广了蛇口工业区、深圳宝安区、辽宁葫芦岛市、吉林梨树县等一大批创造性开展工会工作、依法维护职工合法权益的先进典型经验。（参见【阅读与链接】）这些经验做法，也得到中央领导同志的充分肯定。

阅读与链接

※《中华人民共和国劳动法》(存目)

※《全国总工会关于贯彻实施〈劳动法〉的决定》(存目)

蛇口、宝安、葫芦岛、梨树经验

中国工会第十三次全国代表大会上工作报告“历史回顾与五年工作总结”提到:“总结推广了蛇口工业区、深圳宝安区、辽宁葫芦岛市、吉林梨树县等一大批创造性地开展工会工作的先进典型经验。”这四个典型经验长久以来为我国工会工作所借鉴。

一、深圳市蛇口工业区工会工作经验

成立于1983年的蛇口工业区工会,在工业区党委的领导和行政的支持下,十多年来,坚持以邓小平同志建设有中国特色社会主义理论和党的基本路线为指导,以职工利益代表者和维护者的鲜明身份,依法独立自主地、创造性地开展工作。

据统计,1994年底,蛇口工业区工会组建率达到99.19%,职工入会率达到93.40%,工会委员会民主直选率达到100%,工会参与管理率达到85.88%,劳动争议调处率达到99.05%,经费拨缴率达到99.27%。工业区工会在实践中逐步积累了一套比较完整、系统的经验,形成了具有蛇口特色的工作模式。

其主要内容包括:一是一切从实际出发,自觉接受党的领导,独立自主地、创造性地开展工作。二是明确工会身份,把维护作为工会工作的重点和强项。三是探索符合蛇口实际的工会组织体制、运行机制和活动方式。四是创造性地形成一套行之有效的工会工作方法。

蛇口工业区工会的工作总思路：自觉接受党的领导，以职工利益代表者和维护者的鲜明身份，独立自主地创造性地开展工作，是蛇口工业区工会从一开始就十分明确的工作总思路。

蛇口工业区工会的工作重点：始终把维护三资企业职工合法权益、协调劳动关系作为工作重点，在工会工作运行中留下的最为鲜明的足迹。

蛇口工业区工会的组织体制：健全完备的组织体制是确保工会工作取得成效的基础。工业区工会组织体制是以权责明确精干高效的决策层、兼专结合组织健全的工作层和面向基层全员参与的活动层为主要特征的。

蛇口工业区工会工作的运行机制：实行科学有效、灵活统一的运行机制，是工业区工会代表维护职工利益，不断提高工会工作效率和工作水平的关键。区工会在实践中逐步形成了独立自主、自下而上、民主公开、依法循章的工作运行机制。

蛇口工业区工会工作的活动方式：工业区工会根据自身所处的环境和面临的工作对象，实行了一套与自身体制相适应的活动方式，坚持一切从实际出发，突出业余自愿、小型多样、创新求实、连心交友等特点。据对社区116名企业经理（其中三资企业经理占74.1%）的问卷调查，认为工会在合办企业方面发挥作用很好和较好的分别占55.3%和36.7%，一般的仅为8%；认为工会依法维护职工合法权益工作做得很好和较好的分别为61.2%和31.8%，一般的只有7%。据1993年底统计，在社区内的企事业单位中，工会组建率为98.47%，职工入会率为92%，工会主席民主直选率为99.8%，劳动争议调处率为99.2%，工会经费拨缴率为99%，工会和职工参与企业管理率为85.1%，履行工会职能达标率为46.3%。

（引自《鲜明的职工利益代表者的身份和作用——关于蛇口工业区工会工作模式的调查报告》，全国总工会政策研究室调查组，1994年6月）

二、深圳宝安区新经济组织工会工作经验

在新经济组织发展迅猛的地区，如何建立健全工会组织领导体系和工作网络，更好地发挥在维护职工合法权益、调整劳动关系、保护和调

动职工群众的积极性、共谋企业发展中的作用是工会面临的重大课题。深圳市宝安区工会在区党政领导的重视支持下，大胆创新，积极工作，到1995年底，全区8镇、1街道和118个村经济发展公司及区属、镇（街道）属企业全部建立了工会组织，实现了工会组建率的三个100%，并大幅度地推动了村管“三来一补”企业工会组建和其他各项工作的迅速发展。建区以来，各级工会共调处劳动争议案件4995起，其中区总工会调处368起，基层工会调处4627起。据1996年上半年统计，各级工会接到群众来信413件，接待上访539宗，共725人次。对所有的纠纷，他们始终注意发挥三级调解组织作用，坚持做到多办少转，结案率达98.3%，有力地促进了宝安区劳动关系的稳定。这一带有方向性、前瞻性的创新和突破，展示出旺盛的生命力，对全国蓬勃发展的2200多万家乡镇企业和新经济组织发达地区有较强的典型示范作用。

深圳宝安区新经济组织工会工作经验是：清晰明确的思想认识、全新有效的组织网络、系统扎实的工作思路、服务全局的工作重心。第一，全过程地抓认识的统一和提高。第二，抓住工作重点，以点带面，分类指导，分步推进。第三，注意树立典型，用典型进行示范和引路，打开工作局面。第四，加强工会干部的配备、管理和培训，强化自身。第五，善于争取党政领导的支持，形成工会工作的合力。第六，建立完善各项制度，推动工会工作逐步制度化、规范化。

（引自《全新的区、镇、村经济发展公司三级工会网络体系——关于深圳宝安区新经济组织工会工作模式的调查报告》，全总、广东省总、深圳市总联合调查组，1997年3月）

三、辽宁省葫芦岛市工会工作经验

改革开放和建立社会主义市场经济体制过程中，面对经济关系、劳动关系发生的一系列新变化，城市工会如何在改革、发展、稳定的大局中更好地发挥作用？辽宁省葫芦岛市总工会作为一个年轻的城市工会（葫芦岛市1989年建市，原名锦西市，1994年10月更名为现名），在这方面进行了大胆有益的探索，从1989年组建到1996年仅7年时间，取得了可喜的成绩。

他们高举邓小平理论的伟大旗帜，坚持党的基本路线，全心全意依靠工人阶级，在市委和市政府的领导与支持下，从国有企业相对集中的中等城市的实际出发，创造性地贯彻新时期工会工作总体思路，形成了立足全局、突出维护、心系职工、有为有位的城市工会工作新格局，逐步走出了一条具有葫芦岛特色的城市工会工作新路子。他们创新的这种工作格局，是工作路数（指导思想）、工作体系、工作机制、工作方式、工作环境五个方面有机结合的统一体。

一是明确城市工会贯彻总体思路的具体工作路数：在服务大局中求作为，在劳动关系的深刻变化中明身份，在协调社会利益矛盾中尽职责，在构筑职工生活互助保障体系中办实事，在强化自身建设中增活力。

二是探索适应总体思路要求的城市工会工作体系：调研参与体系，协调监督体系，生活保障体系，指导服务体系。

三是形成城市工会贯彻总体思路的工作机制：源头参与制度，机关工作制度，服务基层制度。

四是创新城市工会贯彻总体思路的工作方式：坚持依法治会，努力把工会工作纳入法制化轨道；实行开门办会，逐步形成社会化的工会工作格局；强调民主兴会，推动工会工作的群众化、民主化建设。

五是营造城市工会贯彻总体思路的工作环境：市委成为工会贯彻总体思路的坚强后盾，政府十分尊重和全力支持工会工作，社会各方面积极参与和配合。

正是这种工作格局，推动工会建会率达 98%、职工入会率达 97%、建职代会率达 88%、民主评议领导干部率达 88%、平等协商和签订集体合同率达 87%、建劳动争议调解委员会率达 98%、劳动争议调处率达 93%，使工会在全局中发挥着不可替代的重要作用，不仅各级党政给予高度评价，更为可喜的是广大职工对市总工会工作的满意率由 1992 年的 52% 提高到 1997 年的 84%。

（引自《工会工作格局的创新——关于葫芦岛市工会工作经验的调查报告》，全总政研室、辽宁省总工会联合调查组，1997 年 10 月）

四、吉林省梨树县工会工作经验

吉林省梨树县是一个有 32 个乡镇、83.6 万人口的农业大县，是国家商品粮基地县之一，粮产量居全国产粮大县第4位，综合县力居全省10强县第5位。全县职工52000人，其中，工会会员51000人。县总工会所属320个基层工会，495个分会，3050个工会小组。建会率为98.5%，职工入会率达98%。

梨树县总工会一直坚持突出维护，为县委中心服务，为职工群众服务，强化自身建设的工作思路，开拓创新，扎实工作，取得了显著成绩，先后3次被吉林省人民政府授予“模范集体”称号，1986年吉林省总工会做出了“向梨树县总工会学习的决定”，成为全省工会工作的一面旗帜；被中华全国总工会授予“基层工作先进县”。县委领导评价工会工作时说有三个“离不开”，即：发展经济、推动社会前进，离不开工会；职工队伍的稳定、社会的安定，离不开工会；维护职工利益、发挥职工主人翁作用，离不开工会。对540名基层单位党政工领导的测评中，认为县总工会作用发挥得好的475人，占88%；认为较好的65人，占12%。他们认为工会有“四力”：组织有凝聚力，工作有号召力，经济有实力，社会有影响力。对企业2000名职工的测评中，认为工会作用好的占95.1%，较好的占4.9%。

为什么在改革开放的十几年的历程中，梨树县总工会工作始终走在前面？他们的经验告诉我们：县委、县政府的高度重视和支持，是重要保证；职工群众的参与和信赖，是活力源泉；县总工会的自强和进取，是最根本的内在因素。他们以超前的意识、求实的精神和创新的气魄，从县级工会实际出发，开拓进取，大胆实践，构筑了以围绕中心突出维护、强化自身服务职工为特色的县级工会工作模式：一是明确突出维护、服务全局的工作路子；二是形成围绕难点、狠抓重点的工作格局；三是形成群众化、民主化的组织体制和活动方式；四是培养献身工运事业的干部队伍；五是营造宽松有利的工作环境。

梨树县工会为实现农业大县向经济强县发展所开创的“强化自身、突出维护、服务大局、有为有位”的工作路子，把总体思路的要求具体化为“围绕中心抓服务，突出重点抓维护，深化改革抓参与，强化自身抓干部”的工作路数；形成围绕“大事”“重点”“难点”“热点”问题开展工作的“四围绕”工作格局；提出和实践企业改制到哪里，工会组织就跟踪巩固和重建到哪里的“随变随建”原则；为防止企业改制后平等协商、签订集体合同走过场，建立预审制、参与制、督查制；扩大基层民主，全面实行工会主席由会员群众直接选举；采取目标管理、PDCA循环、ABC分类、因果分析、六给工作法等一整套科学的工作方法。

（引自《强化自身　突出维护　努力推动农业大县向经济强县迈进——关于吉林省四平市梨树县工会工作经验的调查报告》，全总政研室、吉林省总、四平市总联合调查组，1998年7月）

三、中国工会十三大的召开与工会工作跨世纪发展

1997年9月12日至18日，中国共产党第十五次全国代表大会在北京举行。江泽民代表第十四届中央委员会向大会作了《高举邓小平理论伟大旗帜，把建设有中国特色社会主义事业全面推向二十一世纪》的报告。报告旗帜鲜明地指出：这次大会的灵魂，就是高举邓小平理论的伟大旗帜。报告系统、完整地提出并论述了党在社会主义初级阶段的基本路线和纲领。根据邓小平理论和党的基本路线，对我国跨世纪的现代化建设事业做出了战略部署，指出，继续调整和完善所有制结构，进一步解放和发展生产力，是经济体制改革的重大任务。深化经济体制改革，必须全面认识公有制经济的含义，公有制经济不仅包括国有经济和集体经济，还包括混合所有制经济中的国有成分和集体成分。公有制经济实现形式可以而且应当多样化，一切反映社会化生产规律的经营方式和组织形式都可以大胆利用，一切符合“三个有利于”的所有制形式都可以而且应该用来为社会主义服务。报告还重申了坚持全心全意依靠工人阶级的方针。

1998年10月19日至24日，中国工会第十三次全国代表大会在北京召开。出席大会的代表共1652人，特邀代表207名和28名列席代表，香港、澳门工会的来宾也应邀出席。党和国家领导人江泽民、李鹏、朱镕基、李瑞环、胡锦涛、尉健行、李岚清等到会祝贺并会见了大会代表。中共中央政治局常委、中央书记处书记、国家副主席胡锦涛代

表党中央和国务院发表了《工人阶级要为实现我国跨世纪发展的宏伟目标不懈奋斗》的祝词。祝词对工人阶级做出的突出贡献和工会组织发挥的重要作用给予充分肯定，对全国广大职工和各级工会组织提出了新的要求。祝词希望工人阶级以强烈的主人翁责任感，积极参与企业的改革、改组、改造和加强管理，为建立现代企业制度，搞好整个国民经济贡献更大的力量。祝词还要求工会把自觉接受党的领导与独立自主开展工作统一起来，在思想上、政治上与党中央保持高度一致，同时要从工会工作的实际出发，充分发挥自身的特点和优势，积极开展社会需要、基层需要、职工欢迎的工作和活动，进一步增强工会组织的吸引力和凝聚力。希望全国各级工会把维护全国人民总体利益与维护职工具体利益统一起来，全面履行工会的维护、建设、参与、教育等各项社会职能。针对社会主义市场经济条件下劳动关系出现的新变化，要更好地代表和维护职工的具体利益，切实把维护职工合法权益放到突出位置，使工会真正成为“职工之家”。要用改革的精神研究新情况，解决新问题，探索新路子，创造新经验，使工会工作不断焕发出新的生机与活力。

全国总工会副主席、书记处第一书记张丁华代表全国总工会第十二届执委会作了《高举邓小平理论伟大旗帜，团结动员各族职工为实现我国跨世纪宏伟目标而奋斗》的工作报告。报告肯定了20世纪工人运动和工会工作的光辉业绩和重大贡献，高度评价了工会工作总体思路，并提出今后五年工会工作的指导方针：在中国共产党的领导下，高举邓小平理论伟大旗帜，全面贯彻党的十五大精神，坚持基本路线和基本纲领，坚定不移地推动全心全意依靠工人阶级方针的落实，突出工会的维护职能，充分发挥民主参与、民主监督和社会调节作用，不断加强工会的群众化、民主化、法制化建设，更好地为职工群众服务，团结、教育和动员广大职工，为深化改革、促进发展、维护稳定，把建设有中国特色社会主义事业全面推向21世纪而努力奋斗。

会议讨论通过了《关于全国总工会第十二届执行委员会工作报告的决议》《关于〈中国工会章程〉（修正案）的决议》等，选举产生了全国总工会第十三届执行委员会。在十三届执委会第一次会议上，尉健行再次当选为中华全国总工会主席，张俊九、卢展工、李奇生、刘珩、张国祥、方嘉德、倪豪梅（女）、尤仁（蒙古族）、王东进、徐锡澄当选为全总副主席。张俊九被推选为十三届执委会书记处第一书记，卢展工、李奇生、张国祥、方嘉德、倪豪梅（女）、徐锡澄、纪明波、周玉清、苏立清、董力为书记处书记。李永安担任十三届经费审查委员会主任。

10月26日，江泽民等中央领导人在中南海接见了全总新一届领导班子成员和部分工会十三大代表并进行座谈。江泽民总书记指出，全心全意依靠工人阶级，是我们党一贯坚持的根本方针。在跨世纪的征程上，我们要继续坚定不移地贯彻这个方针，充分发挥工人阶级的主人翁作用和伟大力量。在党中央的领导下，有着光荣传统的中国工人阶级，一定会更高地举起邓小平理论伟大旗帜，深入贯彻党的十五大精神，艰苦奋斗，知难而进，为建设有中国特色社会主义的伟大事业再立新功。讲话高度评价了工人阶级的伟大历史作用，充分肯定了工人阶级和工会组织为我国革命、建设和改革事业作出的巨大贡献，对广大职工、工会组织和全总新一届领导班子提出了殷切希望，对各级党委和政府提出了明确要求，为我国工人运动和工会工作进一步指明了前进的方向。

工会十三大以后，工会工作以突出维护职能为主轴继续全面展开。为了进一步顺应建立社会主义市场经济体制带来的新形势，推进工会重点工作取得新进展，1999年10月和12月，全国总工会相继召开十三届三次主席团会议和十三届二次执委会议，针对工会工作在深化改革中面临的问题，提出了实现工会工作的“五突破一加强”，以更好地保护、调动和发挥广大职工投身改革和发展的积极性和创造性，带动其他各方面工作，不断提高工会工作的整体水平。

“五突破一加强”的具体内容是：积极协助党政做好减员增效、下岗职工基本生活保障和再就业，深入实施送温暖工程，对特困职工承担“第一责任人”（即当好“第一知情人”“第一报告人”“第一帮助人”）职责的工作有新的突破；坚决维护职工的经济利益，进一步理顺劳动关系，推动平等协商和集体合同制度的工作有新的突破；切实保障职工的民主权利，坚持和完善以职工代表大会为基本形式的企业民主管理制度，实行厂务公开和民主评议企业领导人的工作有新的突破；推动国有独资和国有控股公司不断完善法人治理结构，建设全心全意依靠职工办好企业的领导班子，董事会、监事会都要有职工代表参加的工作有新的突破；加快新建企业工会组建步伐，最大限度地把职工组织到工会中来的工作有新的突破以及以改革的精神加强工会自身建设，认真解决工会领导机关的机构、机制、干部素质等方面不适应形势任务要求的突出问题。

“五突破一加强”所关涉的都是当时工会工作中亟须攻坚的方面，对于维护职工群众的利益具有重要的意义。在贯彻落实和推进“五突破一加强”的过程中，全国总工会又进一步提出了“最大限度地把广大职工组织到工会中来，最大限度地维护广大职工的合法权益，最大限度地保护、调动和发挥广大职工的积极性、创造性”的“三个最大限度”的要求，以及“一手抓调整劳动关系机制的建设，一手抓为职工群众办实事”的工作策略。“五突破一加强”及“三个最大限度”“两手抓”的提出和深入开展，带动了其他各方面工作，提高了工会工作的整体水平，为工会组织顺利进入21世纪奠定了良好的基础。

四、中国工会十三大后五年间的工作成就

工会十三大召开后的5年间，工会工作取得了扎实成绩，主要体现在以下方面。

（一）以经济建设为中心，团结动员广大职工为改革和建设事业作出积极贡献

教育和引导广大职工坚定地支持改革，积极投身经济建设，自觉维护社会政治稳定。为适应经济体制与经济增长方式两个根本性转变的需要，推进国有企业改革和发展，自1999年开始，组织职工大力实施群众性经济技术创新工程，把劳动竞赛、合理化建议、技术革新、技术协作、发明创造等群众性经济技术活动推上了一个新的台阶。到2002年末，全国共有29.4万个企业的工会组织开展了职工经济技术创新工程，1.7亿人次的职工参加了各种形式的劳动竞赛，创经济效益2305亿元；提合理化建议6506万件，创经济效益1088.5亿元；开展技术攻关、推

广新技术 107.9 万项，创造（节约）价值 273.5 亿元。深入开展职业道德建设，认真贯彻《公民道德建设实施纲要》，开展职业道德“双十佳”“文明行业”“文明班组”“文明岗位”评比等活动，共有 292 人获全国职工职业道德十佳标兵和先进个人称号，276 个单位被评为全国职工职业道德建设百佳班组。大力实施“职工素质建设工程”，组织开展“创建学习型组织，争做知识型职工”活动，全国工会系统创建示范性职工学校 79 所，示范性文化宫 51 个，充分利用各类职工文化教育阵地，开展职工培训，继续开展职工读书自学活动，共有 320 名职工获全国职工自学成才奖。大力展示和弘扬劳动模范的先进思想、高尚情操和时代精神，组织劳模报告团巡回演讲，与政府有关部门培养、选树了一大批作出突出贡献的劳动模范、先进个人和先进集体，共表彰全国劳动模范 2946 名，授予 1629 个先进集体全国“五一”劳动奖状称号，授予 5069 名先进个人全国“五一”劳动奖章称号。2003 年中华全国总工会表彰了在抗击非典中作出突出贡献的 34 个先进集体和 67 名先进个人，分别授予全国“五一”劳动奖状和全国“五一”劳动奖章。

（二）维护职工合法权益迈上新台阶，为职工办实事、做好事取得明显成绩

根据国企改革显现出的新情况，工会将加强职工合法权益维护的重点放在职工下岗再就业、解决拖欠工资和安全生产等紧迫问题上。各级工会协助党委、政府积极做好下岗职工基本生活保障和再就业工作，推动并监督“两个确保”（确保国有企业下岗职工基本生活费和企业离退休人员基本养老金按时足额发放）、“三条保障线”（下岗职工基本生活保障、失业保险制度和城镇居民最低生活保障制度）特别是“低保”政策的落实，以养老、医疗、失业、工伤、生育保险为主要内容的社会保障体系逐步健全；督促企业解决拖欠职工工资问题，落实职工参与工资分配权利；积极倡导和大力开展职工互助合作保险，为职工构筑抵御风险的第二道防线。各级工会兴办了一大批困难职工帮扶中心，通过建立特困职工档案，积极协助民政部门对企业“低保”对象进行排查，发放“低保”资金，促进“低保”政策落实，初步实现“应保尽保”，享受低保的职工人数达 2064.7 万人，下岗职工基本生活保障、失业保险和城市低保“三条保障线”也实现了有效衔接。全国有447个地市工会、大多数县（市、区）工会及18万个基层工会建立了特困职工档案；80多万名各级党政干部和工会干部，与近百万低收入职工家庭建立了帮困联系，解决他们面临的就业和生活困难问题。

各级工会组织深入实施送温暖工程，截止到2003年上半年，共筹集送温暖资金129.4亿元，走访慰问52.5万户（次）困难企业和3150万户（次）特困职工、劳动模范、离退休职工以及伤病残职工家庭。帮扶工作取得重要进展，送温暖工程基本实现经常化、制度化、社会化。工会还与政府有关部门一道，努力改善劳模待遇，通过建立劳模补充养老保险、发放荣誉津贴、提高工资待遇、建立帮扶劳模专项基金等多种形式，为劳模解决了大量实际问题。

全国各级工会组织兴办职业介绍机构、职业培训机构和解困贸易市场、再就业基地帮助职工实现再就业，到工会十四大召开前，全国兴办工会职业介绍机构4000多个，累计帮助下岗职工和失业人员实现再就业300多万人次，自办职业培训机构6000余所，累计培训下岗职工失业人员320余万人次；全国兴办的职业劳动福利事业累计安置下岗失业人员51.9万人；共动员和组织80多万名政府公务员和工会干部，与近百万户低收入家庭或有下岗失业人员的家庭建立了帮困联系，帮助被联系的职工家庭解决就业和生活脱贫问题。

职工互助合作保险等职工劳动福利事业不断发展，由工会创办的职工互助合作保险初步形成了企业、市、省、国家四级互为补充、协调发展的局面。工会举办的各种类型职工互助合作保险组织已有8万多个，全国参加职工互助合作保险的职工人数达到2400余万人，保险资金结存几十亿元，累计有600余万人次获得了待遇给付。职工互助合作保险事业的发展，在整体上提高了广大职工的社会保障水平，缓解了国家法定标准与职工实际需要之间的矛盾。

（三）源头参与成效显著，推动立法取得多方面进展

工会组织积极推动建立健全源头参与的工作机制，与政府及有关部门召开联席（联系）会议制度进一步健全完善。截止到2002年年末，全国有22个省、自治区、直辖市总工会与同级政府建立了联席（联

系）会议制度，其中有 19 个省、自治区、直辖市由政府办公厅下发了建立联席会议制度的文件，有 16 个省、自治区、直辖市已将联席会议制度向市、县一级拓展；截至 2002 年 9 月底，在全国基层以上工会组织中，有 1933 个与同级政府和行政部门建立联席（联系）会议制度。劳动关系三方协调机制初步建立，自 2001 年 8 月国家级协调劳动关系三方会议制度正式建立后，这项制度得到了很好的执行，联合下发了《关于建立健全劳动关系三方协调机制的指导意见》《关于进一步推行平等协商和集体合同制度的通知》和有关加强劳动争议调处、劳动监察和劳动法律监督工作等一系列协调劳动关系的指导性文件；全国有 30 个省、自治区、直辖市先后建立起省级三方劳动关系协调会议制度，并正在向市（地区）、县（市）一级拓展和延伸。

各级工会领导机关先后推动和参与制定有关维护职工和工会权益的法律、法规和各项政策规定共 1264 件。其中，全国总工会直接参与了《工会法》《安全生产法》《职业病防治法》《工伤保险条例》和《劳动合同法（草案）》《集体合同法（草案）》《社会保险法（草案）》等 30 多部法律法规的起草和制定工作，特别是推动完成《中华人民共和国工会法》的修改和最高人民法院相关司法解释的制定；各省、自治区、直辖市总工会积极推动各地人大制定或修改本地实施修改后的《工会法》办法，截至工会十四大召开前，有 19 个省、自治区、直辖市完成了地方实施《工会法》办法的修改或制定工作；参与制定《中华人民共和国劳动法》等配套法律法规和有关政策，依法建会、依法维权的法律保障体系初步形成。

（四）推动建立平等协商和集体合同制度，职工代表大会制度等多种企事业民主管理制度取得新进展

建立平等协商和集体合同制度及劳动关系协商机制，是市场经济条件下切实维护劳动者权益的重要手段和基础性环节，对于促进劳动关系和谐稳定具有十分重要的作用。全国总工会积极推动平等协商和集体合同制度的建立和拓展，截至 2002 年 9 月底，全国签订集体合同 39.2 万份，其中企事业基层工会组织所在单位签订集体合同 30.9 万份，集体合同覆盖职工数 6167.6 万人；基层以上工会组织参与签订区域性集体合同6.5万份，覆盖企业74.3万个，覆盖职工2071.3万人；签订行业性集体合同1.8万份，覆盖企业21.9万个，覆盖职工1260.2万人。开展工资集体协商、签订工资专项集体协议的企业13.5万家，覆盖职工2740.4万人。截至2002年6月，全国有30个省、自治区、直辖市和部分企业产业建立了劳动关系协商机制。越来越多的非公有制企业通过职（员）工大会、劳资协商、职工恳谈会、沟通会、职工接待日、厂务公开等形式，落实职工的知情权、协商权和监督权。职工董事职工监事制度也已初步建立，截至2002年9月底，全国建立职工董事职工监事制度的公有制企业分别为3.84万个和3.96万个。

各级工会组织努力推动职工代表大会制度等多种形式的企事业单位民主管理制度不断发展。截至2002年9月底，企事业基层工会组织所在单位建立职代会制度的达到33.1万家，其中召开了职代会的为28.9万个，占87.3%；实行企业业务招待费使用情况向职代会报告制度的23.6万个，占71.3%；开展民主评议企事业单位领导干部的26.9万个，占81.3%；企事业基层工会组织所在单位实行厂务公开的有30万个；7万多家非公有制企业建立了职代会制度，15个省市制定了非公有制企业民主管理的指导性文件。

（五）积极参与劳动法律监督、劳动争议调处，加大依法维护职工劳动安全和职业健康权益的力度

工会积极参与劳动法律监督，劳动争议调解、仲裁与诉讼，在建立稳定协调的劳动关系中发挥了积极作用。截至2002年6月，各级工会建立的劳动法律监督组织达15022个，共提请劳动监督部门处理的违反劳动法律的行为和事件14782件；劳动法律监督组织受理违法违规案件50876件。工会系统在劳动争议仲裁委员会中的代表有15585名，工会法律服务机构350多家。

在一系列有关劳动安全卫生法律法规及劳动安全卫生国家标准的起草中，工会积极参与并提出意见和主张，将工会依法维护职工劳动安全和职业健康权益、组织职工对安全生产工作进行监督等内容纳入有关法律法规。仅2001年、2002年两年内，工会在与各级地方政府和有关部门的联席会议上提出劳动保护的议题、提案达25137件，解决并落实的有 16712 件。全总还会同国家有关部门进行全国安全生产大检查和有毒有害化学品专项整治的督察，对安全生产管理上存在的问题、重大事故隐患和职业病危害因素提出整改意见；积极推动国家开展对小煤矿安全生产专项治理，与政府有关部委共同对全国煤炭安全生产秩序进行整顿治理。实施工会劳动保护监督检查制度，群众性劳动安全卫生监督检查工作得到加强。

（六）工会组建实现突破性进展

加大工会组建工作力度，最大限度地把职工组织到工会中来。截至 2002 年 9 月底，全国新建企业工会组织数达到 113.4 万个，会员数达到 4289 万人；全国工会基层组织数由 1997 年 51 万个增加到 171.3 万个，全国工会会员总数由 9131 万人增加到 1.3 亿人，与 1997 年相比，全国工会基层组织数和全国工会会员数分别净增 120.3 万个和 4266.8 万人，均达到历史最高水平。建立健全新建企业工会组织体制、组织网络，建立乡镇（村）、街道（社区）和工业区、高新技术园区工会组织，探索按区域、行业、市场、楼宇等建立多种形式的基层工会组织，推进社区工会建设。创新基层工会工作，积极探索在企业临时性用工人员中发展会员的办法，使大量在国有、集体、非公有制企业就业的临时工、协议工以及个体经济组织中的非正规就业人员加入到工会组织中来；在条件成熟的中小企业探索实行工会主席直选、由上级工会推荐企业工会主席人选、向社会公开招聘工会工作志愿者、建立基层工会干部保护机制等做法；围绕企事业单位的中心任务，维护职工合法权益，推进企业民主管理制度、平等协商和集体合同制度等开展建设职工之家活动，在外商投资、私营企业开展以“双爱双评”为主要内容的建设职工之家活动，推动了非公有制企业工会工作整体水平的提高。

（七）工会自身改革和建设进一步加强

各级工会组织加强思想、组织、作风建设，取得很大成效。工会干部协管工作取得新的进展，各级工会领导班子建设得到加强。截至 2003 年 9 月，全国共有 28 个省级工会主席由副省级领导干部担任，地方市（地）级总工会主席基本上亦由同级党政副职级领导干部担任。全总和各省级工会普遍加强工会重点工作部门的力量，根据工作需要对产业工会的设置作了调整，各级产业工会积极开展具有产业特色的工作，不断加强高层参与、源头维护，普遍加强调查研究力度，积极向党和政府以及通过人大、政协等渠道，反映产业职工存在的问题，有针对性地提出政策建议；在保持经常性工作联系的基础上，与对口产业部门、行业协会建立联席会议制度，共同研究解决产业和职工的相关问题。维护女职工合法权益工作成效显著，工会女职工组织不断发展，各级工会女职工组织数由 1998 年的 32 万个增加到 2002 年 9 月底的 46.6 万个。工会财务工作改革创新不断深化，加大依法收缴工会经费的力度，连续五年实现工会拨缴经费收入稳步增长。资产管理工作逐步规范。“以事业养事业，以事业发展事业”取得新进展，全国工会事业单位的经费自给率达到 94.4%。工会经费审查监督不断规范和加强，工会经审制度体系框架初步建立。

与港澳台工会交流取得丰硕成果，5 年间全总及各省、自治区、直辖市总工会接待台湾工会和劳动界访问团 130 余个、近 2000 人次；大陆工会赴台访问共 87 个团、800 余人次，海峡两岸工会组织交流呈现多渠道、宽领域的态势；与港澳工会及劳动界之间的交流与合作更为密切与广泛。工会国际工作取得重大进展，中国工会与所有周边国家工会建立了友好关系，与广大发展中国家工会的传统友谊和团结得到巩固，与西方国家工会关系改善步伐加快。

思考题：

1. 建立社会主义市场经济体制给工会工作提出了哪些机遇和挑战？

2. 为什么说《劳动法》的颁布实施是工会工作的“契机和突破口”？

3. 为什么说平等协商和集体合同是工会工作的“牛鼻子”？

第九章　工会事业走向辉煌
（2003—2013 年）

一、全面建设小康社会提出的新任务与中国工会十四大的召开

2002 年 11 月，中国共产党第十六次全国代表大会在北京召开。中共中央总书记江泽民代表第十五届中央委员会作了《全面建设小康社会，开创中国特色社会主义事业新局面》的报告。报告高举邓小平理论伟大旗帜，全面贯彻"三个代表"重要思想，深入总结了改革开放以来特别是十三届四中全会以来党领导人民建设中国特色社会主义的基本经验，对建设中国特色社会主义经济、政治、文化和加强党的建设等各项工作做出了全面部署，向全党和全国各族人民提出了全面建设小康社会的宏伟战略目标。十六大还选举产生了以胡锦涛同志为总书记的新一届党中央领导集体，顺利实现了党的新老领导集体的交接。

2002 年 12 月 27 日至 28 日，全总十三届五次执委会议在北京召开。根据中共中央的安排，尉健行不再担任全国总工会主席职务，会议选举中共中央政治局委员王兆国担任中华全国总工会主席。在随后召开的全总十三届十一次主席团（扩大）会议上，王兆国发表讲话指出，要充分认识新形势下工会组织的重要地位和作用，进一步增强做好工会工作的光荣感、责任感和紧迫感。要引导好、保护好、发挥好广大职工群众的积极性，动员和组织他们为全面建设小康社会建功立业，强调"把广大职工群众最大限度地团结和凝聚起来，聚精会神搞建设，一心一意谋发展，为全面建设小康社会贡献力量，是新世纪新阶段工会组织的第一要务"。

2003 年 9 月 22 日，中国工会第十四次全国代表大会在北京召开，来自全国各地、各条战线的 1600 多名代表相聚北京，特邀代表 253 名，列席代表 23 名，代表全国各条战线的 1.34 亿会员，出席在新世纪召开的第一次工会代表大会。胡锦涛、吴邦国、温家宝、贾庆林、曾庆红、黄菊、吴官正、李长春、罗干等党和国家领导人到会祝贺。

中共中央政治局常委、中央书记处书记、国家副主席曾庆红代表中共中央和国务院向大会作了《我国工人阶级要在全面建设小康社会的伟大事业中发挥主力军作用》的祝词。祝词指出，中国工人阶级始终是推动中国先进生产力发展的基本力量，是我们党最坚实、最可靠的阶级基础，是我们国家当之无愧的领导阶级。在新的历史条件下，工人阶级的历史地位和作用没有变、也不能变。全心全意依靠工人阶级始终是我们党不可动摇的方针，是我们从胜利走向胜利的重要保证。必须在实践中不断发展工人阶级的先进性，提高广大职工的整体素质，把他们锻炼成一支真正具有先进阶级理想、社会主义道德、现代科学文化知识和严格组织纪律的强大阶级队伍。祝词还提出，在新世纪新阶段，工会组织要准确把握自己的定位，做到围绕中心、服务大局，全面履行各项社会职能，突出维护职工合法权益的职能。各级工会组织要围绕全面建设小康社会的各项任务，进一步开展各种群众性建功立业活动，把广大职工群众的积极性、主动性和创造性充分调动起来；把提高职工整体素质作为长期的战略任务，大力开展思想政治教育和职业培训工作；切实履行好表达和维护职工群众合法权益的基本职责，敢于维权，善于维权。祝词还要求工会组织必须适应时代发展和社会生活的变化，以改革的精神不断加强自身建设，推动工会工作的群众化、民主化和法制化。

中共中央政治局委员、全国人大常委会副委员长、中华全国总工会主席王兆国代表全国总工会第十三届执行委员会作了《以“三个代表”重要思想为指导，团结动员广大职工在全面建设小康社会中充分发挥工人阶级的主力军作用》的报告。报告回顾了中国工会的历史，总结了工会十三大以来的成绩及基本经验，提出了以“三个代表”重要思想统领工会工作全局，努力开创新世纪新阶段工会工作新局面的要求。报告提出了今后五年工会工作的目标任务：努力提高职工队伍整体素质，团结动员广大职工投身社会主义现代化建设的作用更加突出；切实为职工说话办事，维护职工合法权益的效果更加显著；积极参与协调劳动关系和社会利益关系，机制建设更加完善；加快工会组建步伐，基层工会工作更加活跃；推进自身改革和建设，工会组织吸引力、凝聚力更加增强；广泛开展对外交流与合作，中国工会国际影响更加扩大。报告围绕这些目标任务对工会各项工作进行了具体谋划和部署，明确了工会要在推动改革、促进发展、积极参与、大力帮扶中维护职工合法权益的思路。

大会讨论通过了全总十三届执委会报告、《中国工会章程（修正案）》的决议、全总十三届执委会财务工作报告和全总十三届经审会工作报告。选举产生全国总工会第十四届执行委员会及新一届领导机构。王兆国当选为中华全国总工会主席，张俊九、孙宝树、周玉清、王东进、苏立清、张榕明（女）、王瑞祥、徐振寰、陈秀榕（女）、徐德明（满族）、黄彦蓉（女）当选为副主席。张俊九被推选为全国总工会十四届执委会书记处第一书记，孙宝树、周玉清、苏立清、徐振寰、徐德明（满族）、黄彦蓉（女）、张鸣起、张秋俭（女）、陈荣书为书记处书记。董力任全总第十四届经费审查委员会主任。

2003 年 9 月 28 日，胡锦涛总书记在同全国总工会新一届领导班子成员和中国工会十四大部分代表座谈时发表重要讲话，充分肯定了我国工人阶级在革命、建设和改革的各个历史时期建立的伟大历史功绩以及工会组织作出的重要贡献，科学分析了改革开放以来我国工人阶级队伍发生的重大变化，深刻论述了工人阶级在全面建设小康社会进程中肩负的历史使命，并就各级党委和政府如何毫不动摇地坚持全心全意依靠工人阶级的指导方针提出了明确要求。他指出，包括知识分子在内的我国工人阶级，始终是推动我国先进生产力发展和社会全面进步的根本力量，是不断发展人民群众根本利益的坚定力量，是维护社会安定团结的中坚力量；全面建设小康社会，是全党全国人民在新世纪新阶段的历史任务，也必然是新世纪新阶段我国工人运动的主题。广大职工要始终牢记自己肩负的历史使命，努力成为艰苦创业的模范，成为勤奋学习的模范，成为增进团结的模范。

2005年12月13日，全总十四届三次执委会议选举孙春兰为全国总工会副主席，在随后召开的全总十四届八次主席团会议上，推选孙春兰为十四届书记处第一书记。

二、坚持以理论创新推动体制和工作创新，探索和坚持中国特色社会主义工会发展道路

面对发展社会主义市场经济给工会工作带来的理论与实践问题，各级工会大力弘扬求真务实的精神，在全总的统一部署下，深入开展“组织起来、切实维权”大调研，发现和总结推广一批具有鲜明时代特点的典型经验。同时，从理论和实践结合上深入研究“建设什么样的工会、怎样建设工会”，提出了坚持走中国特色社会主义工会发展道路的重大课题，确立了“组织起来、切实维权”的工作方针，阐述了中国特色社会主义工会维权观，确定了建立社会主义新型劳动关系的目标，明确了“促进企业发展、维护职工权益”的企业工会工作原则，有力地推动了工会工作健康发展。

——确立“组织起来、切实维权”的工会工作方针。2003年12月，在全总十四届三次主席团（扩大）会议上，王兆国提出了2004年工作的重点：加强工会基层建设、发挥基层工会作用；关心职工生产生活、维护职工切身利益，并进一步概括为“组织起来、切实维权”。全总书记处决定，2004年上半年开始在全国工会系统围绕“组织起来、切实维权”这一工作重点，开展一次大调研活动。随后，大调研活动在全国工会系统全面展开。通过近一年的大调研，进一步掌握了工会工作面临的新情况，形成了《中华全国总工会关于进一步加强基层工会工作的决定》，达到了发现问题、找出对策、明确思路、推进工作的预期目的。2004年12月，在全国总工会十四届二次执委会议上，正式将“组织起来、切实维权”确立为工会工作的方针。

——提出坚持走中国特色社会主义工会发展道路的重大命题。2005年3月31日，在全国总工会机关保持共产党员先进性教育活动报告会上，王兆国首次提出了坚持走中国特色社会主义工会发展道路的命题；

2005年4月25日，在庆祝中华全国总工会成立80周年大会上，王兆国对中国特色社会主义工会发展道路的基本内涵作了全面阐述；2005年7月4日，全国总工会十四届六次主席团会议审议通过了《关于坚持走中国特色社会主义工会发展道路的决议》，从指导思想、政治保证、根本任务、职能作用、组织体制、对外交往、内在动力等七个方面，阐述了中国特色社会主义工会发展道路的基本内涵。指出坚持走中国特色社会主义工会发展道路，就是要坚持中国工会的发展方向，从根本上解决“建设什么样的工会、怎样建设工会”的重大问题。2008年4月16日至17日，在全国工会领导干部理论研讨会议上，王兆国就建设中国特色社会主义工会作了系统阐述，指出建设中国特色社会主义工会是中国工会运动发展的历史选择，必须立足我国的基本国情，充分认识中国工会的本质特征，准确把握中国工会与西方工会在工会的产生、性质、地位、职能、组织体制等方面的本质区别和显著不同，毫不动摇地坚持中国工会的特色。

——提出“促进企业发展、维护职工权益”的企业工会工作原则。2006年7月召开的全总十四届九次主席团（扩大）会议认真研究了加强企业工会工作的问题，明确了“促进企业发展、维护职工权益”的企业工会工作原则，审议通过《企业工会工作条例（试行）》。2006年12月在全总十四届四次执委会议上正式通过了《企业工会工作条例》，要求把促进企业发展作为实现职工利益的前提，把维护职工权益作为推动企业发展的基础，把企业工会建设成为“坚持党的领导、促进企业发展、维护职工权益、团结职工群众”相统一的职工之家，明确了加强企业工会工作的重要遵循，使企业工会更好地找准位置、体现价值、有所作为。

——确立中国特色社会主义工会维权观。在2006年12月召开的全总十四届十一次主席团（扩大）会议上，王兆国作了《坚持中国特色社会主义工会维权观，加强协调劳动关系，推动构建和谐社会》的讲话，提出了“以职工为本，主动依法科学维权”的中国特色社会主义工会维权观。指出工会贯彻落实科学发展观、为构建社会主义和谐社会服务的着力点，就是要牢固树立中国特色社会主义工会维权观，推动建立和谐稳定劳动关系，切实维护职工合法权益，促进国家和企业发展。要坚持“两个维护”相统一的维权原则，坚持竭诚为职工群众服务的维权宗旨，坚持和谐发展、互利共赢的维权理念，坚持统筹兼顾、突出重点的维权方法，坚持党政主导、工会运作的维权格局，把维护职工合法权益贯穿于推动改革、促进发展、积极参与、大力帮扶的全过程，从而明确了新形势下工会“维护什么、怎样维护”的重大问题。

——明确建立社会主义新型劳动关系的目标。强调要正确认识我国劳动关系的特点，以发展和谐劳动关系为主线，以职工最关心、最直接、最现实的利益问题为重点，抓住劳动合同、集体合同与职代会三个关键环节，通过建立健全利益协调机制、诉求表达机制、矛盾调处机制和权益保障机制，推动劳动关系双方的协商共谋、机制共建、效益共创、利益共享，建立和发展规范有序、公正合理、互利共赢、和谐稳定的社会主义新型劳动关系，最大限度地实现好、维护好、发展好职工群众的根本利益，推动解决职工群众最关心、最直接、最现实的利益问题，激发职工群众的参与热情和创造活力，使广大职工共享经济社会发展成果，推动社会主义和谐社会建设。

从“组织起来、切实维权”工作方针的确立，到坚持走中国特色社会主义工会发展道路的提出；从明确“促进企业发展、维护职工权益”的企业工会工作原则，到确立“以职工为本，主动依法科学维权”的中国特色社会主义工会维权观；从系统阐述加强协调劳动关系、维护职工合法权益，到清晰提出建立规范有序、公正合理、互利共赢、和谐稳定的中国特色社会主义新型劳动关系——这些理论创新成果，涵盖中国工会的力量源泉、性质地位、职能作用、方针原则、维权理念、最终目标、发展战略等方面的内容，明确中国工会和西方工会的本质区别和显著不同，回答了新形势下“建设什么样的工会”和“怎样建设工会”的重大问题，丰富和发展了中国特色社会主义工会发展道路理论，对于推动工会工作的创新发展，具有重要的指导意义。

三、中国工会十四大后五年间的工作成就

工会十四大后的五年间，面对复杂多变的国际环境和艰巨繁重的改革发展任务，各级工会组织在党的领导下，全面贯彻党的十六大、十七大精神，坚持以邓小平理论和“三个代表”重要思想为指导，深入贯彻落实科学发展观，与时俱进，开拓创新，努力建设中国特色社会主义工会，充分发挥组织职工、引导职工、服务职工、维护职工合法权益的作用，各项工作全面推进。

（一）团结动员广大职工建功立业，充分发挥了工人阶级在推动经济社会健康发展中的主力军作用

面对全面建设小康社会给工人阶级和工会工作提出的新任务新要求，各级工会紧紧围绕发展这个党执政兴国的第一要务，把团结组织广大职工为全面建设小康社会，加快推进社会主义现代化建设贡献力量作为新世纪新阶段的根本任务，扎实推进群众性建功立业活动，激发和调动了职工立足本职、争创一流的积极性、主动性、创造性，进一步发展了工人阶级先进性，展示了工人阶级的时代风采，工人阶级的主力军作用进一步发挥。

“当好主力军、建功‘十一五’、和谐奔小康”主题竞赛不断深入。各级工会围绕提高职工技能水平，开展培养知识技能型、技术技能型、复合技能型高技能人才竞赛；围绕增强自主创新能力，开展以小革新、小发明、小改造、小设计、小建议为重点的技术创新竞赛；围绕节能降耗、实现经济发展目标，开展“我为节能减排做贡献”和多种形式的建功立业竞赛活动，使主题竞赛活动成为工会推动经济社会发展的重要载体。重点工程劳动竞赛取得明显成效。全国总工会先后在青藏铁路建设工程、杭州湾大桥工程、北京奥运工程、上海世博会工程和金沙江水电工程等国家重点工程建设中组织开展了劳动竞赛。创建“工人先锋号”活动在各行各业全面开展。2008 年 4 月，全国总工会首批命名了 1055 个全国“工人先锋号”，各省（区、市）、全国产业工会命名的“工人先锋号”有 5221 个。职工技术创新活动蓬勃开展，涌现出许振超、李斌、邓建军、孔祥瑞、王亮、王洪军、窦铁成等一大批知识型、

创新型、专家型高技能技术工人楷模，有力地推动了职工队伍技术素质的提高和高技能人才队伍建设。劳模管理服务进一步加强。从2005年起，全国总工会每年“五一”前夕集中授予在国家经济社会发展中有突出贡献的先进集体和个人全国五一劳动奖状、奖章，并对在抢险救灾危急时刻、国家重点工程建设关键阶段、国内外有重大影响事件中有突出贡献的先进集体和个人即时授予全国五一劳动奖状、奖章。各级工会努力做好劳模生活困难帮扶工作，劳模生活困难得到有效解决。自2003年起，中央财政每年拨出专款向全国劳模发放低收入补助金、特殊困难帮扶金和春节慰问金，5年累计达3.2亿元，年均帮扶全国劳模8700余人。各级工会积极探索、完善和创新劳模管理工作。全国总工会在中国劳动关系学院开设劳模本科班，免试招收了75名符合条件的劳模入学深造。辽宁、天津、青海等地相继出台了劳模评选和管理工作新规定，在工资、就业、医疗、住房、养老等方面提高劳模待遇。湖北、山东等地建立健全劳模管理档案，提高劳模管理信息化水平。职工技协作用进一步发挥。2003～2008年的5年里，各级职工技协组织开展技术攻关、技术开发项目30.9万项，推广新技术45.3万项，签订技术合同成交项目20.2万项，成交金额197.8亿元。技术创新成果大量涌现，技术工人登上国家科技奖领奖台。

（二）大力提高职工队伍整体素质，不断发展工人阶级先进性

面对科教兴国和人才强国战略对职工素质提出的新要求，各级工会充分发挥“大学校”的作用，引导、帮助职工提高自身素质，努力维护职工的精神文化权益，取得了积极的成效。职工思想政治工作进一步加强，广大职工团结奋斗的思想基础更加巩固。各级工会积极适应职工思想的独立性、选择性、多变性、差异性明显增强的新情况，加大职工思想政治工作力度，坚持用马克思主义中国化最新成果武装头脑，用社会主义核心价值体系引领职工。探索职工思想教育的新方法、新途径，广泛开展职工思想道德建设和精神文明创建活动，注重对职工的人文关怀和心理疏导。开展了第九届、第十届全国职工职业道德“双十佳”评选表彰活动，与中央文明办等单位联合组织开展了“全国道德模范”评选活动，引导广大职工树立爱国、敬业、诚信、友善的道德规范。职工素质建设工程全面推进，促进了职工文化技术素质的提高。深入开展“创建学习型组织、争做知识型职工”活动，全国基层以上工会表彰创建学习型组织先进单位 1.3 万个，创建学习型组织先进班组 1.67 万个，知识型职工标兵和先进个人 3.1 万人。2006 年 6 月，全总会同财政部等 11 部委下发了《关于企业职工教育经费提取与使用管理的意见》，进一步明确企业职工教育培训内容以及经费提取、使用和监督管理的要求，维护职工的职业培训权利。积极推进探索建立农民工培训体系，在一线职工特别是农民工工作和居住相对集中的基层企事业单位、城市社区、工业园区、乡（镇）村和重点建设项目工地建立“职工书屋”。职工文体活动蓬勃开展，精神文化生活更加丰富多彩。积极推进工会职工文化阵地改革与发展，在坚持公益性的基础上激发工会文化阵地的生机和活力，积极探索依托社会力量、按照市场机制组织大型文体活动的工作机制和运作方式。2004 年 3 月，成立中国职工文化体育协会，带动各级工会职工文化体育协会的迅速普遍成立，广泛组织职工开展各类文化体育活动。与中国文联、中央文明办、中央电视台等单位共同主办的第二届中国职工艺术节历时 7 个多月，成为一次规模空前的职工文艺盛会。

（三）工会组建工作取得历史性突破，为巩固党的阶级基础和执政地位作出积极贡献

面对职工队伍迅速发展壮大、流动性显著增强、企业用工方式复杂多变的状况，各级工会按照“扩大覆盖面、增强凝聚力”的要求，贯彻“组织起来、切实维权”的工会工作方针，着力加强工会基层组织建设，积极推进基层工作创新。

组建工会和发展会员工作成效显著。全总制定了关于组建工会和发展会员工作考核奖励办法，积极转变建会方式，把自上而下推动建会与自下而上指导职工自觉建会统一起来，建立完善了建会工作目标分解责任、定期通报、跟踪督查、考核激励、建会筹备金等长效机制。截至 2008 年 6 月，全国工会基层组织数 170.2 万个，覆盖单位 355.6 万个；按 2004 年经济普查法人单位数计算，外企（含台港澳）、私企建会率分别为81.4%、75.8%；全国工会会员总数20867.5万人，其中，农民工会员人数6674.6万人，全国职工入会率为77.2%。与2003年相比，全国会员净增8527.0万人，连续4年平均净增1600万人。以非公企业尤其是外商投资企业为重点领域，实施推进世界500强等跨国公司在华企业集中建会行动，突破沃尔玛建会，在国内外产生了重大影响。[①]（参见【阅读与链接】）通过健全"小三级"组织网络[②]，使工会的组织基础更加牢固。全总先后制定了《关于进一步加强基层工会工作的决定》和《企业工会工作条例》，各地工会制定贯彻《条例》的实施意见，广泛开展"基层组织建设年"等活动，基层工会活力不断增强。

壮大工会工作者队伍，工会的组织功能得到强化，全国有23123名职业化工会工作者活跃在工会基层组织建设第一线。

探索完善基层工会主席产生和保护机制，充分发挥基层工会主席的积极性。全总制定了《企业工会主席产生办法（试行）》，进一步规范企业工会主席产生机制，推进基层工会干部队伍的社会化、职业化。建立基层工会干部权益保护机制，努力为基层工会干部解决后顾之忧，出台了《企业工会主席合法权益保护暂行办法》，规定了保护内容与措施、保护机制与责任等，并设立了100万元的工会干部权益保障金。

深入开展建设职工之家活动，"建家"的内容和领域进一步拓宽。

---

① 2006年3月，全总召开了全国工会推进外商投资企业工会组建工作座谈会，研究部署进一步推进外企建会工作。在全总统一部署、当地党政支持、职工积极参与下，2006年7月29日，沃尔玛（中国）晋江店工会在全国率先成立。这一重大突破成功破解了沃尔玛建会的世界性难题，有力地促进了工会组建思路、方式的转变，锻造了一批组建工作骨干。各地工会运用沃尔玛建会经验，坚持把职工作为建会的主体，带动戴尔、柯达、麦当劳等一大批跨国公司建立了工会组织。

② 为适应我国工业化、城镇化的进程，全总及时提出工会组织领导体制要向下延伸。从2004年起，多次就乡镇（街道）建立工会组织进行部署，先后下发了《关于开展建立乡镇（街道）总工会试点工作的意见》《关于加强乡镇（街道）工会规范化建设的意见》，3次召开推进全国乡镇（街道）工会建设会议。截至2013年6月，全国有13489个乡镇（街道）建立了总工会，39641个乡镇（街道）建立了工会组织，初步解决了乡镇（街道）工会建设的组织形式、人员编制、经费保障等问题。在一些经济发达地区，80%的村（社区）建立了工会组织。基本形成县以下工会的县—乡镇—街道"小三级"组织网络。

各级工会贯彻全总《关于在新形势下深入开展建设职工之家活动的意见》，拓宽建家领域，充实建家内容，不断推动建家工作的创新发展。全总与全国工商联连续 4 年联合召开全国非公有制企业“关爱员工、实现双赢”经验交流暨表彰会议，共对 342 名关爱员工的优秀民营企业家、333 名热爱企业的优秀员工和 400 家“双爱双评”先进企业进行了表彰，推动了非公有制企业工会工作的开展。

阅读与链接

沃尔玛职工依法组建其在国内首家工会组织

（2006 年 7 月 30 日　《工人日报》）

本报泉州 7 月 29 日电（记者王娇萍 肖玉保 吴铎思）

今天，沃尔玛深国投百货有限公司晋江店工会成立暨第一次会员大会在福建省泉州市举行，这标志着世界上最著名的零售连锁企业沃尔玛在中国建立了第一个工会组织。

会上，25 名沃尔玛晋江店的员工按照《中国工会章程》的规定，选举产生了第一届工会委员会和第一届工会经费审查委员会，今年 29 岁的沃尔玛晋江店员工柯云龙当选为工会主席。

柯云龙在接受记者采访时说，他们是通过泉州市总赠送的《工会法》《泉州工人》《农民工维权手册》等刊物和资料认识和了解工会的，知道成立和加入工会组织是法律赋予每位职工的权利。今天能够成为沃尔玛第一批中国工会会员，既兴奋又感到责任重大。他表示，如何使工会工作与沃尔玛的经营理念结合起来，促进劳资关系的和谐，实现员工利益和企业发展的双赢，是沃尔玛晋江店工会的主要任务之一。

据悉，沃尔玛自 1996 年进入中国在深圳开设第一家购物广场和山姆会员店以来，迄今已在我国30个城市开办了59家商场，现有员工2万多人。

据了解，今年7月21日，柯云龙等30名沃尔玛晋江店员工联名向泉州市总工会递交了报告，要求组建工会。泉州市总工会及时给予回应，并组成专门工作组就建会工作进行指导。泉州市总工会党组书记、常务副主席傅福荣说，员工强烈的入会愿望和建会要求，是沃尔玛晋江店工会得以成立的基础。沃尔玛（中国）2004年11月份在媒体上公开声明，“如果员工要求成立工会，沃尔玛（中国）会尊重他们的意见，并履行工会法所规定的责任和义务”。他还表示，上级工会帮助和指导职工组建工会组织，是履行《工会法》赋予的权利和义务，责无旁贷。

随着外商投资企业的迅速发展，其依法建会问题不断凸显。近年来，全总不断加大外商投资企业建会工作力度。统计数据显示，目前我国外商投资企业中组建工会的已超过3.93万家，占全部外商投资企业法人单位总数的25%以上。今年，全总又提出更高的建会目标，而沃尔玛在中国建立首家工会组织，是我国外商投资企业依法建会工作的一次重大突破。

中华全国总工会副主席、书记处书记徐德明到会祝贺。他说，建立工会的最终目的是要通过工会这个平台来发挥团结组织职工、促进企业发展、维护职工权益、保持社会稳定的作用。希望沃尔玛深国投百货有限公司晋江店工会坚持在发展中维权、在维权中发展，实现企业和员工的互利双赢。

全总纪检组组长、书记处书记张鸣起，福建省政协副主席、省总工会主席黄瑞霖等领导出席会议。全总、福建省总和泉州、晋江市委、市总工会的有关领导也参加了大会。

（四）坚持以职工为本、主动依法科学维权，促进了和谐企业、和谐劳动关系与和谐社会建设

各级工会抓住发展和谐劳动关系这条主线，加强维权机制建设，围绕劳动关系的建立、运行、监督、调处等环节，进一步建立健全利益协调机制、诉求表达机制、矛盾调处机制、权益保障机制，创造了许多新

鲜经验和有效办法，在实践中初步形成党委领导、政府支持、社会配合、工会运作、职工参与的社会化维权格局。

工会与政府联席（联系）会议制度普遍建立并日益规范，逐步向地（市）、县（区）、乡镇（街道）发展。全国有 28 个省（区、市）建立了工会与政府联席会议制度或召开了有关会议，2007 年度有 2003 个县及县级以上地方工会与同级政府开过联席会议，占县及县级以上地方工会总数的 63.6%。

全国省、市、县三级普遍建立了劳动关系三方协商机制，并向乡镇、街道和各类工业园区延伸。国家级三方成立了劳动关系法律政策研究委员会、企业工资分配研究委员会和集体协商研究委员会，国家和地方各级三方机制普遍建立了例会制度，设立了常设办公室，加强了三方机构建设。国家三方会议下发了协调劳动关系工作的一系列文件，指导各地三方开展工作，推动实施劳动合同三年行动计划、研究促进平等协商和集体合同制度落实，建立健全劳动争议协调处理机制，大力开展创建和谐劳动关系企业活动。

积极参与立法和执法监督，把推动健全劳动法律体系作为维护职工合法权益、开展工会工作的重要基础。工会十四大后的五年间，全总重点参与了《劳动合同法》《就业促进法》《劳动争议调解仲裁法》《公司法》《社会保险法》《企业破产法》《全国年节及纪念日放假办法》《职工带薪年休假条例》等法律法规的制定工作。特别是在《劳动合同法》《就业促进法》和《劳动争议调解仲裁法》三部法律制定过程中，各级工会积极参与，深入调研论证，充分反映广大职工群众和各级工会组织的意见和建议。在全国人大常委会公开征求《劳动合同法（草案）》意见收到的近 20 万件修改意见和建议中，63% 的意见、建议来自职工群众和工会。工会对三部法律草案所提出的意见与建议，得到了立法机关的高度重视，绝大多数被采纳、吸收。地方工会参与立法工作取得了成效，不少地方结合本地实际制定出台了一批保障职工和工会权益的地方性法规、规章。仅 2007 年，各地工会就参与了 210 部地方性法规和规章的制定工作。各级工会组织配合人大开展了《工会法》《劳动法》《安全生产法》的执法检查，协助行政部门搞好劳动监察，配合政协视察，推动了劳动法律法规的有效实施。

工会劳动法律监督网络基本形成，截至2008年6月，全国工会建立劳动法律监督组织33.2万个。加大对侵犯职工合法权益重大案件的监督力度，对山西洪洞县“黑砖窑”、麦当劳和肯德基等企业涉嫌违法用工、华为公司辞职竞岗等事件进行调查处理，参与劳动和社会保障部等9部委对全国18个省（区、市）开展的整治非法用工、打击违法犯罪专项行动督察工作，配合有关部门查处非法用工，参与检查“四小”及其他用人单位62万户，参与调查处理劳动违法案件33.1万件。

推动基层协调劳动关系机制进一步健全。抓住劳动合同、集体合同与职代会三个关键环节，推动劳动关系协调机制建设。全总会同有关部门先后下发了《关于进一步推进劳动合同制度实施的通知》《全面推进劳动合同制度实施三年行动计划》《关于做好帮助和指导职工签订劳动合同工作的意见》等文件，指导和推动劳动合同工作。全总积极参与《工资集体协商试行办法》和《集体合同规定》的制定，召开了全国工会工资集体协商工作经验交流会，推进工资正常增长机制建立健全。截至2008年6月，共签订集体合同109.1万份，覆盖企业183.4万家，覆盖职工1.4亿人，分别比2003年增长62.1%、51.0%和38.6%。区域性行业性集体合同覆盖企业105.3万家，覆盖职工4879.5万人。

进一步健全以职代会为基本形式的企事业民主管理制度、厂务公开制度，在国有和集体企业普遍建立职代会制度的基础上，进一步向非公有制企业拓展。到2007年9月底，全国有108.6万家企事业单位建立了职代会制度，其中，公有制企业14.8万家，非公有制企业70.9万家。厂务公开制度不断深化，截至2007年9月底，全国实行厂务公开制度的企事业单位达94.5万家，其中，公有制企业13.3万家，非公有制企业62万家。

大力推进创建劳动关系和谐企业活动，使创建劳动关系和谐企业活动成为工会工作的响亮品牌。全总下发了《关于开展创建劳动关系和谐企业活动的意见》，会同有关部门下发了《关于开展创建劳动关系和谐企业与工业园区活动的通知》，2007年8月，国家协调劳动关系三方召开全国创建劳动关系和谐企业与工业园区活动表彰暨经验交流会议。

全总及时总结了慈溪、邯郸、哈尔滨、镇江、威海等地的经验，推动了创建活动的深入发展。

促进社会性别平等和维护女职工特殊权益取得显著成效。各级工会进一步加强女职工组织建设。截至2008年6月，工会女会员已达7243.7万人，比2003年增长57.4%；专、兼职女职工工作干部150.9万人，比2003年增长57.4%。全国女职工专项集体合同签订数达50.29万个，覆盖企业54.21万家，覆盖女职工2940.5万人。建立女职工互助互济基金，开办女职工特殊疾病互助合作保险，积极帮助困难女职工解决就业、就医、住房、子女就学等方面的困难。

劳动争议调解发挥积极作用，着力健全和完善劳动争议调解制度和劳动关系预警机制。在全总的积极参与和推动下，最高人民法院2006年出台了《关于审理劳动争议案件适用法律若干问题的解释（二）》。2007年，全总下发了《关于进一步加强劳动争议调解工作的若干意见》，各级工会建立劳动争议调解组织32.2万个，比上年增加5.4万个，其中区域性行业性劳动争议调解组织1.1万个，比上年增加790个。各级劳动争议调解组织受理劳动争议40.6万件，其中区域性行业性劳动争议调解组织受理8.7万件，调解成功7.2万件，占82.9%。

工会法律援助工作取得新进展，全国建立工会法律援助服务机构6178个，2007年为职工提供咨询代书等服务7.5万件，受理法律援助案件4.6万件，处理2.9万件。工会公职律师试点工作进展顺利。全国总工会与司法部、全国律师协会联合组织开展“全国维护职工权益杰出律师”评选表彰活动，收到了良好的社会效果。

（五）推动解决职工群众最关心、最直接、最现实的利益问题，为职工办实事好事取得明显成绩

促进就业再就业取得新成效。各级工会以“零就业家庭”和“4050人员”为重点对象，以技能培训和创业指导为重点内容，先后实施了“3年3个150万促进就业再就业工作计划”和“工会5·1促进就业行动”，与有关部门联合开展民营企业招聘周，取得了显著成效。截至2007年底，工会共建立职业介绍机构2761个，累计成功介绍职工就业708.7万人次，其中下岗失业人员455.4万人次；建立职业培训机构2924个，累计培训909.3万人次，其中下岗失业人员588.5万人次，接受培训的下岗失业人员中实现再就业的341.4万人次。

维护职工收入分配权益取得新成绩。积极参与政府有关工资分配的法律法规和政策的研究制定，配合政府有关部门开展工资清欠工作。多数省份基本解决了国有企业工资历史拖欠问题。截至2007年7月底，全国累计解决拖欠农民工工资433.2亿元。

困难职工帮扶工作迈上新台阶。送温暖活动、困难职工帮扶中心和金秋助学活动已经成为具有较大社会影响的工会工作品牌。从2003年到2007年，各级工会通过自筹资金、政府拨款、职工和社会捐助等形式累计筹集送温暖资金129.4亿元，走访慰问了53.2万家（次）困难企业和2610.6万户（次）困难职工家庭。全国工会共建立地市级以上帮扶中心371家，县级帮扶中心2604家，100%的地级城市和91%的县级城镇已建立帮扶中心，实现了信息化管理，覆盖全国的困难职工帮扶工作网络基本形成。截至2008年9月，全国各级帮扶中心累计筹集资金42亿元，帮扶困难职工2090.2万人次，建立扶贫超市353家、爱心医院或药店631家。金秋助学活动开展3年来，筹集资金15.7亿元，帮助169.7万多名困难职工子女圆了上学梦。

维护农民工合法权益取得新突破。各级工会努力为农民工办好事实事，在全社会叫响做实“农民工有困难、要维权找工会”。积极参与国务院《关于解决农民工问题的若干意见》的制定，推动政府制定有关改善农民工生产生活条件的政策法规。全总制定了《关于推进维护农民工合法权益十项工作机制建设的意见》等文件，建立了维护农民工合法权益的工作机制。总结了河南信阳“源头入会、属地管理、联合互动、双向维权”的经验，成都等城市“城际工会维权联动机制”，浙江义乌“社会化维权”等创新经验和模式，推广了“一次入会、务工享用、持证转移、进出登记、全国通用”的农民工会籍管理制度。在困难职工帮扶中心开设专门的农民工帮扶窗口，为农民工提供办理入会、职业介绍、技能培训、法律维权、应急生活救助等一条龙服务。将农民工纳入“两节”送温暖和金秋助学活动的重点对象，广泛开展为农民工送温暖、送文化、送清凉、送健康、送安全等活动，全总拨款

1000 万元在全国建立 200 多个流动电影放映队，成立了 31 所农民工业余学校，对 1000 万人次的农民工进行安全卫生知识教育培训。帮助他们解决生产生活中的突出困难，仅 2007 年元旦春节期间就走访慰问了农民工 165.7 万人，发放慰问款物合计 2.5 亿元，2006 年和 2007 年共帮助 25.9 万名困难农民工子女解决了就学问题。

群众性安全生产工作取得新成果。发动广大职工参与安全生产管理和监督，发挥工会劳动保护组织网络的作用，不断完善工作机制，推动工会劳动保护工作的规范化、制度化。广泛开展群众性安全生产卫生监督检查活动，与有关部门共同开展“安康杯”竞赛活动，积极参加重大、特大伤亡事故的处理，健全了工会劳动保护监督检查三级网络体系。

（六）全面加强工会对外交往，工会国际工作开创新局面

面对经济全球化的深入发展和国际工运格局的重大变化，中国工会坚持“独立自主、互相尊重、求同存异、加强合作、增进友谊”的对外工作方针，全面加强工会对外交流交往，推动形成公正合理的国际工会运动新秩序，中国工会的国际影响进一步扩大。

连续举办“经济全球化与工会”国际论坛，创新对外工作平台。2004 年 10 月，全总在与世界工联、非工统、阿拉伯工联、拉美工人中央工会等部分国际和区域友好工会组织的共同倡议和努力下，发起举办了“经济全球化与工会”国际论坛。论坛围绕国际工运和国际劳工领域中普遍关注的重大问题，就经济全球化对国际工会运动的影响与对策、国际工运形势和发展趋势、促进就业、消除贫困等众多工会工作的前沿性问题进行了深入交流和讨论，形成了广泛的共识。2004 年 10 月 11 日，胡锦涛总书记会见出席首届“经济全球化与工会”国际论坛的外国工会组织领导人，2008 年 1 月 7 日再次出席论坛开幕式并致辞，就经济全球化、可持续发展、体面劳动与工会工作问题阐发了中国的立场和观点，赢得了热烈反响。通过国际论坛这个平台，宣传了中国工会维权工作和构建民主和谐的国际工会关系的主张，团结和凝聚了发展中国家的工会力量，中国工会影响逐步扩大，成效日益显著。论坛已成为国际工会运动中一个真诚友好、平等交流的平台，坦诚开放、包容多样的讲坛，民主协商、共谋发展的机制。

加强与广大发展中国家工会的交流与合作，传统友谊不断巩固和加深。全总分别主办了“非洲工会研讨班”“阿拉伯国家工会研讨会”“拉美安第斯国家工会研讨会”“东盟国家工会研讨班”“东欧国家工会研讨会”等工会领导人研讨班，邀请了来自亚、非、拉和中东欧地区工会领导人来华参加，增进了相互了解与友好合作关系。

与欧美大国工会和国际工会组织关系取得突破性进展。积极加强与欧美大国工会的交往，2007 年 5 月，美国变革谋胜利工会联合会主席率下属主要产业工会领导人应邀对华进行了正式友好访问，实现了中美工会交往的重要突破。抓住国际工运格局变化的契机，推动国际工联调整对话政策，首次通过平等协商的方式，妥善解决了中国工会在国际劳工局理事会工人组席位的问题，中国工会国际活动空间进一步拓展。

（七）以改革创新的精神推进工会自身建设，工会组织活力进一步增强

工会干部队伍建设进一步加强。按照德才兼备原则和干部“四化”方针，以及“三家五能力”的标准和要求，着力提升工会干部队伍的整体素质和工作能力。（参见【阅读与链接】）选好配强工会领导班子，推动工会主席按照同级党政副职配备。到 2008 年 1 月，全国 36 个省级工会中已有 33 个按同级副职配备工会主席，市县工会和大型企业工会按同级副职配备工会主席的工作也取得了新的进展。全国参加地方、产业工会轮训的工会干部有约 231. 7 万人，参加适应性岗位培训的工会干部约 288. 2 万（次）。

产业工会工作进一步加强。开展产业工会工作调研，提出新形势下加强产业工会工作的意见，理顺了全国总工会、地方总工会及产业工会与国资委监管企业工会的领导关系，加强了对大企业工会工作的领导，进一步发挥产业工会在宏观参与、协调劳动关系、维护产业职工具体利益等方面的积极作用。不少地方适应产业发展、职工维权的现实需要，对产业工会机构设置进行了适当调整，区域性行业性工会建设在探索中推进，取得了积极进展。

工会服务基层、服务职工的实力增强。积极推进工会经费管理体制改革，普遍实行委托税务代收工会经费、行政事业单位由财政统一划拨

工会经费、未建会企业收取建会筹备金等三项改革措施（“一改三策”），加大了依法收缴工会经费的力度，破解了工会经费收缴难题，经费收缴工作朝着全面“入轨、足额、覆盖”的方向发展，提高了工会经费总体收缴水平，连续 5 年实现了工会拨缴经费的持续增长，工会整体经济实力和工会领导机关的调控能力增强。截至 2007 年，全国已有 18 个省、237 个地级市、2062 个县（市）实行委托税务代收工会经费，有 277 个地级市和 1895 个县（市）实现了财政拨款的行政事业单位工会经费由财政统一划拨，有 155 个市和 1078 个县在委托税务代收经费的同时对未建会企业收取了建会筹备金。全总和各级地方工会成立了工会资产监督管理委员会，加大了对工会资产的监管力度，促进了工会资产的保值增值。

加强与港澳台工会和劳动界交流合作。举办海峡两岸劳动关系论坛，推动双方互访，全方位拓展工会港澳台工作，为维护香港和澳门长期繁荣稳定、促进祖国和平统一大业贡献了力量。

阅读与链接

“三家五能力”

王兆国同志在 2003 年 12 月全总十四届三次主席团会议上提出，全总机关和省级工会的主要领导同志要“努力成为具有较高判断形势能力、适应市场经济能力、应对复杂局面能力、服务大局能力、依法办事能力的政治家、社会活动家和协调劳动关系专家”（即“三家五能力”）。2005 年 3 月 31 日在全总机关保持共产党员先进性教育活动报告会上，王兆国同志将“五能力”调整为：服从服务于党和国家工作大局的能力，组织职工、动员职工、依靠职工和服务职工的能力，表达和维护职工合法权益的能力，构建和谐稳定社会主义新型劳动关系的能力，工会理论创新、体制创新和工作创新的能力。

四、中国工会十五大的召开与中国特色社会主义工会发展道路的进一步拓展完善

2007 年 10 月，中国共产党第十七次全国代表大会在北京举行。中共中央总书记胡锦涛代表第十六届中央委员会向大会作了题为《高举中国特色社会主义伟大旗帜，为夺取全面建设小康社会新胜利而奋斗》的报告。报告指出，党的十七大的主题是：高举中国特色社会主义伟大旗帜，以邓小平理论和“三个代表”重要思想为指导，深入贯彻落实科学发展观，继续解放思想，坚持改革开放，推动科学发展，促进社会和谐，为夺取全面建设小康社会新胜利而奋斗。报告提出，在新的发展阶段继续全面建设小康社会、发展中国特色社会主义，必须坚持以邓小平理论和“三个代表”重要思想为指导，深入贯彻落实科学发展观。报告要求全党同志全面把握科学发展观的科学内涵和精神实质，增强贯彻落实科学发展观的自觉性和坚定性，着力转变不适应不符合科学发展观的思想观念，着力解决影响和制约科学发展的突出问题，把全社会的发展积极性引导到科学发展上来，把科学发展观贯彻落实到经济社会发展各个方面。党的十七大选举产生了以胡锦涛同志为总书记的新一届中央领导集体。

2008 年 10 月 17 日，中国工会第十五次全国代表大会在北京隆重开幕。出席代表大会的共 36 个代表团，有来自全国各行各业的代表 1800 人，特邀代表 289 人。胡锦涛等党和国家领导人到会祝贺。

中共中央政治局常委、中央书记处书记、国家副主席习近平代表党中央作了题为《在夺取全面建设小康社会新胜利中充分发挥工人阶级主力军作用》的祝词。祝词指出，30 年来，我国工人阶级在党的领导下，积极投身改革开放和社会主义现代化建设，为发展中国特色社会主义伟大事业作出不可磨灭的历史性贡献。各级工会组织在团结动员全国广大职工贯彻党的基本路线、完成党的中心任务方面做了大量扎实有效的工作，特别是中国工会十四大以来，在动员组织职工建功立业、维护职工合法权益、提高职工整体素质、加强工会组织建设等方面取得了新的成绩。祝词指出，夺取全面建设小康社会新胜利，是在新的历史起点

上充分发挥工人阶级主力军作用的聚焦点，也是发挥各级工会组织优势和作用的切入点，工人阶级一定要承担起历史赋予的崇高使命，积极发挥主力军作用，为夺取全面建设小康社会新胜利建功立业。祝词强调，全面建设小康社会要求继续解放思想、坚持改革开放，要求推动科学发展、促进社会和谐，要求显著提高全民族自主创新能力，工会组织要更加自觉地围绕中心，服务大局，团结动员全国职工为夺取全面建设小康社会新胜利而不懈奋斗。要坚定不移地走中国特色社会主义工会发展道路，在全面履行维护职能的同时履行好维权职能，以改革创新精神进一步加强工会组织自身建设。祝词还要求各级党委和政府坚决贯彻落实全心全意依靠工人阶级的方针，进一步重视发挥工会组织的重要作用，切实加强和改善对工会工作的领导，支持工会依照法律和自己的章程开展工作，要把更多资源和手段赋予工会组织，把党政所需、职工所急、工会所能的事更多地交给工会组织去办，不断扩大各级工会组织的社会影响，为工会事业发展创造更好环境。

中共中央政治局委员、全国人大常委会副委员长、中华全国总工会主席王兆国代表全国总工会第十四届执行委员会向大会作了题为《高举中国特色社会主义伟大旗帜，团结动员亿万职工为夺取全面建设小康社会新胜利而奋斗》的报告。报告回顾了过去五年工会工作取得的重大成就，提出了中国工会要高举旗帜，坚持走中国特色社会主义工会发展道路，努力建设中国特色社会主义工会，在分析形势的基础上，明确了今后5年的主要任务。报告指出，党的十六大以来，我国工人阶级始终走在建设中国特色社会主义伟大事业的最前列，在推进社会主义经济建设、政治建设、文化建设、社会建设中充分发挥了主力军作用；各级工会牢牢把握全面建设小康社会这个当代中国工运的主题，坚定不移地走中国特色社会主义工会发展道路，坚持“组织起来、切实维权”的工作方针，树立和落实“以职工为本，主动依法科学维权”的工会维权观，促进企业（事业）发展、维护职工权益，以理论创新带动体制创新和工作创新，着力解决面临的重点难点问题，工会事业得到全面发展，工会工作取得重大成就。

报告提出要坚持走中国特色社会主义工会发展道路，建设中国特色社会主义工会。报告系统阐释了中国特色社会主义工会的基本内涵，强调坚持走中国特色社会主义工会发展道路，努力建设中国特色社会主义工会，一定要立足国情会情、把握时代特点，遵循客观规律、坚持正确方向，必须以中国特色社会主义理论体系为指导、深入贯彻落实科学发展观；必须服从服务于党和国家工作大局；必须不断扩大覆盖面、增强凝聚力；必须坚持解放思想、改革创新。

报告分析了当前工会工作面临的形势，提出了今后五年工会工作的主要任务：推动科学发展，以创建“工人先锋号”为载体，广泛开展职工建功立业活动，大力实施职工素质建设工程，更加充分地发挥工人阶级主力军作用；促进社会和谐，以创建劳动关系和谐企业为手段，大力发展和谐劳动关系，维护职工队伍和社会稳定；推动共建共享，以劳动就业、收入分配、社会保障和劳动安全卫生为重点，健全完善维权机制，不断增强维权实效；加强民主管理和基层民主建设，以职代会为基本制度，扩大有序参与，维护职工民主政治权利；激发组织活力，以加强基层工会建设为着力点，提高领导机关服务基层、服务职工的水平，增强工会组织吸引力、凝聚力。报告要求各级工会紧紧围绕目标任务，全面布局、突出重点，深化调研、创新体制，研究新情况，总结新经验，解决新问题，以改革创新精神加强自身建设，不断增强工会组织的吸引力和凝聚力，努力开创中国工会事业的新局面。

10 月 21 日，中共中央总书记、国家主席胡锦涛在人民大会堂接见全总新一届领导班子成员和参加中国工会十五大的部分代表，并举行了座谈会。胡锦涛发表重要讲话指出，实现党的十七大提出的各项目标任务，对工人阶级进一步发挥主力军作用提出了新要求。我国工人阶级要成为继续解放思想、锐意改革创新的时代先锋，坚持解放思想、实事求是、与时俱进，立足基本国情，树立世界眼光，顺应时代潮流，与时代发展同步伐、与改革开放共命运，始终以国家主人翁的姿态积极投身改革创新的伟大实践，坚定不移为改革开放伟大事业贡献力量。我国工人阶级要成为推动科学发展、促进社会和谐的行动楷模，大力弘扬劳模精神，胸怀全局、立足本职，热情开展创新创造，为推动社会主义经济建设、政治建设、文化建设、社会建设以及生态文明建设作出新贡献，发扬工人阶级识大体、顾大局的光荣传统，为形成全体人民各尽其能、各得其所而又和谐相处的局面作出新贡献。面对新的形势和任务，工会一定要坚持以邓小平理论和“三个代表”重要思想为指导，深入贯彻落实科学发展观，充分发挥自身优势，全面履行各项职能，切实把党的路线方针政策贯彻落实到各项工作中去，更好地团结动员全国广大职工为夺取全面建设小康社会新胜利而奋斗。要坚持走中国特色社会主义工会发展道路，把坚决按照工会章程和有关法律法规独立自主开展工作同自觉接受党的领导紧密结合起来，把维护职工群众具体利益同维护全国人民根本利益紧密结合起来，把服务职工、维护职工合法权益同组织职工、教育引导职工紧密结合起来，不断提高为职工群众服务的能力和水平。要继续强化社会主义和谐劳动关系，认真倾听职工群众呼声，及时反映职工群众愿望，扎扎实实为职工群众做好事、办实事、解难事，特别是要为困难职工排忧解难，完善劳动关系协调机制，促进实现体面劳动，促进劳动关系和谐，促进社会和谐稳定。

中国工会十五大通过了关于全总第十四届执委会报告的决议、关于《中国工会章程（修正案）》的决议、关于全总十四届执委会财务工作报告的决议和关于全总十四届经费审查委员会工作报告的决议。选举产生了中华全国总工会第十五届执行委员会及新一届领导机构，王兆国再次当选为中华全国总工会主席，孙春兰（女）、乔传秀（女）、徐振寰、马培华、孙宝树、陈秀榕（女）、黄丹华（女）、张鸣起、倪健民、王炯、陈荣书、尔肯江·吐拉洪（维吾尔族）当选为全国总工会副主席。孙春兰（女）被推选为十五届执委会书记处第一书记，乔传秀（女）、徐振寰、张鸣起、倪建民、王炯、陈荣书、王瑞生、李世明、喻红秋（女）为书记处书记。张世平（女）担任十五届经费审查委员会主任。2010年7月26日，全总十五届四次执委会议选举王玉普为全国总工会副主席，在随后召开的全总十五届七次主席团会议上，推选王玉普为十五届书记处第一书记。

中国工会十五大最重要的成果是对中国特色社会主义工会发展道路理论及实践的总结、升华。胡锦涛总书记和习近平代表党中央致祝词与全总新一届领导班子成员及参加中国工会十五大的部分代表座谈时都明确指出，“中国特色社会主义工会发展道路是中国特色社会主义道路的重要组成部分”，并要求在新的历史起点上，各级工会组织坚定不移地走中国特色社会主义道路，始终做到与时代发展同步伐，与改革开放共命运，与党和人民群众心连心，使中国特色社会主义工会发展道路越走越宽广。这是对中国工会长期探索实践的充分褒奖和高度肯定，为中国工会更加明晰地厘清了前进方向。

各级工会认真贯彻落实党中央的重要指示精神，加强对工会发展道路的学习研究和积极实践。2009 年 5 月，全总与中共中央党校、人民日报社、求是杂志社等单位，在北京人民大会堂联合举办坚定不移地走中国特色社会主义工会发展道路理论与实践研讨会，围绕工会发展道路的重大理论和实践问题进行研讨，王兆国发表重要讲话，对中国特色社会主义工会发展道路进一步作出全面深刻的阐述。2012 年，全总十五届六次执委会议通过《关于学习宣传实践中国特色社会主义工会发展道路的决议》，把学习宣传实践工会发展道路作为工会工作的主题，在全会掀起一个学习贯彻的热潮。2013 年全总十五届七次执委会议举行，王兆国就学习贯彻党的十八大精神。坚持走中国特色社会主义工会发展道路问题作重要讲话，会议通过《关于深入学习贯彻党的十八大精神，坚定不移走中国特色社会主义工会发展道路，团结动员广大职工为全面建成小康社会建功立业的决议》。《决议》再次明确了工会发展道路的内涵：坚持自觉接受党的领导、坚持工会的社会主义性质、坚持发展工人阶级先进性、坚持构建和谐劳动关系、坚持维护职工群众合法权益、坚持完善社会主义劳动法律、坚持推动形成国际工运新秩序、坚持以改革创新精神加强工会自身建设。强调工会发展道路核心是坚持自觉接受党的领导、根本是坚持工会的社会主义性质、关键是坚持维护职工群众合法权益。各级工会切实采取举措，深入开展学习宣传实践活动。全总在中央党校举办中国特色社会主义工会发展道路专题学习班，召开学习宣传实践工会发展道路座谈会、学习宣传实践工会发展道路暨服务职工活动片区座谈会，编写有关《学习读本》《学习问答》以及《宣讲提纲》，撰写系列学习解读文章，在全国工人报刊、网站开设专栏，在全国广大工会干部职工中开展学习宣传实践中国特色社会主义工会发展道路网络有奖征文活动，把工会发展道路纳入工会干部培训重点内容。全总党组、书记处同志及各省（区、市）总工会的主要负责同志带头宣讲，全会共组织宣讲活动 1 万多场，2000 多万干部职工参加，形成全方位、多角度、立体式的学习宣传声势。各级工会组织和广大工会干部自觉把工会发展道路作为做好工会工作的根本遵循，积极破解工作中的各种困难和问题，努力在实践中丰富完善这条道路，有力地推进了工会工作的创新发展。

阅读与链接

※习近平在中国工会第十五次全国代表大会上的祝词——在夺取全面建设小康社会新胜利中充分发挥工人阶级主力军作用（存目）

五、中国工会十五大后五年间的工作成就

工会十五大之后，各级工会在党中央的正确领导下，以邓小平理论、“三个代表”重要思想为指导，深入贯彻落实科学发展观，坚持中国特色社会主义道路、理论体系、制度，坚定不移走中国特色社会主义工会发展道路，围绕中心、服务大局，广泛开展社会主义劳动竞赛，努力提高职工队伍整体素质，大力构建和谐劳动关系，旗帜鲜明地维护职工合法权益，竭诚为职工群众服务，切实加强自身建设，各项工作取得了显著成绩。

（一）团结动员亿万职工充分发挥主力军作用，为经济平稳较快发展作出重要贡献

劳动竞赛建功立业活动持续深化。“十一五”期间，全总下发了《关于广泛深入开展社会主义劳动竞赛的决定》《关于开展“十大产业振兴”劳动竞赛的意见》《关于围绕加快经济发展方式转变深入开展建功立业竞赛的意见》。进入“十二五”时期，制定了《2011—2015 年劳

动竞赛规划》《关于加强劳动竞赛机制建设的意见》等，引导各级工会开展“当好主力军，建功‘十一五’，和谐奔小康”和“当好主力军，建功‘十二五’”创先争优建功立业主题竞赛活动，推动劳动竞赛向非公有制企业拓展，向广度和深度发展。截至2012年底，劳动竞赛企事业单位覆盖面达78.4%，职工参与率为74.2%；开展岗位练兵活动的企业达73.5%，开展技能比赛的企业达55.9%；建立“首席员工”“金牌工人”制度的企业有16.4万家，选树技能带头人35.9万人。全总与国家发改委、工信部联合在广大职工中开展“我为节能减排作贡献”活动，开展重点行业节能减排达标竞赛活动。

重大工程建设和区域发展劳动竞赛力度进一步加大。“西部大庆”工程、港珠澳大桥工程、新疆交通建设项目、保障性安居工程、上海世博会、金沙江流域水电工程、京沪高速铁路工程、汶川地震灾后重建、西气东输二线工程等列入全国重大工程示范性劳动竞赛，东北老工业基地“振兴杯”劳动竞赛继续开展，在上海浦东新区、天津滨海新区、重庆两江新区、浙江舟山群岛新区、福建平潭综合实验区、广州南沙（深圳前海、珠海横琴）新区、甘肃兰州新区等国家级新区（实验区）开展区域性劳动竞赛，为促进区域发展注入强大动力。

群众性经济技术创新活动蓬勃开展。各级工会广泛开展岗位练兵、技术比武、师徒帮教、推广先进操作法、评聘“首席工人”等活动。2009年、2012年，全总与科技部、人社部、工信部联合举办了第三届、第四届全国职工职业技能大赛，比赛工种从4个增加到8个，从普通的通用工种增加了现代先进设备和物流内容比赛，省份从部分参加到全部参加，参赛人员也大大增加，共有5000多万职工参与，实现了职工广泛参与、普遍提高技能的目标。总结推广高技能人才（劳模）创新工作室经验，充分发挥工作室引领职工提高技能、参与技术创新的作用。有28个省（区、市）创建了11134个劳模（高技能人才）工作室。引导职工开展合理化建议、技术革新、发明创造、新产品开发等技术创新活动，不断提高企业自主创新能力。2010年和2013年，全总与科技部、人社部、工信部举办了第三届、第四届全国职工优秀技术创新成果评选表彰活动，两届共收到职工优秀技术创新成果2262项。中国工会十五大后的 5 年间，全国职工提出合理化建议近 4000 万件，开展技术革新 200 多万项，发明创造 110 万项，获得专利 32 万项，总结推广先进操作法 71 万项。

劳模管理服务工作不断深化。制定《全国五一劳动奖状、全国五一劳动奖章、全国工人先锋号评选管理工作暂行办法》。2008 ~ 2013 年，全总授予全国五一劳动奖状 1928 个、全国五一劳动奖章 6455 个、全国工人先锋号 5368 个。2010 年，中共中央、国务院表彰 2985 名全国劳动模范和先进工作者，74 名农民工被评为全国劳模，比 2005 年增加 53 名。2010 年，全总与人社部、公安部、财政部等 6 部委印发《关于进一步解决劳动模范社会保障和生活困难等问题的通知》。5 年来，中央财政累计拨出专款 10.5 亿元，向全国劳模发放低收入补助金、特殊困难帮扶金和春节慰问金。各地陆续出台解决省（部）级劳模生活困难的政策措施，全国劳模生活困难状况基本解决，省（部）级劳模生活困难得到有效缓解。5 年来，全总共组织 1.7 万人次全国劳模和全国五一劳动奖章获得者到北戴河、青岛、厦门等地疗休养，组织千名劳模参观上海世博会。

“共同约定行动”成效显著。面对 2008 年开始的国际金融危机的严重冲击，各级工会和各产业工会以保岗位、保工资、稳员增效为重点，采取集中公开签约、发倡议书等形式，组织开展“共同约定行动”。截至 2009 年底，全国开展“共同约定行动”的企业有 63.1 万家，覆盖职工 8427.9 万人，占建会企业职工的 45.6%，推动企业不裁员、少裁员，不减薪、少减薪，实现了多方共赢。各级工会还广泛开展“同舟共济保增长、建功立业促发展”竞赛活动，截至 2009 年底，全国 80% 的企业和职工参加了竞赛活动，施工和新开工的 50 多万个重点工程项目中，累计有 70% 以上开展了竞赛活动，为我国率先走出国际金融危机冲击作出了突出贡献。

（二）充分发挥工会“大学校”作用，职工队伍整体素质进一步提高

各级工会贯彻科教兴国战略、人才强国战略、可持续发展战略和创新驱动发展战略，实施职工素质建设工程，加强职业培训工作，加大职

工教育和文化阵地建设，积极引导广大职工提高科学文化和技术技能素质，不断增强竞争能力和就业创业能力，工会“大学校”作用进一步发挥。

引导广大职工践行社会主义核心价值观。针对职工队伍的新变化新特点，坚持用邓小平理论、“三个代表”重要思想、科学发展观武装职工头脑，大力宣传党的十七大、十八大精神，大力倡导社会主义核心价值观，引导广大职工统一思想、凝聚力量，增强中国特色社会主义道路自信、理论自信、制度自信。不断加强和改进职工思想政治工作，制定加强职工思想政治工作意见，建立职工思想动态信息网络，及时了解和掌握职工思想脉搏和意见诉求；紧紧抓住职工关心的热点难点问题，编写职工读本，有针对性地释疑解惑；重视运用网络、手机等新媒体，开展多层次、多角度、全方位的职工思想政治工作。

大力弘扬工人阶级伟大品格和劳模精神。大力宣传党的全心全意依靠工人阶级根本方针，弘扬以爱国主义为核心的民族精神和以改革创新为核心的时代精神，积极倡导勤奋劳动、诚实劳动、创新劳动。对我国工人阶级伟大品格进行了挖掘研究，对其内涵作了高度概括，指出我国工人阶级在推进革命、建设和改革的历史进程中，形成了信念坚定、立场鲜明，艰苦奋斗、勇于奉献，胸怀大局、纪律严明，开拓创新、自强不息的伟大品格。先后推出200余名劳动模范、先进人物和先进集体（团队），许振超、郭明义、李斌、孔祥瑞等先进人物成为深入人心、家喻户晓的时代领跑者，潍柴“三高”试验队、航天五院空间控制博士班组、平煤集团大学生采煤班等一批“80后”典型的先进事迹在社会上引起强烈反响。“时代领跑者——新中国成立以来最具影响的劳动模范”评选表彰、“劳模进校园”“百名劳模开微博”等活动，得到社会各界的高度评价。开展全国职工职业道德建设评选表彰活动，在广大职工中深入开展“学道德模范做文明职工”“当爱岗敬业标兵”等活动，引导广大职工积极参与道德建设实践活动。全总联合中宣部、文明办等5部委，举办两届全国职工职业道德建设评选表彰活动，表彰40多名职业道德标兵和40个职业道德建设标兵单位。

不断提升职工队伍整体素质。各级工会贯彻落实《关于充分发挥工会“大学校”作用提高职工队伍整体素质的决议》《关于全面实施职工素质建设工程的意见》《全国职工素质建设工程五年规划（2010—2014 年）》，全面推进职工素质建设工程，形成了行政资助、工会扶持、基层自建、社会捐赠、各方共同推进职工教育培训阵地建设的工作格局；开通了全国职工素质建设工程网站，启动全国职工基本职业素质远程教学培训，每年吸引 400 多万职工在线学习。截至 2012 年底，共建设全国职工教育培训示范点 2400 家，命名全国职工技能实训基地 130 家。建设了 5000 家全国工会“职工书屋”示范点，带动各级工会自建 5 万余家“职工书屋”。已使 1226 万职工提升学历层次，使 2043 万职工提升技术等级，对 1306 万城镇下岗失业人员和农民工进行了转岗就业培训、自主创业培训和职业技能培训。深入实施女职工提升素质建功立业工程，全国参与女职工达 9931. 61 万人次。

稳步推进先进企业文化职工文化建设。2011 年建党 90 周年之际，全国总工会在国家博物馆举办“永远跟党走——纪念中国共产党成立 90 周年图片展”，中共中央政治局常委、国家副主席习近平参加开幕式并为图片展揭幕。举办两届中国职工艺术节，吸引上千家企业、上亿职工参与。与文化部、中国文联、中国作协等单位共同组织“文艺工作者深入职工创作实践”活动，培养了一支职工文化骨干队伍，创作出一批真实反映职工生产生活的精品力作。联合国家体育总局、各产（行）业体协、大中型企业等，举办全国职工乒乓球大赛、全国职工篮球比赛、职工健身排舞大赛、推广第九套广播体操，命名表彰了一批全国职工体育示范单位等，提高了职工的体育素质。

（三）积极推行“两个普遍”，不断扩大工会覆盖面、增强凝聚力

为贯彻党中央关于工会工作要“扩大覆盖面、增强凝聚力”的要求，进一步落实“组织起来、切实维权”的工会工作方针，2010 年 7 月，全总十五届六次主席团会议提出了“要依法推动企业普遍建立工会组织，依法推动企业普遍开展工资集体协商”的“两个普遍”要求。2011 年，全总制定《2011—2013 年推动企业普遍建立工会组织工作规划》和《2011—2013 年深入推进工资集体协商工作规划》，明确工会组建和工资集体协商的指导思想、目标任务、工作重点、主要措施、组织保障和工作要求。全国各级工会认真贯彻两个三年规划，集中开展建会行动和工资集体协商建制行动，经过努力，超额完成规划的目标任务，工会组织数、会员数和工资集体协商建制率都得到大幅提高。重点做好非公有制企业、在华外资企业和小微企业工会组建工作，大力发展服务业职工、农民工、劳务派遣工等群体入会。截至2013年6月底，工会会员总数达2.8亿人，其中农民工会员总数1.09亿人；全国基层工会组织总数275.3万个，覆盖基层单位637.8万家；职工入会率达81.1%，与2008年工会会员总数2.12亿相比，平均每年净增会员1448.5万人。全国工会女职工组织数达254.1万个，比2008年增加127.4%；工会女会员1.06亿人，比2008年增长36.6%。

积极创新基层工会组织形式。贯彻落实《关于加强小企业工会联合会建设的意见》，积极推动乡镇（街道）工会—村（居）工会—企业工会“小三级”组织网络建设，大力推进区域性行业性基层工会联合会建设，涌现出市场工会、项目工会、楼宇工会、农业产业链工会等新的基层工会组织形式，基层工会组织体系更加完善。截至2012年底，全国共建立乡镇（街道）工会40502家，其中，乡镇（街道）总工会13489个，乡镇（街道）工会联合会10162个。全国已建立基层工会联合会12.1万个，覆盖小微企业287.2万个，选聘社会化工会工作者3.0万人。世界500强在华企业建会3053家，建会率为91.9%。

大力推进集体合同和工资专项协议签订工作。全国有28个省（区、市）成立工资集体协商工作领导小组，19个省（区、市）将工资集体协商列入党政工作目标考核体系。截至2013年6月底，全国共签订集体合同244.6万份，比2008年增长120.9%；覆盖企业584.8万家，比2008年增长206.5%；覆盖职工2.76亿人，比2008年增长84.4%。全国共签订工资专项集体合同130.2万份，比2008年增长212.5%；覆盖企业324.0万家，比2008年增长318.3%；覆盖职工1.5亿人，比2008年增长201.2%。全国高危行业签订劳动安全卫生专项集体合同22.1万份，比2008年增长115.7%；覆盖职工3193万人，比2008年增长124.8%。全国女职工专项集体合同签订数达到118.7万份，覆盖企业282.4万家，覆盖女职工7903.9万人。制定《关于推动世界500强在华企业建立工资集体协商制度的意见》，沃尔玛、肯德基、家乐福等世界500强在华企业均成功开展集体协商，在国际国内产生了较大影响。(参见【阅读与链接】)

切实加强集体协商指导员队伍建设。全总2008年和2012年先后制定《关于建立集体协商指导员队伍的意见》和《关于加强专职集体协商指导员队伍建设的意见》，各级工会采取保障经费投入、健全完善制度、强化工作责任等措施，不断加强集体协商专家指导机构和专兼职集体协商指导员队伍建设。截至2012年底，全国集体协商指导员共14.9万人，其中专职集体协商指导员2000多人。

阅读与链接

武汉市餐饮业工资集体协商

经过近3年酝酿，6个月准备，3轮谈判，5轮协商，100多场会议，2011年4月，武汉市餐饮业劳资双方在坚持与妥协中终于签订了《武汉市餐饮行业工资专项集体合同》。这份只有2000余字、15项条款的《武汉市餐饮行业工资专项集体合同》，标定了武汉45万餐饮从业者劳动权益的“分水岭”：告别了“工资超低、无度加班”的潜规则，月工资将不低于武汉市最低工资标准的130%，每天加班不会超过3小时，每周还会获得至少1整天的休息时间。被称为“武汉样本”，并入选中央电视台“中国年鉴·2011‘十大事件’”。2012年4月19日，第二轮《武汉市餐饮行业工资专项集体合同》成功签订。

（四）着力构建和谐劳动关系，工会促进劳动关系和谐、企业和谐、社会和谐的作用进一步凸显

全国构建和谐劳动关系先进表彰暨经验交流会影响广泛。2011年8

月，全国总工会、人社部、全国工商联、中国企联、中宣部五部委联合在北京召开全国构建和谐劳动关系先进表彰暨经验交流会。时任中共中央政治局常委、国家副主席习近平出席会议并发表重要讲话，强调构建和谐劳动关系，要坚持以人为本，把解决广大职工最关心最直接最现实的利益问题，切实维护他们的经济权益、政治权益、文化权益、社会权益，作为根本出发点和落脚点。这是我国首次以如此高规格召开的以构建和谐劳动关系为主题的会议，显示了党和国家对于构建和谐劳动关系的高度重视。会议表彰了全国模范劳动关系和谐企业和工业园区，交流了构建和谐劳动关系的工作经验，对构建和谐劳动关系工作进行了全面部署，有力地促进了和谐劳动关系建设。

加大依法代表职工参与立法工作力度。各级工会抓住建设中国特色社会主义法律体系的有利契机，与人大、政府相关委办建立联系会议制度，积极推动民主立法、科学立法，重点参与了《劳动合同法》《劳动争议调解仲裁法》《社会保险法》《安全生产法》《职业病防治法》《人民调解法》《工伤保险条例》《女职工劳动保护特别规定》《最高人民法院关于审理劳动争议案件适用法律若干问题的解释（三）》《劳务派遣若干规定（草案）》等数十部涉及职工权益的法律法规规章和司法解释的制定和修改。（参见【阅读与链接】）在地方各级工会推动下，27个省（区、市）制定集体合同或工资集体协商地方性法规或政府规章，27个省（区、市）制定了35个有关企业民主管理的地方性法规。5年中，地方工会参与制定的地方性法规1261件。积极开展新生代农民工、劳务派遣工、中小企业职工生产生活状况调查，向党政反映职工意愿要求，提出工会政策建议。

加强工会与同级政府联席会议制度建设。截至2012年底，全国共30个省（区、市）建立工会与同级政府联席会议制度，23个省（区、市）的地（市）一级全部建立联席会议制度，17个省（区、市）政府专门下发文件、制定制度，建立联席会议长效机制。各产业工会也与对口的行业协会、政府部门建立了不同层级的联席会议制度。联席会议制度成为工会参与社会管理、强化源头参与、维护职工合法权益的有效载体。

健全完善协调劳动关系三方机制。2009年，国家三方联合制定《关于应对当前经济形势稳定劳动关系的指导意见》，全总联合全国工商联印发《关于推动非公有制企业与职工同舟共济、共谋发展工作的通知》，共同应对国际金融危机带来的严峻挑战，维护了劳动关系和社会稳定。2011年，全国工商联纳入国家三方会议。嗣后，31个省（区、市）工商联亦纳入省（区、市）三方机制，部分省（区、市）还将税务、保障、劳动保护、安全监察等部门同时纳入三方机制，形成三方四家或三方多家的态势。三方机制网络基本形成，截至2012年底，全国各级地方及产业工会参与建立的协调劳动关系三方机制2.4万个，其中，省级32个、地级329个、县级2590个。

企事业单位民主管理制度化、规范化建设取得新进展。2011年，全总制定《关于规范召开企业职工代表大会的意见》，为企业召开职代会提供更具操作性的规范。对国有企业，2011年与全国厂务公开协调小组成员单位联合印发《关于进一步加强职工代表大会民主评议国有企业领导人员工作的意见》，总结推广青岛港厂务公开民主管理工作经验；对非公有制小微企业，2010年印发《关于推行区域（行业）职工代表大会制度的意见（试行）》；对公司制企业，2012年印发《关于加强公司制企业民主管理工作的意见》。积极加强职代会、厂务公开制度建设。2011年，全总下发《关于大力开展厂务公开、职工代表大会建制专项行动的通知》，部署厂务公开、职代会建制专项行动。截至2012年底，全国已建立工会的企事业单位单独建立职工代表大会制度的有404.9万家，比2008年增加248.1万家，其中公有制企业24.6万家，事业单位44.5万家，非公有制企业335.8万家，区域（行业）职代会覆盖企业158.6万家。全国已建立工会的企事业单位单独建立厂务公开制度的有395.5万家，比2008年增加247.9万家，其中公有制企业23.6万家，事业单位41.3万家，非公有制企业330.6万家。

职工董事职工监事制度建设有新成效。在国有企业和已建工会公司制企业中积极推行职工董事职工监事制度。据全总2012年的统计，在26.2万家建立了董事会的已建工会公司制企业中，建立了职工董事制度的有12.7万家，共有职工董事13.9万人，与2008年相比，分别增长59.7%、18.2%和42.0%；在20.9万家建立了监事会的已建工会公司制企业中，建立了职工监事制度的有12.5万家，共有职工监事12.7万人，与2008年相比，分别增长52.9%、23.3%和54.4%。

劳动争议预防调处机制建设深入推进。各级工会加强与人民法院、劳动行政部门等协调配合，推进调裁对接、诉调对接、委托调解等机制创新。积极探索工会牵头、各方联动的劳动争议预防调处方式方法，促进劳动争议调处纳入“大调解”工作体系。建立劳动争议信息快速报告制度，全国共有9.5万家企事业工会建立劳动关系预警机制。发挥工会信访部门、“12351”职工热线电话和信息中心的作用，及时汇总、分析、掌握职工的利益诉求。截至2012年底，各级工会在企事业单位建立劳动争议调解委员会85.8万个，共有劳动争议调解员288.4万人，分别比2008年增加47.0万个、158.4万人。建立区域性行业性调解组织2.5万个，调解组织人数21.8万人，分别比2008年增加1.4万个、14.8万人。各级工会5年间共受理劳动争议案件194.5万件，其中，企事业劳动争议调解委员会受理130.8万件，区域性行业性劳动争议调解组织受理63.7万件。成功调解劳动争议案件94.9万件，其中，企事业劳动争议调解委员会调解成功43.0万件，区域性行业性调解组织调解成功51.9万件。受理集体劳动争议案件6.5万件，调解成功3.0万件。截至2012年底，全国共建立工会劳动法律监督组织77.8万个，共有工会劳动法律监督员185.9万人。

工会法律援助工作不断深化。全总制定《关于建立健全职工法律援助等维权服务长效机制的意见》和《推进职工法律援助工作三年规划（2012—2014年）》，推动各地建立健全职工法律援助长效机制，推出一批职工法律援助示范单位，推行基层工会法律顾问制度、定向法律援助制度和异地法律援助协作机制等。联合司法部、全国律协开展“全国维护职工权益杰出律师”评选表彰活动，借助社会力量为职工提供法律援助服务。截至2013年底，全国建立工会法律援助服务机构1.3万家，有法律援助服务人员3.6万名。

阅读与链接

参与《劳动合同法》制定与修改

2006年3月20日，全国人大常委会向全社会公布劳动合同法草案。这部涉及亿万劳动者切身利益的法律，创造了中国立法史上的新纪录——30天收到群众意见191849件，成为改革开放以来法律草案公开征求意见中收集意见最多的一次，其中65%的意见建议来自职工群众和工会。

2012年7月6日，全国人大常委会公布劳动合同法修正案草案。截至8月5日，仅网上征集到的意见建议就达55.7万多条，再次创下法律公开征求意见收到的意见建议数量之最，其中与全总下发通知中所表述的意见建议基本一致的占绝大多数。

中国工会责无旁贷地担当起了劳动者一方诉求表达的代言人。全国总工会专门成立了参与立法协调领导小组，自始至终参与了劳动合同法及其实施条例的起草、调研论证和修改工作。这仅是中国工会积极推动完善社会主义劳动法律体系的一个缩影。

《劳动合同法（修正案）》有关劳务派遣的规定

（2012年12月28日第十一届全国人民代表大会常务委员会第30次会议通过）

实行了近5年的《劳动合同法》迎来了第一次修订，主要针对劳务派遣业中的劳动用工形态，从劳务派遣业经营的资格准入、派遣劳动者的同工同酬、派遣劳动者的使用范围、违法派遣责任的追究4个方面，细化了对派遣劳动者的权利保护。

经营劳务派遣业务应当具备下列条件：

（一）注册资本不得少于人民币二百万元；

（二）有与开展业务相适应的固定的经营场所和设施；

（三）有符合法律、行政法规规定的劳务派遣管理制度；

（四）法律、行政法规规定的其他条件。

经营劳务派遣业务，应当向劳动行政部门依法申请行政许可；经许可的，依法办理相应的公司登记。未经许可，任何单位和个人不得经营劳务派遣业务。

被派遣劳动者享有与用工单位的劳动者同工同酬的权利。

《社会保险法》六大亮点惠民生

一是解决了缴费不足15年人员的养老待遇问题。规定缴费不足15年的人员达到退休年龄可以继续缴费至满15年，然后按月领取基本养老金，也可转入新型农村社会养老保险或者城镇居民社会养老保险，按照国务院规定享受相应的养老保险待遇。

二是健全了养老保险待遇遗属抚恤和病残津贴制度。规定参加基本养老保险的个人，因病或者非因工死亡的，其遗属可以领取丧葬补助金和抚恤金；未达到法定退休年龄时因病或非因工致残完全丧失劳动能力的，可以领取病残津贴。

三是增加了工伤保险基金支出项目。规定将工伤保险待遇中原来由用人单位支付的“住院伙食补助费”“到统筹地区以外就医的交通食宿费”和“终止或者解除劳动合同时应当享受的一次性医疗补助金”三项费用改由工伤保险基金支付。

四是建立了工伤保险先行支付制度。规定用人单位未按规定支付工伤职工工伤保险待遇的，由工伤保险基金先行支付。

五是加强了对失业人员的医疗保障。规定失业人员在领取失业保险金期间参加职工基本医疗保险，其应当缴纳的基本医疗保险费从失业保险基金中支付，个人不缴纳基本医疗保险费。

六是加强了对职工未就业配偶的生育医疗保障。规定参加生育保险的职工未就业配偶按照国家规定享受生育医疗费用待遇。所需资金从生育保险基金中支付。

（五）旗帜鲜明地维护职工合法权益，推动解决广大职工最关心、最直接、最现实的利益问题

促进就业再就业工作取得新成绩。各级工会积极协助党政扩大和稳定就业，以下岗失业人员、农民工、困难职工家庭高校毕业生等就业困难群体为重点，发挥自身优势，大力开展就业服务、技能培训和创业指导。特别是 2009 年以来，为应对国际金融危机冲击，组织开展了千万农民工援助行动、技能培训促就业行动、全国工会就业援助月、家政服务工程、困难职工家庭高校毕业生阳光就业行动等活动，在推动实现更高质量就业中发挥了重要作用。截至 2013 年底，各级工会共开办职业介绍机构 2330 个，开办职业培训机构 4479 个。5 年来，全国各级工会开展职业培训、职业介绍、就业帮扶共 1799. 9 万人次。（参见【阅读与链接】）

努力维护职工收入分配权益。积极参与收入分配制度改革，参与制定《关于深化收入分配制度改革的若干意见》，全总发出《关于工会积极参与深化收入分配制度改革工作的指导意见》，推动解决职工收入分配中的突出问题。积极促进最低工资标准调整，配合政府有关部门做好农民工工资支付工作，大规模拖欠工资现象得到了有效遏制。2008 ~ 2012 年，全国 31 个省（区、市）最低工资标准年均提高幅度达 12. 6%；全国城镇非私营企业在岗职工年平均工资由 2008 年的 29229 元增长至 2012 年的 46769 元，年均增长 12. 5%，私营单位职工工资也有较大幅度的提高。

职工享有的社会保障不断健全完善。各级工会以扩大社会保险覆盖面、提高保障水平和统筹层次为重点，积极推动有关政策的制定，将 600 多万名关闭破产国有企业未参保退休人员全部纳入城镇职工基本医疗保险，将 312 万名国有企业“老工伤”人员和工亡职工家属纳入工伤保险统筹管理，并将未参保集体企业和“五七工”“家属工”等群体

纳入养老保险，维护了职工的社会保障权利。积极参与深化医药卫生体制改革，维护广大职工群众健康福祉。截至2012年底，全国参加城镇职工基本养老保险、基本医疗保险、失业保险、工伤保险和生育保险人数分别为3.04亿人、2.65亿人、1.52亿人、1.90亿人、1.54亿人，分别比2008年底增加39%、32%、23%、38%、67%。

送温暖和帮扶困难职工工作实现常态化、长效化。各级工会积极创新送温暖和帮扶工作机制，完善工作网络，拓展工作领域、丰富工作内容，形成"救助—维权—服务"三位一体的工作格局，打造了送温暖工程、困难职工帮扶中心、金秋助学、阳光就业、家政服务工程、农民工平安返乡等一系列帮扶品牌。全国建立县级以上工会帮扶中心3504个，基层工会帮扶站点17万多个。2008～2012年，全总共争取中央财政补助全国困难劳模、帮扶困难职工及农民工专项资金53.5亿元，筹集送温暖资金217.2亿元，"两节"期间共走访困难企业87.3万家（次），慰问困难职工、困难劳模家庭4189.8万户（次）；各级工会帮扶中心共筹集帮扶资金137.7亿元，帮扶困难职工和农民工3810.3万人次；筹集助学款46.0亿元，帮助336.6万名困难职工和农民工子女走进校园。（参见【阅读与链接】）

劳动保护工作深入开展。组织全国"安康杯"竞赛活动，截至2012年底，全国"安康杯"竞赛参赛企业达到38.4万家，参赛职工达9470万人，竞赛活动得到社会广泛认可，被纳入国家安全生产"十二五"规划和各级政府安全生产责任制考核内容。全总印发《关于组织职工开展安全生产隐患排查治理工作的意见》，发动职工排查隐患，督促整改。2008～2012年，全国基层以上工会提出事故隐患和职业危害整改意见共计165万余件。主动参与职业病防治工作，推广"工会参与职业病防治工作模式"，推动建立职业病防治工作联席会议机制，推动政府加强职业病防治工作和用人单位防治主体责任落实。全总与国家煤矿安全监察局联合下发《关于加强煤矿班组安全生产建设的指导意见》《煤矿班组安全建设规定（试行）》。大力普及职业安全卫生知识，每年受教育职工超过5000万人次。与国家安全生产监督管理总局联合开展了全国职业病防治法知识竞赛活动，吸引800多万职工参加。截至2012

年底，全国共有劳动保护监督检查员 37.9 万名，劳动保护监督检查委员会 192.4 万个，工会小组劳动保护检查员 248.9 万名，在煤矿企业生产一线特聘煤矿安全群众监督员 9.5 万名，形成了一支自下而上的工会劳动保护监督检查队伍。

维护女职工合法权益和特殊利益工作取得进展。2012 年 5 月，《女职工劳动保护特别规定》颁布，各级工会广泛开展宣传工作，编发各类学习宣传资料 565.5 万份，举办宣讲员培训班 3.4 万期，培训女职工工作干部 105.6 万人次，有效扩大了《特别规定》的知晓率。积极配合有关方面开展女职工劳动保护大检查和维权专项行动，促进将保护女职工权益的法律法规纳入女职工专项集体合同内容，使女职工特殊权益得到较好维护。2011 年，全总启动实施以特困帮扶、子女助学、职业健康、心理关怀为重点内容的女职工“关爱行动”，累计帮扶救助 196.1 万名困难女职工；为 121.7 万名困难女职工进行了“两癌”检查；对 109.4 万名女职工开展了心理关怀。积极贯彻落实《中国妇女发展纲要（2001—2010 年）》，参与制定《中国妇女发展纲要（2011—2020 年）》，制订了工会系统实施方案。

阅读与链接

中国工会就业服务品牌

——“全国工会就业援助月”活动

中国工会开展“全国工会就业援助月”。2012 年，各级工会共组织专场招聘 5973 场次，提供免费就业服务 419.4 万人次，成功介绍就业 111.8 万人次，跨地组织劳务输出 53.9 万人，组织职业技能培训 65.1 万人，组织家政服务培训 11.5 万人，就地就近自主创业成功 5.4 万人，提供小额贷款 3.88 亿元，提供劳动维权服务和法律援助 26.9 万人次。

——家政服务工程

2009年与商务部、财政部联合开展“家政服务工程”，指导家政企业开展建会、技能比赛、劳务对接、劳模事迹宣传、工资协商等工作。仅2012年以来，各级工会组织培训家政服务人员32.6万人，安置就业24.7万人。

——阳光就业行动

2009年5月，中国工会开展困难职工家庭高校毕业生阳光就业行动，对困难职工家庭高校毕业生优先安排实习培训、推荐就业，并酌情发放就业补贴。2012年，各级工会为困难职工家庭高校毕业生提供实习见习机会13.9万人次、就业技能培训9.1万人次、创业指导9万人次、创业培训5.1万人次，为3624人提供小额担保贷款2608.5万元，帮助8.5万名困难职工高校毕业生实现就业。

——千万农民工援助行动

2009年2月，开展全国工会千万农民工援助行动。截至该年10月，共援助农民工1393.58万人。其中培训农民工520.49万人。

困难职工帮扶中心

2002年初，天津市总工会和昆明市总工会率先在全国成立困难职工帮扶中心。随后帮扶中心在全国“遍地开花”。如今，全国100%的地市级城市和应建县级城镇全部建立了帮扶中心，并向乡镇街道和企业延伸。帮扶中心成为了名副其实、充满爱心和阳光的“困难职工之家”。

2011年6月2日，对武汉市青山区困难职工帮扶中心的工作人员来说，是一个永远难忘的日子。这一天，时任中共中央总书记、国家主席胡锦涛来到这里了解工会帮扶中心的工作情况。这已是胡锦涛第4次视察困难职工帮扶中心。之前，胡锦涛于2006年和2007年先后视察了昆明市困难职工帮扶服务中心、葫芦岛市连山区总工会扶贫超市和天津市困难职工帮扶中心，并称成立困难职工帮扶中心是一个创举。

（六）广泛开展工会对外交流合作，中国工会国际地位和国际影响力进一步提升

中国工会发挥民间外交特点和优势，高举和平、发展、合作、共赢、工人权益的旗帜，坚持“独立自主、互相尊重、求同存异、加强合作、增进友谊”的对外工作方针，坚持独立、平等、相互尊重、互不干涉内部事务的原则，广泛开展与各国、地区工会和国际工会组织的交流交往合作，积极参与国际劳工组织活动，广交朋友、深交朋友，推动形成公正合理、民主和谐的国际工运新秩序。

“经济全球化与工会”国际论坛成为国际工运重要交流平台。连续成功举办“经济全球化与工会”国际论坛，习近平等党和国家领导人先后出席论坛，发表重要讲话，亲切会见外国工会领导人。论坛规模不断扩大，议题日益广泛，国际影响逐步增强，已发展成为展示中国改革开放伟大成就、介绍党和政府政策的重要窗口；宣传中国特色社会主义工会发展道路、扩大中国工会国际影响的重要平台；凝聚发展中国家工会力量、推动形成国际工运新秩序的重要渠道，在促进各国经济社会发展、维护劳动者合法权益中发挥了重要作用。中国工会十五大召开后的 5 年来，参加论坛的国外工会组织 470 多个，国外工会代表 600 多人。（参见【阅读与链接】）

与发展中国家工会的交流与合作不断深化。深入开展与发展中国家工会的务实合作，落实与非工统签署的 3 年期非洲工会干部培训合作备忘录，先后举办“中国—东盟国家工会领导人研讨会”“中国—非洲英语、法语、葡语国家工会领导人研讨会”“中国—阿拉伯国家工会领导人研讨会”“中国—南太平洋国家工会领导人研讨会”“中国—拉美国家工会领导人研讨会”“老挝工会干部培训班”等 30 多期区域、次区域工会工作专题研讨会、培训班，应邀来华参加会议和培训活动的发展中国家工会领导人和中青年骨干 600 多人次。

积极推动与发达国家工会关系。提升与德国、英国、日本、意大利、比利时等国家工会组织的关系，建立高层互访、双边磋商等多种交流方式。与美国工会建立和发展关系，美国劳联—产联主席首次访华，中国工会代表首次出席美国工会代表大会，实现历史性突破。与

国际工联发展建设性关系，2008 年 11 月，正式确立了对话关系，建立了高层互访机制；2012 年，由国际工联主要领导人组成的国际工会联合代表团访华。

参加多边活动有声有色。2011 年 6 月，中国工会代表成功当选国际劳工组织理事会工人组正理事，这是中国工会自 1983 年恢复在国际劳工组织的活动以来历经 28 年努力取得的历史性突破。中国工会积极参加国际劳工大会、理事会、工人组会议的工作，参加二十国集团、亚太经合组织、金砖国家峰会等重要会议，发出发展中国家工会的声音，树立负责任大国工会形象。中国职工的对外文化、体育和经济技术的交流取得成绩，5 年累计派出 2500 多名技术工人赴国外进修，连续举办 3 届“国际职工体育交流会”，先后有 30 多个国家工会组织近 300 名职工选手来华参加交流；先后组派 279 名运动员赴 10 多个国家参加国际职工体育节和各种单项体育比赛。

加强对国际工运基础性和前瞻性课题的调研，研究介绍国际、地区和各国工会调解劳资纠纷经验、劳动关系调解机制、工会经费管理使用等方面经验，积极开展境外中资企业组建工会和维护职工权益等问题的专题调研，开展全国产业工会与部分大型中资企业在海外建立职工维权平台的试点工作。

阅读与链接

历届“经济全球化与工会”国际论坛主题

第一届，2004 年 10 月 10 ~ 11 日在北京举办，主题为“经济全球化对国际工会运动的影响与对策、国际工会运动的发展趋势”。

第二届，2005 年 9 月 20 ~ 21 日在上海举办，主题为“提高工会组建率的对策和措施、经济全球化条件下工会与消除贫困”。

第三届，2006 年 12 月 4 ~ 5 日在北京举办，主题为

“构建和谐劳动关系，促进共同发展”。

第四届，2008年1月7～8日在北京举办，主题为“可持续发展、体面劳动和工会的作用”。

第五届，2009年2月12～13日在北京举办，主题为“科学发展、体面劳动、职工权益”。

第六届，2010年2月25～26日在北京举办，主题为“国际金融危机与工会作用”和“就业危机与可持续发展”。

第七届，2011年4月27～28日在北京举办，主题为“转变经济发展方式与提升劳动者素质”和“体面劳动和社会保障”。

第八届，2012年8月28～30日在北京举办，主题为“尊重劳动创造，维护职工权益”。

第九届，2013年9月3～4日在北京举办，主题为“共享机遇、共促发展”。

第十届，2014年9月24～25日在北京举办，主题为“促改革、谋发展、共圆美好梦想”。

（七）全面加强自身建设，工会组织的生机和活力进一步迸发

各级工会以改革创新精神加强自身建设，创新组织体制、运行机制和活动方式，培养和造就高素质的工会干部队伍，建设学习型、服务型、创新型工会组织。

进一步推进工会组织思想作风建设。坚持用中国特色社会主义理论体系武装干部头脑，坚持中国特色社会主义工会发展道路，切实加强工会组织的思想作风建设。2012年，各级工会把开展“面对面、心贴心、实打实服务职工在基层”活动作为主线，深入做好职工群众工作，层层发动、广泛动员，成立服务职工工作组5.2万个，组织工会干部103万人次，深入40.1万家企业，走访慰问91.4万户困难职工和劳模家庭，与757.9万名一线职工、企业经营者交流，了解职工生产生活与思想动态及企业生产经营状况，共发放救助金8.6亿元，密切了与职工群众的联系，增进了与职工群众的感情。2013年，深入开展以为民务实清廉为主要内容的党的群众路线教育实践活动，坚决贯彻中央政治局的

八项规定，按照“照镜子、正衣冠、洗洗澡、治治病”的总要求，认真查找工会领导机关、领导干部中存在的形式主义、官僚主义、享乐主义和奢靡之风“四风”问题，以整风精神开展批评与自我批评，注重建立密切联系职工、服务职工的长效机制，工作作风明显改进。（参见【阅读与链接】）

深入开展建设职工之家活动。各级工会贯彻落实《关于在新形势下深入开展建设职工之家活动的意见》《关于进一步加强建设职工之家工作充分发挥基层工会作用的意见》，不断推动“建家”工作创新发展。全总与全国工商联分别于2008年、2011年、2013年联合召开全国民营企业“关爱员工、实现双赢”经验交流暨表彰会议，评选表彰“双爱双评”先进单位和个人。5年来，共表彰全国模范职工之家4069个，全国模范职工小家2996个，全国优秀工会工作者2570名、优秀工会积极分子1003名，全国优秀工会之友179名；表彰全国关爱员工优秀民营企业家310名、全国热爱企业优秀员工309名、全国“双爱双评”活动先进企业工会314个。

充分激发基层工会活力。重视选树宣传基层工会干部先进典型。结合纪念新中国成立60周年，总结宣传了王远文等一大批基层工会干部的先进事迹，表彰1538名全国优秀工会工作者，选树全国企业工会“十面红旗”、全国优秀工会工作者“十大标兵”，组织基层工会先进典型巡回报告活动。贯彻执行《企业工会主席产生办法（试行）》《企业工会主席合法权益保护办法》，完善基层工会民主选举制度，建立健全基层工会干部保障机制。坚持以会员为主体，开展“工会组织亮牌子、工会主席亮身份”活动，制定《关于开展会员评议职工之家活动的意见》，推动基层建立会员评家制度，落实会员的知情权、参与权、选举权和监督权。

进一步加大工会干部协管力度。规范地方和全国产业工会换届组织工作程序，配合省级工会主管党委（党组）选好配强省级工会领导班子。全国29个省（区、市）总工会主席按副省级配备，占93.6%。强化地方工会干部协管指导交流，推动市、县两级地方同级副职配备工作取得明显进展。截至2012年底，全国290个市级工会主席按同级副职配备，占87.4%，其中16个省（区）市级工会主席同级副职配备达到100%；全国2176个县级工会主席按同级副职配备，占76.1%，其中9个省（市）县级工会主席同级副职配备达到100%。

进一步提升工会干部队伍能力素质。贯彻落实中央《关于2008—2012年大规模培训干部工作的实施意见》，制定《2011—2015年全国工会干部教育培训规划》，部署大规模培训干部、大幅度提高干部素质战略任务。5年来，全总本级共举办培训班236期，培训各级各类工会干部2.97万人次，全国共有626.3万名工会专兼职干部参加了各类培训轮训，69.1万名工会干部参加了上岗资格培训。积极探索教育培训新途径，创建全国工会干部教育培训网在线学习平台；开展全国工会干部教育培训示范校评估工作，充分发挥工会院校干部教育培训主阵地作用。

进一步加强产业工会工作。召开全国产业工会工作会议，制定《关于加强和改进新形势下产业工会工作的意见》，进一步健全完善全国产业工会组织机构。各全国产业工会逐步理顺与部分在京中央企业集团公司工会的领导关系。各级产业工会与对口行业协会、政府部门建立健全联席会议制度、协调劳动关系三方机制，推动行业性工资集体协商工作，制定行业劳动标准和劳动定额指导标准，团结动员职工推进产业结构调整，发挥了产业工会的优势，推动了产业（行业）职工面临突出问题的解决。

进一步夯实服务职工群众物质基础。坚持依法聚财、科学理财、民主管财、有效用财，工会经费收入稳步增长，财政补助大幅提升，财务监督不断加强，支出结构不断优化。5年来，全国工会经费收入年均增长14.8%。用于困难职工帮扶和劳模补助等财政资金逐年增加。各级工会领导机关坚持服务大局、保证重点，经费支出向基层和职工群众倾斜，全总对下级工会补助支出占总支出的70%以上，各省级工会对下补助支出占总支出的40%以上。各级工会增加为劳模和职工群众服务的基础设施建设投入，增强了服务职工群众的能力。

进一步强化工会企事业资产监管。坚持“工会统一所有，分级监督管理，单位占有使用”的原则，落实工会企事业资产监管职责，完善制度体系，全总制定《工会企事业单位资产损失责任追究暂行办法》和《工会企事业单位资产处置暂行办法》，落实《工会企事业单位资产监督管理暂行规定》等制度的要求，不断规范监管行为。各级工会认真履行出资人职责，普遍实行本级企事业单位年度经营业绩考核和重大事项报告制度，加强日常财务监管。全总制定《关于推进工会企事业改革与发展的指导意见》，指导各级工会抓住机遇，基本形成职工文体教育事业、职工互助保障事业、职工疗休养事业和职工旅游服务业四大服务体系。截至 2012 年底，全国县级以上工会企事业资产总额 272.6 亿元，所有者权益 146.4 亿元，收入总额 118.7 亿元，实现利润 4.8 亿元，与 5 年前相比，资产总规模增长 35.4%，收入总额增长 27%。

进一步增进与港澳台工会与劳动界的交流合作。5 年来，连续举办 5 届海峡两岸工会论坛，得到了台湾全岛性工会、产职业工会、县市工会的热烈响应。参加“海峡两岸工会论坛”的台湾代表总人数有 1300 人次，在台湾岛内产生积极影响。2010～2013 年成功举办 4 届“海峡两岸职工论坛”，扩大了两岸民间交流，加强了两岸职工合作，增进了两岸职工感情。2010 年、2011 年举办两次两岸工会子弟夏令营，共有 300 名台湾工会子弟参加活动。与港澳工会和职工交流继续发展，邀请两地工会“五一”“十一”代表团来内地交流访问，进一步密切了与港澳工会和劳动界的联系。

加强调查研究。2009 年，全总制定《关于进一步加强工会理论研究工作的意见》，明确了工会理论研究工作的指导思想、原则和发展目标和重点课题。推广和总结了阳泉“双措并举、二次覆盖”推进工会组织建设，威海、传化集团等构建和谐劳动关系，北京工会建立健全三级服务体系、上海工会力推企业经营者政治安排与履行社会责任挂钩等一大批经验。2012 年，开展了第七次全国职工队伍状况调查，取得了丰富的调研成果。大量鲜活的实践经验和理论创新成果，有力地推动了工会工作实践，成为中国特色社会主义工会发展道路理论与实践的有机组成部分。（参见【阅读与链接】）

阅读与链接

※王兆国:《高举中国特色社会主义伟大旗帜，团结动员亿万职工为夺取全面建设小康社会新胜利而奋斗》（存目）

※《关于深入学习贯彻党的十八大精神，坚定不移走中国特色社会主义工会发展道路，团结动员广大职工为全面建成小康社会建功立业的决议》（存目）

全国总工会机关开展“三型”机关建设活动

全国总工会机关 2013 年 6 月启动“学习型、服务型、创新型”机关建设活动。

学习型机关建设目标是要求工会干部学习经济、政治、文化、社会、生态文明建设等方面知识，在社会主义现代化建设中，更好地把握党和国家工作全局；学习反映当代世界发展趋势的新知识，包括现代市场经济、国际关系、社会管理和信息技术等方面的新知识，不断拓宽视野；学习哲学、历史、文学等各方面知识，陶冶情操、增长智慧。

服务型机关建设突出强调要为全局服务、为基层服务、为职工服务，同时要求善于做好决策服务、协调服务、日常服务。

创新型机关建设要求围绕增强活力，提出创新的思路和突破的重点，创新工作内容和方式方法。

北京市总工会三级服务体系

以市、区县、街道乡镇三级服务体系为依托参与社会管理，服务职工由工会自我循环向社会化格局转变。

一是建立全覆盖的服务体系，打造参与社会管理的平台。

二是构建网格化的管理框架，形成社会化的工作格局。

三是实行实名制的会员管理，提供普惠制的综合服务。

四是建设服务型枢纽型工会组织，探索城市工会工作发展新路子。

思考题：

1. 如何把握中国特色社会主义工会发展道路的时代背景、基本内涵、精神品质和重大意义？

2. 大力推动“两个普遍”具有什么重要意义？

3. “经济全球化与工会”国际论坛对于推动建立国际工运新秩序有哪些重要意义？

4. 在新形势下全面加强工会自身改革与建设应注重哪些方面？

结语　在中国特色社会主义工会发展道路上阔步前进

2012年11月，中国共产党第十八次全国代表大会在北京举行。中共中央总书记胡锦涛代表第十七届中央委员会向大会作了题为《坚定不移沿着中国特色社会主义道路前进，为全面建成小康社会而奋斗》的报告。报告高举中国特色社会主义伟大旗帜，以马克思列宁主义、毛泽东思想、邓小平理论、“三个代表”重要思想、科学发展观为指导，分析了国际国内形势的发展变化，回顾总结了过去五年的工作和党的十六大以来的奋斗历程及取得的历史性成就，确立了科学发展观的历史地位，提出了夺取中国特色社会主义新胜利的基本要求，确定了全面建成小康社会和全面深化改革开放的目标，对新的时代条件下推进中国特色社会主义事业作出了全面部署，对全面提高党的建设科学化水平提出了明确要求。报告描绘了全面建成小康社会、加快推进社会主义现代化的宏伟蓝图，为党和国家事业进一步发展指明了方向。报告指出，根据我国经济社会发展实际，要在十六大、十七大确立的全面建设小康社会目标的基础上努力实现新的要求：经济持续健康发展，人民民主不断扩大，文化软实力显著增强，人民生活水平全面提高，资源节约型、环境友好型社会建设取得重大进展，确保到2020年实现全面建成小康社会宏伟目标。十八大选举产生了以习近平同志为总书记的新一届中央委员会，完成了党中央领导集体的又一次新老交替。

2013年2月28日至3月1日，全总十五届七次执委会议在北京召开。根据中共中央的安排，王兆国不再担任全国总工会主席职务，会议选举中共中央政治局委员、全国人大常委会副委员长李建国担任中华全国总工会主席。李建国在会上发表讲话，要求各级工会组织和广大工会干部深入学习贯彻党的十八大和十八届一中、二中全会精神，坚定不移地走中国特色社会主义工会发展道路，团结一致、努力奋斗，不断开创工会工作的新局面，在党和国家工作大局中充分发挥工会组织的作用。在2013年2月27日召开的全总十五届十四次主席团会议上，陈豪被推选为全总十五届书记处第一书记。

十五届七次执委会议作出《关于深入学习贯彻党的十八大精神，坚定不移走中国特色社会主义工会发展道路，团结动员广大职工为全面建成小康社会建功立业的决议》，要求各级工会用党的十八大精神统一思想、凝聚力量，把学习贯彻党的十八大精神不断引向深入，号召全国各级工会组织和广大工会干部，认真学习贯彻党的十八大和十八届一中、二中全会精神，坚定不移走中国特色社会主义工会发展道路，解放思想，改革开放，凝聚力量，攻坚克难，团结动员广大职工为夺取中国特色社会主义新胜利作出新贡献。

党的十八大闭幕不久，习近平总书记在参观《复兴之路》展览时发表重要讲话，将实现中华民族伟大复兴概括为“中国梦”，指出这是“中华民族近代以来最伟大的梦想，凝聚了几代中国人的夙愿，体现了中华民族和中国人民的整体利益，是每一个中华儿女的共同期盼”。2013年3月，在十二届全国人大一次会议上，习近平当选国家主席，3月17日，在十二届全国人大一次会议闭幕式上，他再次浓墨重彩地畅谈“中国梦”，并进行了全面深刻的阐述。习近平充满激情地指出，“中国梦是民族的梦，也是每个中国人的梦”，“只要我们紧密团结，万众一心，为实现共同梦想而奋斗，实现梦想的力量就无比强大，我们每个人为实现自己梦想的努力就拥有广阔的空间……有梦想，有机会，有奋斗，一切美好的东西都能够创造出来”。“实现中华民族伟大复兴的中国梦”，成为激荡在中华大地的最强音和响彻神州上下的嘹亮号角，成为团结凝聚中华民族励精图治忘我创造的时代精神，成为鼓舞和动员中国工人阶级为振兴中华不懈奋斗的强大动力。

以习近平同志为总书记的党中央高度重视工人阶级和工会工作。2013年4月28日，在“五一”国际劳动节来临前夕，习近平总书记来到全国总工会机关，与全国劳动模范代表座谈，这是新中国成立以来党和国家最高领导人首次亲临全总机关考察指导工作。在听取了劳动模范代表的发言后，习近平发表了重要讲话。他指出，在迈向未来的征程中，必须充分发挥我国工人阶级的重要作用，焕发他们的历史主动精神，调动劳动和创造的积极性。必须充分发挥工人阶级的主力军作用，必须紧紧依靠工人阶级发展中国特色社会主义，必须坚持崇尚劳动、造福劳动者，必须大力弘扬劳模精神、发挥劳模作用。我国工人阶级要牢固树立中国特色社会主义理想信念，发扬我国工人阶级的伟大品格，用先进思想、模范行动影响和带动全社会，坚持以振兴中华为己任，增强历史使命感和责任感，立足本职、胸怀全局，自觉把人生理想、家庭幸福融入国家富强、民族复兴的伟业之中，把个人梦与中国梦紧密联系在一起，始终做坚持中国道路的柱石、弘扬中国精神的楷模、凝聚中国力量的中坚，始终以国家主人翁姿态为坚持和发展中国特色社会主义作出贡献。习近平指出，劳动是财富的源泉，也是幸福的源泉。必须牢固树立劳动最光荣、劳动最崇高、劳动最伟大、劳动最美丽的观念，崇尚劳动，造福劳动者，让全体人民进一步焕发劳动热情、释放创造潜能，通过劳动创造更加美好的生活。全社会都要贯彻尊重劳动、尊重知识、尊重人才、尊重创造的重大方针，维护和发展劳动者的利益，保障劳动者的权利。要坚持社会公平正义，努力让劳动者实现体面劳动、全面发展。习近平强调，中国特色社会主义工会发展道路是中国特色社会主义道路的重要组成部分，深刻反映了中国工会的性质和特点，是工会组织和工会工作始终沿着正确方向前进的重要保证。要始终坚持这条道路，不断拓展这条道路，努力使这条道路越走越宽广。指出工会工作要顺应时代要求、适应社会变化，善于创造科学有效的工作方法，把竭诚为职工群众服务作为工会一切工作的出发点和落脚点，全心全意为广大职工群众服务，让职工群众真正感受到工会是“职工之家”，工会干部是最可信赖的“娘家人”。

习近平总书记“4·28”重要讲话，进一步指明了当前和今后一个时期我国工运事业发展的前进方向和大政方针，是新形势下指导我国工会工作重要的纲领性文献，极大地激发和调动我国工人阶级在实现中国梦进程中的积极性、主动性和创造性，鼓舞全国广大工会干部以更加饱满的热情投身工会工作，尽心竭力服务职工群众。

阅读与链接

习近平同志在同全国劳动模范代表座谈时的讲话

同志们：

在五一国际劳动节来临之际，我们来到全国总工会机关，和全国劳动模范代表同庆五一节，共话中国梦，感到很高兴。刚才，9位劳模代表先后发言，讲述了在各自岗位上辛勤劳动、发挥才干的先进事迹，抒发了为祖国发展和人民幸福作贡献的人生理想，听后很受感动、也很受启发。

首先，我代表党中央，向你们并通过你们，向全国广大劳动模范和先进工作者，表示崇高的敬意！向全国各族工人、农民、知识分子和其他劳动群众，致以节日的祝贺！

在我们党团结带领人民进行革命、建设、改革各个历史时期，劳动模范始终是我国工人阶级中一个闪光的群体，享有崇高声誉，备受人民尊敬。

在革命战争年代，“边区工人一面旗帜”赵占魁、“兵工事业开拓者”吴运铎、“新劳动运动旗手”甄荣典等劳动模范，以“新的劳动态度对待新的劳动”，积极参加义务劳动，全力支援前线斗争，带动群众投身中国共产党领导的人民解放事业。

新中国成立后，“高炉卫士”孟泰、“铁人”王进喜、“两弹元勋”邓稼先、“知识分子的杰出代表”蒋筑英、“宁肯一人脏、换来万人净”的时传祥等一大批先进模范，响应党的号召，带动广大群众自力更生、奋发图强。王进喜以“宁肯少活20年，拼命也要拿下大油田”的气概，带领石油工人为我国石油工业发展顽强拼搏，“铁人精神”“大庆精神”成为激励各族人民意气风发投身社会主义建设的强大精神力量。

在改革开放历史新时期，“蓝领专家”孔祥瑞、“金牌工人”窦铁成、“新时期铁人”王启民、“新时代雷锋”徐虎、“知识工人”邓建军、“马班邮路”王顺友、“白衣圣人”吴登云、“中国航空发动机之父”吴大观等一大批劳动模范和先进工作者，干一行、爱一行，专一行、精一行，带动群众锐意进取、积极投身改革开放和社会主义现代化建设，为国家和人民建立了杰出功勋。

4月20日，四川芦山县发生7.0级地震，给当地人民生命财产造成重大损失。一方有难，八方支援。全国各族人民坚决响应党中央号召，大力弘扬伟大抗震救灾精神，全力支援灾区抗震救灾。灾区广大职工同来自全国各地的救援人员携手并肩、同心协力抓紧生产，全国各行各业广大职工积极守望相助、以实际行动支援灾区。灾区各级工会组织和工会干部，积极开展各种救援行动，让“工人先锋号”旗帜飘扬在抗震救灾第一线，彰显了工会组织的号召力、凝聚力、战斗力。希望灾区广大职工和各级工会组织，为夺取抗震救灾斗争全面胜利作出新的更大的贡献。

长期以来，广大劳模以高度的主人翁责任感、卓越的劳动创造、忘我的拼搏奉献，谱写出一曲曲可歌可泣的动人赞歌，为全国各族人民树立了光辉的学习榜样。

我们已经确定了今后的奋斗目标，这就是到中国共产党成立100年时全面建成小康社会，到新中国成立100年时建成富强民主文明和谐的社会主义现代化国家，努力实现中华民族伟大复兴的中国梦。

尽管前进道路并不平坦，改革发展稳定任务仍很艰巨而繁重，但面对未来，我们充满必胜信心。我国工人阶级一定要在坚持中国道路、弘扬中国精神、凝聚中国力量上发挥模范带头作用，万众一心、众志成城，为实现中华民族伟大复兴的中国梦而不懈奋斗。

人民创造历史，劳动开创未来。劳动是推动人类社会进步的根本力量。幸福不会从天而降，梦想不会自动成真。实现我们的奋斗目标，开创我们的美好未来，必须紧紧依靠人民、始终为了人民，必须依靠辛勤劳动、诚实劳动、创造性劳动。我们说“空谈误国，实干兴邦”，实干首先就要脚踏实地劳动。

在迈向未来的征程上，我们必须充分发挥我国工人阶级的重要作用，焕发他们的历史主动精神，调动劳动和创造的积极性。

第一，必须充分发挥工人阶级的主力军作用。工人阶级是我国的领导阶级，是我国先进生产力和生产关系的代表，是我们党最坚实最可靠的阶级基础，是全面建成小康社会、坚持和发展中国特色社会主义的主力军。

改革开放以来，我国工人阶级队伍不断壮大，素质全面提高，结构更加优化，面貌焕然一新，先进性不断增强。展望未来，坚持和发展中国特色社会主义，必须全心全意依靠工人阶级、巩固工人阶级的领导阶级地位，充分发挥工人阶级的主力军作用。全心全意依靠工人阶级不能只当口号喊、标签贴，而要贯彻到党和国家政策制定、工作推进全过程，落实到企业生产经营各方面。

第二，必须紧紧依靠工人阶级发展中国特色社会主义。中国特色社会主义是当代中国发展进步的根本方向，是实现中国梦的必由之路，也是引领我国工人阶级走向更加光明未来的必由之路。我国工人阶级要增强历史使命感和责任感，立足本职、胸怀全局，自觉把人生理想、家庭幸福融入国家富强、民族复兴的伟业之中，把个人梦与中国梦紧密联系在一起，始终以国家主人翁姿态为坚持和发展中国特色社会主义作出贡献。

我国工人阶级要牢固树立中国特色社会主义理想信念，坚定永远跟党走的信念，坚决拥护社会主义制度，坚决拥护改革开放，始终做坚持中国道路的柱石；要自觉践行社会主义核心价值观，发扬我国工人阶级的伟大品格，用先进思想、模范行动影响和带动全社会，不断为中国精神注入新能量，始终做弘扬中国精神的楷模；要坚持以振兴中华为己任，充分发挥伟大创造力量，发扬工人阶级识大体、顾大局的光荣传统，自觉维护安定团结的政治局面，始终做凝聚中国力量的中坚。

第三，必须坚持崇尚劳动、造福劳动者。劳动是财富的源泉，也是幸福的源泉。人世间的美好梦想，只有通过诚实劳动才能实现；发展中的各种难题，只有通过诚实劳动才能破解；生命里的一切辉煌，只有通过诚实劳动才能铸就。劳动创造了中华民族，造就了中华民族的辉煌历史，也必将创造出中华民族的光明未来。“一勤天下无难事。”必须牢固树立劳动最光荣、劳动最崇高、劳动最伟大、劳动最美丽的观念，让全体人民进一步焕发劳动热情、释放创造潜能，通过劳动创造更加美好的生活。

全社会都要贯彻尊重劳动、尊重知识、尊重人才、尊重创造的重大方针，维护和发展劳动者的利益，保障劳动者的权利。要坚持社会公平正义，排除阻碍劳动者参与发展、分享发展成果的障碍，努力让劳动者实现体面劳动、全面发展。全社会都要热爱劳动，以辛勤劳动为荣，以好逸恶劳为耻。

第四，必须大力弘扬劳模精神、发挥劳模作用。榜样的力量是无穷的。劳动模范是民族的精英、人民的楷模。长期以来，广大劳模以平凡的劳动创造了不平凡的业绩，铸就了“爱岗敬业、争创一流，艰苦奋斗、勇于创新，淡泊名利、甘于奉献”的劳模精神，丰富了民族精神和时代精神的内涵，是我们极为宝贵的精神财富。

实现我们的发展目标，不仅要在物质上强大起来，而且要在精神上强大起来。全国各族人民都要向劳模学习，以劳模为榜样，发挥只争朝夕的奋斗精神，共同投身实现中华民族伟大复兴的宏伟事业。广大劳动模范和先进人物要珍惜荣誉、再接再厉，爱岗敬业、无私奉献，做坚定理想信念的模范、勤奋劳动的模范、增进团结的模范。当代工人不仅要有力量，还要有智慧、有技术，能发明、会创新，以实际行动奏响时代主旋律。各级党委、政府和工会组织要高度重视劳模、关心爱护劳模，支持劳模发挥骨干带头作用，帮助劳模解决生产生活中的问题，广泛宣传劳模先进事迹，使劳模精神不断发扬光大。

党对工会寄予厚望，职工群众对工会充满期待。中国工会是中国共产党领导的工人阶级群众组织，是党联系职工群众的桥梁和纽带，是社会主义国家政权的重要社会支柱。中国特色社会主义工会发展道路是中国特色社会主义道路的重要组成部分，深刻反映了中国工会的性质和特点，是工会组织和工会工作始终沿着正确方向前进的重要保证。要始终坚持这条道路，不断拓展这条道路，努力使这条道路越走越宽广。

时代在发展，事业在创新，工会工作也要发展、也要创新。要顺应时代要求、适应社会变化，善于创造科学有效的工作方法，让职工群众真正感受到工会是“职工之家”，工会干部是最可信赖的“娘家人”。要把竭诚为职工群众服务作为工会一切工作的出发点和落脚点，全心全意为广大职工群众服务，认真倾听职工群众呼声，维护好广大职工群众包括农民工合法权益，扎扎实实为职工群众做好事、办实事、解难事，不断促进社会主义和谐劳动关系。要高度重视广大职工的多样化需求，不断拓展职工成长成才空间，着力培养造就一大批知识型、技术型、创新型的高素质职工。各级党委和政府要加强和改善对工会的领导，支持工会开展工作，为工会工作提供更多资源和手段，为工会履职创造更好条件。

同志们，千里之行，始于足下。我们国家的发展前景十分光明，但道路不可能一帆风顺，蓝图不可能一蹴而就，梦想不可能一夜成真。人间万事出艰辛。越是美好的未来，越需要我们付出艰辛努力。

真抓才能攻坚克难，实干才能梦想成真。我们要在全社会大力弘扬真抓实干、埋头苦干的良好风尚。各级领导干部要带头发扬劳模精神，出实策、鼓实劲、办实事，不图虚名，不务虚功，坚决反对干部群众反映强烈的形式主义、官僚主义、享乐主义和奢靡之风“四风”，以身作则带领群众把各项工作落到实处。

我深信，有党中央的坚强领导，有我国工人阶级和全体劳动群众的团结奋进，有全国各族人民的共同奋斗，我们一定能开创更加美好的未来，中华民族伟大复兴的中国梦一定能够实现！

2013年10月18日，中国工会第十六次全国代表大会在北京隆重开幕。来自全国各行各业的1900多名代表和近百名特邀代表，承载着亿万职工的重托出席盛会。习近平、李克强、张德江、俞正声、刘云山、王岐山、张高丽等党和国家领导人到会祝贺。

中共中央政治局常委、中央书记处书记刘云山代表党中央作了题为《在为实现中国梦不懈奋斗中铸就工人阶级新辉煌》的祝词。祝词指出，在改革开放的历史进程中，我国工人阶级在党的坚强领导下，胸怀全局、锐意进取，为中国特色社会主义事业建立了卓越功勋，不愧为我国的领导阶级，不愧为我们党最坚实最可靠的阶级基础，不愧为推进改革开放和社会主义现代化建设的主力军。中国工会十五大以来，各级工会组织牢牢把握我国工人运动的主题，团结动员亿万职工建功立业，工会工作取得显著成就，开创了工运事业新局面。祝词还指出，实现党的十八大描绘的宏伟蓝图，实现中华民族伟大复兴的中国梦，必将造福工人阶级，也必须紧紧依靠工人阶级。我国工人阶级要深入贯彻党的十八大精神，深入贯彻习近平总书记一系列重要讲话精神，进一步增强责任感、使命感，大力弘扬主人翁精神，充分发挥主力军作用，为实现中国梦而不懈奋斗。要始终做坚持中国道路的柱石，做弘扬中国精神的楷模，做凝聚中国力量的中坚，用先进思想、模范行动影响和带动全社会，形成团结奋斗、共创未来的正能量。要始终做全面深化改革的推动者、参与者，积极投身改革，勇于探索、大胆实践，促进我国社会主义制度自我完善和发展，为推进中国特色社会主义伟大事业做出新的贡献。

中共中央政治局委员、中华全国总工会主席李建国代表中华全国总工会第十五届执行委员会作了题为《高举旗帜、改革创新，团结动员亿万职工在实现中国梦历史进程中充分发挥主力军作用》的报告。报告回顾了过去五年工会工作取得的重大成就，总结了十年来各级工会坚决贯彻落实党中央关于工人阶级和工会工作一系列重要指示精神，全面履行各项社会职能、突出维护职能，确立“组织起来、切实维权”的工作方针，着力做好新形势下职工群众工作的经验，指出十年工会工作的最大成就，就是继续探索并坚持和丰富了中国特色社会主义工会发展道路。报告要求全会上下牢牢把握为实现中华民族伟大复兴的中国梦而奋斗这个我国工人运动的时代主题，充分发挥党联系职工群众的桥梁纽带作用、国家政权的重要社会支柱作用、职工利益的代表者和维护者作用，奋力把党的工运事业推向前进。报告确定今后五年工会工作的主要目标是，认真贯彻党的十八大精神和习近平总书记系列重要讲话精神，围绕全面深化改革的新要求、全面建成小康社会的新任务，回应职工群众的新期待，坚持改革创新，振奋精神、真抓实干，努力开创工会工作新局面。大力推动全心全意依靠工人阶级根本方针贯彻落实，使广大职工的主人翁地位得到充分保障；有效调动职工群众的积极性主动性创造性，使广大职工的主力军作用进一步发挥；切实加强维权和服务工作，使广大职工的各项权益得到更好维护；努力建设学习型服务型创新型工会，使工会组织的凝聚力影响力显著增强。

中国工会十六大通过了关于全总第十五届执委会报告的决议、关于《中国工会章程（修正案）》的决议、关于全总十五届执委会财务工作报告的决议和关于全总十五届经审会工作报告的决议。选举产生了中华全国总工会第十六届执行委员会及新一届领导机构，十六届执行委员会委员284名。在十六届一次执委会议上，李建国当选为中华全国总工会主席，陈豪、刘国中、张少琴、徐福顺、陈荣书、尔肯江·吐拉洪（维吾尔族）、李世明、邱小平、焦开河、范继英（女）、崔郁（女）、江广平、许振超、郭明义当选为中华全国总工会副主席。在十六届一次主席团会议上，推选陈豪为十六届执委会书记处第一书记，刘国中、陈荣书、王瑞生、李世明、焦开河、范继英（女）、江广平、赵世洪（满族）、郭军为书记处书记。在全总十六届一次经审会议上，选举李守镇为十六届经费审查委员会主任。

2013年10月23日上午，习近平总书记在中南海同中华全国总工会新一届领导班子成员集体谈话并发表重要讲话。习近平指出，坚持全心全意依靠工人阶级，充分发挥工人阶级主力军作用，把广大职工群众紧紧团结在党和政府周围，这是我们党的一个突出政治优势，也是中国特色社会主义的一个鲜明特点。工会工作做得好不好、有没有取得明显成效，关键看有没有坚持正确政治方向。坚持正确政治方向，就是要坚持中国共产党领导和社会主义制度。只有坚持党的领导，工会工作才能方向明确、不走偏路，才能做得有声有色、扎实有效。工会要永远保持自觉接受党的领导这一优良传统。要坚决贯彻落实党的大政方针和决策部署，自觉服从服务于党和国家工作大局，坚持中国特色社会主义工会发展道路，勇于实践、勇于创新，努力使这条道路越走越宽广。习近平指出，实现中华民族伟大复兴的中国梦，根本上要靠包括工人阶级在内的全体人民的劳动、创造、奉献。要使中国梦真正同每个职工的个人理想和工作生活紧密结合起来，真正落实到实际行动之中。要把广大职工群众充分调动起来，满怀信心投身于为实现中国梦而奋斗的火热实践，形成万众一心、众志成城的磅礴力量。习近平强调，保障职工群众经济、政治、文化、社会权益是我国社会主义制度的根本要求，是党和国家的神圣职责，也是发挥广大职工群众积极性、主动性、创造性最重要最基础的工作。工会要赢得职工群众信赖和支持，必须做好维护职工群众切身利益工作，促进社会公平正义。习近平指出，群众路线是党的生命线和根本工作路线，也应该成为工会工作的生命线和根本工作路线。工会必须牢记党的重托、不忘工会职责，增强对职工群众的感情，密切同职工群众的联系，为他们排忧解难，始终同职工群众心连心。要积极扩大工会工作覆盖面，努力把工作做到所有职工群众中去，使工会工作更贴近基层、贴近职工群众，更符合职工群众意愿。工会干部特别是领导干部，要更多到职工群众中去，依靠职工群众开展工作，使工会组织真正成为广大职工群众信赖的“职工之家”。习近平强调，各级党委要加强和改善对工会工作的领导，认真研究解决工会工作中的重大问题，为工会工作提供更多支持，创造更好条件，热情关心、严格要求、重视培养工会干部。工会干部要加强学习、增强本领，努力走在时代前列、走在职工群众前列，在经济社会发展最需要的地方、在企业生产一线、在职工群众的伟大实践中经风雨、见世面，努力把自己锤炼成听党话、跟党走、职工群众信赖的“娘家人”。

10月23日下午，全国总工会召开十六届二次主席团会议，传达学习和贯彻习近平总书记在与全总新一届领导班子集体谈话时的重要讲话，对实现工会十六大确定的目标任务作部署。中共中央政治局委员、全国总工会主席李建国主持会议并讲话。李建国指出，习近平总书记的重要讲话是对新形势下我们党关于我国工会工作大政方针的又一次集中阐述，明确了在实现中国梦的新征程中工会工作的前进方向、根本任务，是指导新形势下工会工作的纲领性文献，为党的工运事业健康发展提供了坚实的思想理论指导。工会系统要把学习贯彻习总书记重要讲话作为当前和今后一个时期的首要政治任务，用讲话精神统领工会工作。

要牢牢把握正确政治方向，永远保持自觉接受党的领导这一优良传统，坚定不移走中国特色社会主义工会发展道路。李建国强调，实现工会十六大确定的目标任务，重要的是靠各级工会干部和广大职工群众统一思想，凝聚共识，焕发积极性和创造力。要聚焦为实现中国梦而奋斗这个工人运动的时代主题，激励广大职工立足本职、建功立业，积极投身于为实现中国梦而奋斗的火热实践。

中国工会十六大是在全党全国各族人民贯彻党的十八大精神，为全面建成小康社会、实现中华民族伟大复兴的中国梦而奋斗的新形势下召开的重要会议。大会高举中国特色社会主义伟大旗帜，是一次继往开来、团结奋进、务实创新的大会。大会的成功召开，将激励全国亿万职工和广大工会干部，在全面建成小康社会、实现伟大中国梦的历史进程中作出新贡献，谱写我国工运事业的新篇章。

阅读与链接

※习近平总书记与全总新一届领导班子集体谈话（存目）

※刘云山：《在为实现中国梦不懈奋斗中铸就工人阶级新辉煌》（存目）

※李建国：《高举旗帜、改革创新，团结动员亿万职工在实现中国梦历史进程中充分发挥主力军作用》（存目）

2013年11月9日至12日，党的十八届三中全会在北京举行，审议通过了《中共中央关于全面深化改革若干重大问题的决定》，对全面深化改革作出部署，明确了全面深化改革的指导思想、目标任务和重大原则，形成了改革理论和政策的一系列新的重大突破，指出全面深化改革的总目标是完善和发展中国特色社会主义制度，推进国家治理体系和治理能力现代化，必须更加注重改革的系统性、整体性、协同性，加快发展社会主义市场经济、民主政治、先进文化、和谐社会、生态文明，让一切劳动、知识、技术、管理、资本的活力竞相迸发，让一切创造社会财富的源泉充分涌流，让发展成果更多更公平惠及全体人民。

2013年12月23日至12月25日，全国总工会召开十六届二次执委会议，学习贯彻党的十八大、十八届二中、三中全会精神，贯彻习近平总书记系列重要讲话特别是关于工会工作的两次重要讲话精神，审议通过了《中华全国总工会关于认真学习贯彻党的十八届三中全会精神，团结动员广大职工为全面深化改革作贡献的决议》，阐明了全面深化改革中我国工人阶级和工会组织肩负的历史使命，明确了在推动全面深化改革中充分发挥工人阶级主力军作用的要求，提出了各级工会支持参与推动全面深化改革、充分展现工会组织新作为的工作目标和任务，要求各级工会抓住工会工作面临难得机遇，深刻领会党中央对工会工作的要求，积极回应职工群众对工会工作的期盼，把党的十八届三中全会精神贯彻落实到工会工作的方方面面，立足新起点、谋划新思路、体现新作风、展示新气象，同心协力做好工会各项工作。工会工作面临着更加光荣艰巨的任务，工运事业展示出更加辉煌灿烂的前景。

从1925年成立至今，中华全国总工会已经走过了将近90年的不平凡历程，取得了辉煌的历史成就。站在新的历史起点上，中国工会肩负着新的光荣使命。各级工会将紧密团结在以习近平同志为总书记的党中央周围，高举中国特色社会主义伟大旗帜，以邓小平理论、“三个代表”重要思想、科学发展观为指导，解放思想、锐意创新，凝聚力量、攻坚克难，坚定不移地走中国特色社会主义工会发展道路，团结动员全国亿万职工，为夺取全面建成小康社会新胜利、实现中华民族伟大复兴的中国梦而不懈奋斗！

思考题：

1. 在全面深化改革、实现中国梦中如何发挥工人阶级主力军作用和工会组织的重要作用？

2. 如何以改革创新精神加强工会自身建设，把工会组织建设成为职工信赖的“职工之家”，使工会干部成为职工信赖的“娘家人”？

参考文献

1. 《毛泽东邓小平江泽民论工人阶级和工会工作》，中华全国总工会、中共中央文献研究会编，中央文献出版社，2002 年 6 月版。

2. 《邓小平文选》（第三卷），人民出版社，1993 年 10 月版。

3. 《江泽民文选》，人民出版社，2006 年 8 月版。

4. 胡锦涛：《高举中国特色社会主义伟大旗帜，为夺取全面建设小康社会新胜利而奋斗》，人民出版社，2007 年版。

5. 胡锦涛：《坚定不移地沿着中国特色社会主义道路前进，为全面建成小康社会而奋斗》，人民出版社，2012 年版。

6. 《习近平总书记系列重要讲话读本》，学习出版社、人民出版社，2014 年版。

7. 《习近平总书记同全国劳动模范代表座谈时重要讲话学习读本》，陈豪主编，中国工人出版社，2013 年版。

8. 《中国共产党历史》第一卷、第二卷，中共中央党史研究室著，中共党史出版社，2011 年版。

9. 《中国共产党的七十年》，胡绳主编，中共党史出版社，1991 年版。

10《中国共产党历史大事记》，中共中央党史研究室编，中共党史出版社，2010 年版。

11. 《十六大以来重要文献选编》（上中下），中央文献出版社，2005 年 2 月、2006 年 4 月、2008 年 4 月版。

12. 《十七大以来重要文献选编》（上中下），中央文献出版社，2009 年 8 月、2011 年 11 月、2013 年 6 月版。

13. 中华全国总工会编：《中华全国总工会七十年》，中国工人出版社，1995 年 7 月版。

14. 尉健行：《工会的基本职责》，中国工人出版社，2009 年 10 月版。

15. 中华全国总工会：《中国特色社会主义工会发展道路学习读本》，中国工人出版社，2012 年 3 月版。

16. 中华全国总工会研究室编：《中国工会十四大以来重要文献选编》（上下），《中国工会十五大以来重要文献选编》（上下）。

17. 王永玺主编：《中国工会史》，中共党史出版社，1992 年 8 月版。

18. 王永玺、何布峰、曹延平主编：《简明中国工会史》，中国工人出版社，2005 年 5 月版。

19. 王永玺主编：《从一次劳大到工会十五大》，中国工人出版社，2013 年 10 月版。

20. 刘明逵主编：《中国工人运动图史》，广东人民出版社，2006 年 12 月版。

21. 高爱娣编著：《中国工会运动史》，中国劳动社会保障出版社，2008 年 8 月版。

22. 中华全国总工会：《五年来工会工作的主要成绩（2008 年 9 月）》。

23. 中华全国总工会：《五年来工会工作的主要成绩（2013 年 10 月）》。

24. 王渔、李双寿、尚鸿志、张伯亭主编：《当代中国工人阶级和工会运动纪事（1949—1988）》，辽宁大学出版社，1989 年。

25《中国工会读本》（修订版）中国工运研究所编，中国工人出版社，2014 年版。

后 记

习近平同志高度重视党史、国史学习，早在2010年就曾经指出，“要把党史教育纳入干部教育培训的必修课，把全面了解和正确认识党的历史作为一项基本要求，教育引导党员领导干部特别是年轻干部认真学习党的历史，努力提高思想政治素质和领导水平”。2013年6月25日，中国共产党成立92周年前夕，在主持中央政治局第七次集体学习时，他又强调指出：“学习党史、国史，是坚持和发展中国特色社会主义、把党和国家各项事业继续推向前进的必修课。”为了认真贯彻落实习近平同志关于学习党史的一系列重要论述，全总领导明确要求，在全国工会干部教育培训教材体系中增加中国工运史知识的相关选题，并确定作为这套教材的必读书目。受全总组织部委托，中国工运研究所组织编撰了这本《中国工人运动简史培训教材》。

本书以中国工运研究所编撰的《中国工会读本（修订版）》（2014年）书稿为基础，并对其进行了较大幅度扩充修改而成。在编撰过程中，参考了已经公开出版的若干中国工运史权威著作。为增加读者的阅读兴趣，我们特意尝试在正文中设置了“阅读与链接”，将工运史上一些重要的历史文本或重要事件作以介绍，以丰富和开阔阅读视野。根据工会干部培训教材的应用需要和体例要求，在每一章设立了思考题。本书上、中编由王舟波撰稿，下编由吕国泉撰稿，全书由王舟波进行统稿。在编撰过程中，全总组织部杨军日、张广、郭治政、周忠良等同志给予了大力支持，中国工运研究所及全总其他部门和单位的张妍延、淡卫军、闫永飞、陈晖、何布峰、曹延平、刘忱、张春旺、戴文宪等同志提供了许多帮助。全总组织部专门召开了评审论证会，邀请从事工运史研究的专家学者进行评审把关，根据专家提出的意见，编写者对书稿进行了再次修改。最后请全总书记处原书记、全总工会理论研究会（中国特色社会主义工会发展道路研究会）副会长李滨生同志审阅定稿。

由于时间紧迫和水平所限，本书可能存在诸多不足和疏漏，诚恳欢迎广大工会干部和读者批评指正，以便进一步修改完善。

编　者

2014 年 8 月